WHAT IS RELIGIOUS STUDIES
宗教学是什么
第二版

张志刚 著

北京大学出版社
PEKING UNIVERSITY PRESS

图书在版编目(CIP)数据

宗教学是什么/张志刚著. —2 版. —北京:北京大学出版社,2016.8
(人文社会科学是什么)
ISBN 978-7-301-27220-6

Ⅰ.①宗… Ⅱ.①张… Ⅲ.①宗教学—通俗读物 Ⅳ.①B920-49

中国版本图书馆 CIP 数据核字(2016)第 136746 号

书　　　名	宗教学是什么(第二版) ZONGJIAOXUE SHI SHENME
著作责任者	张志刚　著
策划编辑	杨书澜
责任编辑	闵艳芸
标准书号	ISBN 978-7-301-27220-6
出版发行	北京大学出版社
地　　　址	北京市海淀区成府路 205 号　100871
网　　　址	http://www.pup.cn
电子信箱	minyanyun@163.com
新浪微博	@北京大学出版社
电　　　话	邮购部 62752015　发行部 62750672　编辑部 62750673
印　刷　者	北京中科印刷有限公司
经　销　者	新华书店
	890 毫米×1240 毫米　A5　13.25 印张　261 千字 2002 年 1 月第 1 版 2016 年 8 月第 2 版　2022 年 1 月第 4 次印刷
定　　　价	48.00 元

未经许可,不得以任何方式复制或抄袭本书之部分或全部内容。
版权所有,侵权必究
举报电话: 010-62752024　电子信箱: fd@pup.pku.edu.cn
图书如有印装质量问题,请与出版部联系,电话: 010-62756370

入自己的专业领域。因为毫无疑问这是一套深入浅出的教学参考书。

4. 如果您是大学生，通过阅读这套丛书，可以加深自己对人生、对社会的认识，对一些经济、社会、政治、宗教等现象做出合理的解释；可以提升自己的人格，开阔自己的视野，培养自己的人文素质。上了大学未必就能保证就业，就业未必就是成功。完善的人格，较高的人文素质是保证您就业以至成功的必要条件。

5. 如果您是人文社会科学爱好者，通过阅读这套丛书，可以让您轻松步入人文社会科学的殿堂，领略人文社会科学的无限风光。当有人问您什么书可以使阅读成为享受？我们相信，您会回答："人文社会科学是什么"丛书。

您如何阅读这套丛书：

1. 翻开书您会看到每章有些语词是黑体字，那是您必须弄清楚的重要概念。对这些关键词或概念的把握是您完整领会一章内容的必要前提。书中的黑体字所表示的概念一般都有定义。理解了这些定义的内涵和外延，您就理解了这个概念。

2. 书后还附有作者推荐的书目。如您想继续深入学习，可阅读书目中所列的图书。

我们相信，这套书会助您成为人格健康、心态开放、温文尔雅、博学多识的人。

阅读说明

亲爱的读者朋友:

非常感谢您能够阅读我们为您精心策划的"人文社会科学是什么"丛书。这套丛书是为大、中学生及所有人文社会科学爱好者编写的入门读物。

这套丛书对您的意义:

1. 如果您是中学生,通过阅读这套丛书,可以扩大您的知识面,这有助于提高您的写作能力,无论写人、写事,还是写景都可以从多角度、多方面展开,从而加深文章的思想性,避免空洞无物或内容浅薄的华丽辞藻的堆砌(尤其近年来高考中话题作文的出现对考生的分析问题能力及知识面的要求更高);另一方面,与自然科学知识可提供给人们生存本领相比,人文社会科学知识显得更为重要,它帮助您确立正确的人生观、价值观,教给您做人的道理。

2. 如果您是中学生,通过阅读这套丛书,可以使您对人文社会科学有大致的了解,在高考填报志愿时,可凭借自己的兴趣去选择。因为兴趣是最好的老师,有兴趣才能保证您在这个领域取得成功。

3. 如果您是大学生,通过阅读这套丛书,可以帮助您更好地进

序　一

让人文情怀和科学精神滋润心田

北京大学校长

林建华

一直以来,社会都比较关注知识的实用性,"知识就是力量""科学技术是第一生产力",对于一个物质匮乏、知识贫乏的时代来说,这无疑是非常必要的。过去的几十年,中国经济和社会都发生了深刻变化,常常给人恍如隔世的感觉。互联网+、跨界、融合、大数据,层出不穷、正以难以想象的速度颠覆传统……。中国正与世界一起,经历着更猛烈的变化过程,我们的社会已经进入到以创新驱动发展的阶段。

中国是唯一一个由古文明发展至今的大国,是人类发展史上的奇迹。在近代史中,我们的国家曾经历了百年的苦难和屈辱,中国人民从未放弃探索伟大民族复兴之路。北京大学作为中国最古老的学府,一百多年来,一直上下求索科学技术、人文学科和社会科学的发展道路。我们深知,进步决不是忽视既有文明的积累,更不可能用一种文明替代另一种文明,发展必须充分吸收人类积累的知识、承载人类多样化的文明。我们不仅应当学习和借鉴西方的科学和人文情怀,还要传承和弘扬中国辉煌的文明和智慧,这些正是中国大学的历史使命,更是每个龙的传人永远的精神基因。

通俗读物不同于专著,既要通俗易懂,还要概念清晰,更要喜闻乐见,让非专业人士能够读、愿意读。移动互联时代,人们的阅读习惯正在改变,越来越多的人喜欢碎片化地去寻找和猎取知识。我们真诚地希望,这套"人文社会科学是什么"丛书能帮助读者重拾系统阅读的乐趣,让理解人文学科和社会科学基本内容的欣喜丰盈滋润心田;我们更期待,这套书能成为一颗让人胸怀博大的文明种子,在读者的心田生根、发芽、开花、结果。无论他们从事什么职业,都能满怀人文情怀和科学精神,都能展现出中华文明和人类智慧。

历史早已证明,最伟大的创造从来都是科学与艺术的完美结合。我们只有把科学技术、人文修养、家国责任连在一起,才能真正懂人之为人、真正懂得中国、真正懂得世界,才能真正守正创新、引领未来。

2015 年 8 月

序　二

重视人文学科　高扬人文价值

原北京大学校长

人类已经进入了 21 世纪。

在新的世纪里，我们中华民族的现代化事业既面临着极大的机遇，也同样面临着极大的挑战。如何抓住机遇，迎接挑战，把中国的事情办好，是我们当前的首要任务。要顺利完成这一任务的关键就是如何设法使我们每一个人都获得全面的发展。这就是说，我们不但要学习先进的自然科学知识，而且也得学习、掌握人文科学知识。

江泽民主席说，创新是一个民族的灵魂。而创新人才的培养需要良好的人文氛围，正如有些学者提出的那样，因为人文和艺术的教育能够培养人的感悟能力和形象思维，这对创新人才的培养至关重要。从这个意义上说，人文科学的知识对于我们来说要显得更为重要。我们迄今所能掌握的知识都是人的知识。正因为有了人，所以才使知识的形成有了可能。那些看似与人或人文学科毫无关系的学科，其实都与人休戚相关。比如我们一谈到数学，往往首先想到的是点、线、面及其相互间的数量关系和表达这些关系的公理、定理等。这样的看法不能说是错误的,但却是不准确的。因为它恰恰忘记了数学知识是人类的知识,没有人类的富于创造性的理性活动,我们是不可能形成包括数学知识在内的知识系统的,所以爱因斯坦才说:"比如整数系,显然是人类头脑的一种发明,一种自己创造自己的工具,它使某些感觉经验的整理简单化了。"数学如此,逻辑学知识也这样。谈到逻辑,我们首先想到的是那些枯燥乏味的推导原理或公式。其实逻辑知识的唯一目的在于说明人类的推理能力的原理和作用,以及人类所具有的观念的性质。总之,一切知识都是人的产物,离开了人,知识的形成和发展都将得不到说明。

因此我们要真正地掌握、了解并且能够准确地运用科学知识,就必须首先要知道人或关于人的科学。人文科学就是关于人的科学,她告诉我们,人是什么,人具有什么样的本质。

现在越来越得到重视的管理科学在本质上也是"以人为本"的学科。被管理者是由人组成的群体,管理者也是由人组成的群体。管理者如果不具备人文科学的知识,就绝对不可能成为优秀的管理者。

但恰恰如此重要的人文科学的教育在过去没有得到重视。我们单方面地强调技术教育或职业教育,而在很大的程度上忽视了人文素质的教育。这样的教育使学生能够掌握某一门学科的知识,充其量能够脚踏实地完成某一项工作,但他们却不可能知道人究竟为何物,社会具有什么样的性质。他们既缺乏高远的理想,也没有宽阔的胸怀,既无智者的机智,也乏仁人的儒雅。当然人生的意义或价值也必然在他们的视域之外。这样的人就是我们常说的"问题青年"。

当然我们不是说科学技术教育或职业教育不重要。而是说,在学习和掌握具有实用性的自然科学知识的时候,我们更不应忘记对于人类来说重要得多的学科,即使我们掌握生活的智慧和艺术的科学。自然科学强调的是"是什么"的客观陈述,而人文学科则注重"应当是什么"的价值内涵。这些学科包括哲学、历史学、文学、美学、伦理学、逻辑学、宗教学、人类学、社会学、政治学、心理学、教育学、法律学、经济学等。只有这样的学科才能使我们真正地懂得什么是真正的自由、什么是生活的智慧。也只有这样的学科才能引导我们思考人生的目的、意义、价值,从而设立一种理想的人格、目标,并愿意为之奋斗终身。人文学科的教育目标是发展人性、完善人格,提供正确的价值观或意义理论,为社会确立正确的人文价值观的导向。

国外很多著名的理工科大学早已重视对学生进行人文科学的教育。他们的理念是,不学习人文学科就不懂得什么是真正意义的人,就不会成为一个有价值、有理想的人。国内不少大学也正在开始这么做,比如北京大学的理科的学生就必须选修一定量的文科课程,并在校内开展多种讲座,使文科的学生增加现代科学技术的知识,也使理科的学生有较好的人文底蕴。

我们中国历来就是人文大国,有着悠久的人文教育传统。古人云:"文明以止,人文也。观乎天文,以察时变,观乎人文,以化成天下。"这一传统绵延了几千年,从未中断。现在我们更应该重视人文学科的教育,高扬人文价值。北京大学出版社为了普及、推广人文科学知识,提升人文价值,塑造文明、开放、民主、科学、进步的民族精神,推出了"人文社会科学是什么"丛书,为大中学生提供了一套高质量的人文素质教育教材,是一件大好事。

2001 年 8 月

序 三

人文素质在哪里？
——推介"人文社会科学是什么"丛书

北京大学教授

乐黛云

　　人文素质是一种内在的东西，正如孟子所说："仁义礼智根於心，其生色也睟然，见於面，盎於背，施於四体，四体不言而喻。"（《尽心上》）人文素质是人对生活的看法，人内心的道德修养，以及由此而生的为人处世之道。它表现在人们的言谈举止之间，它于不知不觉之时流露于你的眼神、表情和姿态，甚至从背后看去也能充沛显现。

　　要培养和提高自己的人文素质，首先要知道在历史的长河中人类创造了哪些不可磨灭的最美好的东西；其次要以他人为参照，了解人们在这浩瀚的知识、艺术海洋中是如何吸取营养，丰富自己的；第三是要勤于思考，敏于选择，身体力行，将自己认为真正有价值的因素融入自己的生活。要做到这三点并不是一件容易的事，往往会茫无头绪,不知从何做起。这时,人们多么希望能看到一条可以沿着向前走的小径,一颗在前面闪烁引路的星星,或者是过去的跋涉者留下的若隐若现的脚印!

是的,在你面前的,就是这条小径,这颗星星,这些脚印!这就是:《哲学是什么》《美学是什么》《文学是什么》《历史学是什么》《心理学是什么》《逻辑学是什么》《人类学是什么》《伦理学是什么》《宗教学是什么》《社会学是什么》《教育学是什么》《法学是什么》《政治学是什么》《经济学是什么》,等等,每册15万字左右的"人文社会科学是什么"丛书。这套丛书向你展示了古今中外人类文明所创造的最有价值的精粹,它有条不紊地为你分析了各门学科的来龙去脉、研究方法、近况和远景;它记载了前人走过的弯路和陷阱,让你能更快地到达目的地;它像亲人,像朋友,亲切地、平和地与你娓娓而谈,让你于不知不觉中,提高了自己的人生境界!

要达到以上目的,丛书的作者不仅要有渊博的学问,还要有丰富的治学经验和远见卓识,更重要的是要有一种走出精英治学的小圈子,为年青的后来者贡献时间和精力的胸怀。当年,在邀请作者时,策划者实在是十分困难而又费尽心思!经过几番艰苦努力,丛书的作者终于确定下来,他们都是年富力强,至少有20年学术积累,一直活跃在教学科研第一线的,有主见、有创意、有成就的学术骨干。

《历史学是什么》的作者葛剑雄教授则是学识渊博、声名卓著、足迹遍及亚非欧美的复旦大学历史学家。其他作者的情形大概也都类此,他们繁忙的日程不言自明,然而,他们都抽出时间,为这套旨在提高年轻人人文素质的丛书进行了精心的写作。

《哲学是什么》的作者胡军教授,早在上世纪 90 年代初期就已获北京大学哲学博士学位,在中、西哲学方面都深有造诣。目前,他不仅要带博士研究生、要上课,而且还是统管北京大学哲学系全系科研与教学的系副主任。

《美学是什么》的作者周宪教授,属于改革开放后北京大学最早的一批美学硕士,后又在南京大学读了博士学位,现任南京大学中文系系主任。

从已成的书来看,作者对于书的写法都是力求创新,精心构思,各有特色的。例如胡军教授的书,特别致力于将哲学从狭小的精英圈子里解放出来,让人们懂得:哲学就是指导人们生活的艺术和智慧,是对于人生道路的系统的反思,是美好的、有意义的生活的向导,是我们正不断地行进于其上的生活道路,是爱智慧以及对智慧的不懈追求,是力求提升人生境界的境界之学。全书围绕"哲学为何物"这一问题,层层展开,对"哲学的问题""哲学的方法""哲学的价值"等难以通俗论述的问题做了清晰的分梳。

葛剑雄教授的书则更多地立足于对现实问题的批判和探讨,他一开始就区分了"历史研究"和"历史运用"两个层面,提出对"历史研究"来说,必须摆脱政治神话的干扰,抵抗意识形态的侵蚀,进行学科的科学化建设。同时,对"影射史学""古为今用""以史为鉴""春秋笔法",以及清宫戏泛滥、家谱研究盛行等问题做了深入的辨析,这些辨析都是发前人所未发,不仅传播了知识而且对史学理论也有独到的发展和厘清。

周宪教授的《美学是什么》更是呈现出极为新颖独到的构思。该书在每一部分正文之前都选录了几则古今中外美学家的有关警言,正文中标以形象鲜明生动的小标题,并穿插多处小资料和图表,"关键词"和"进一步阅读书目"则会将读者带入更深邃的美学空间。该书以"散点结构"的方式尽量平易近人地展开作者与读者之间的平等对话;中、西古典美学与现代美学之间的平等对话;作者与中、西古典美学和现代美学之间的平等对话,因而展开了一道又一道多元而开阔的美学风景。

这里不能对丛书的每一本都进行介绍和分析,但可以确信地说,读完这套丛书,你一定会清晰地感觉到你的人文素质被提高到了一个新的境界,这正是你曾苦苦求索的境界,恰如王国维所说:"众里寻他千百度,回头蓦见,那人正在灯火阑珊处。"于是,你会感到一种内在的人文素质的升华,感到孟子所说的那种"见於面,盎於背,施於四体"的现象,你的事业和生活也将随之进入一个崭新的前所未有的新阶段。

目 录
CONTENTS

阅读说明 / 001

序一　林建华 / 001
让人文情怀和科学精神滋润心田

序二　许智宏 / 001
重视人文学科　高扬人文价值

序三　乐黛云 / 001
人文素质在哪里？
——推介"人文社会科学是什么"丛书

引论　只知其一，一无所知 / 001
　　倡导者如是说 / 003
　　百年历程，少年气象 / 011

上篇　学术纵横

一　宗教人类学 / 023
　弗雷泽 / 026
　　巨制美文《金枝》/ 026
　　剖析巫术原理 / 029
　　从巫术到宗教 / 033

马林诺夫斯基 / 040

　　　　考察生命历程 / 040

　　　　成年礼和丧礼 / 042

　　　　原始宗教启示 / 047

二　宗教社会学 / 051

　　杜尔凯姆 / 053

　　　天壤：神圣与世俗 / 054

　　　宗教：社会的神化 / 058

　　　方法：社会本体论 / 063

　　韦伯 / 064

　　　文化史的问题思路 / 065

　　　资本主义精神根基 / 069

　　　世俗化的宗教伦理 / 073

三　宗教心理学 / 079

　　詹姆斯 / 082

　　　考察"一手的宗教" / 083

　　　何谓"个人的宗教" / 087

　　　几个方法论结论 / 094

　　弗洛伊德 / 097

　　　从"精神冰山"说起 / 098

　　　"俄狄浦斯情结" / 101

　　荣格 / 108

　　　批判性的继承者 / 109

　　　人格与宗教心理 / 112

四　宗教语言学 / 117

　　艾耶尔 / 120

　　　　挑战当代信徒 / 120

　　　　清除宗教宣言 / 122

　　众哲学家 / 129

　　　　威兹德姆：隐身的花匠 / 129

　　　　弗卢：两个探险家 / 133

　　　　黑尔：牛津的疯子 / 135

　　　　米切尔：记游击队员 / 140

　　　　希克：两个旅行者 / 143

五　宗教文化学 / 151

　　道森 / 153

　　　　"宗教是历史的钥匙" / 154

　　　　现代文化何以兴起 / 156

　　　　为"黑暗时代"翻案 / 159

　　汤因比 / 162

　　　　"文明是历史的单位" / 163

　　　　文明社会泛宗教观 / 168

　　　　文化心理与社会变迁 / 171

　　卡西尔 / 175

　　　　"人是符号的动物" / 176

　　　　从神话和语言着笔 / 179

　　　　探求文化寻根意识 / 184

　　新学科大写意 / 188

　　　　圈点与品味 / 188

方法论新立意 / 189

启发性一二三 / 193

▌下篇▐ 问题聚焦

六　宗教与理智 / 201

　罗素 / 204

　　新旧两种世界观 / 205

　　清算基督教神学 / 209

　斯温伯恩 / 213

　　反省现代世界观 / 213

　　新版设计论论证 / 216

　理智论两面观 / 220

　　罗素功过三七开 / 220

　　传统思路行得通？ / 226

　　"双刃剑"是否慎用？ / 230

七　宗教与情感 / 235

　施莱尔马赫 / 237

　　废止流行观念 / 238

　　绝对的依存感 / 241

　奥托 / 245

　　为"无理性"开路 / 246

　　为"神圣者"正名 / 250

　情感论得失谈 / 255

　　把情感提上议程 / 255

逻辑上的质疑 / 259
　　　历史性的评价 / 262

八　宗教与意志 / 269
　　帕斯卡尔 / 272
　　　无限与虚无 / 273
　　　为信仰赌注 / 275
　　詹姆斯 / 277
　　　论信仰选择 / 278
　　　论信仰意志 / 280
　　　论实用主义 / 284
　　意志论众口说 / 290
　　　"功利者的宗教观" / 290
　　　"随意者的许可证" / 296
　　　"美国人的哲学家" / 299

九　宗教与终极 / 305
　　蒂利希 / 307
　　　信仰到底是什么？/ 309
　　　宗教到底在哪里？/ 314
　　斯马特 / 317
　　　扭转"西方的眼光" / 318
　　　终极是"超焦点的" / 323
　　建构"最大的平台" / 325
　　　从一神论到终极观 / 325
　　　从终极观到文化观 / 328
　　　终极意义上的平台 / 332

十 宗教与对话 / 337

背景、问题和尝试 / 339
- 背景：地球村的形成 / 340
- 难题：真理观的冲突 / 341
- 尝试：多元化的对话 / 345

排他论的正统性 / 347
- 根据：经典和教义 / 347
- 论证：以巴特为例 / 350
- 评论：素朴的傲慢 / 355

兼并论的对话观 / 359
- 前提："开放的天主教" / 360
- 立论："匿名的基督徒" / 362
- 诘难："匿名的 X 教徒" / 365

多元论的对话观 / 367
- 事实：宗教的多样性 / 368
- 假设：盲人摸象的寓意 / 371
- 求证：康德哲学的发挥 / 374
- 疑虑：一群盲人的对话？ / 378

从兼容论到实践论 / 381
- 主旨：构建全球伦理 / 381
- 要义：注重社会实践 / 386
- 动态：走向现实主义 / 389

路漫漫其修远兮 / 393

推荐阅读书目 / 399
编辑说明 / 401

引论

只知其一,一无所知

> 应当对人类所有的宗教,至少对人类最重要的宗教进行不偏不倚、真正科学的比较;在此基础上建立宗教学,现在只是一个时间问题了。
>
> ——缪勒

夜色中的万神殿,张志刚摄于罗马。

宗教研究由来已久。但严格说来,我们将要讨论的宗教学却是一门新兴的、交叉性或综合性的人文学科。一般认为,这门新学科的倡导者是缪勒(Friedrich Max Müller, 1823—1900),因为他提倡的求知态度可使传统的宗教研究焕然一新。

倡导者如是说

宗教学是什么呢?缪勒的回答浓缩于一句名言:"只知其一,一无所知。"(He who knows one, knows none.)这种答法非同寻常,不像司空见惯的学科定义那样,直接灌输某学科的对象、方法和目的等,而是首先让**我们**反思求知态度:怎样才能认识宗教?

这里用黑体突出"我们"一词,有两重用意:其一,这种回答虽是百余年前做出的,但很值得我们深思,因为它针对的问题至今犹存;其二,"我们"包括所有想认识宗教的人,无论专家学者还是普

15世纪精心设计与制作的占星盘，据说能预算一个人的命运。

通读者，信教的还是不信的，持肯定意见的还是抱批判态度的。下面就让我们一起回味缪勒当年的解释，看看这短短的一句话，到底浓缩了多少思想，是否还有学术活力，能否一语道破宗教学的主旨要义。

上述回答出自著名的"宗教学4讲"，时间：1870年2—3月间，地点：伦敦，英国皇家学会下属的英国科学研究所，4篇讲稿结集出版于1893年,这便是被后人誉为宗教学奠基作的《宗教学导论》。今天的读者打开第一篇讲演稿,仍能身临其境般地感到这位宗教学倡导者的演讲对象就是"我们"。

在我们这个时代,要既不冒犯右派又不冒犯左派而谈论宗教,几乎是不可能的事。对有些人来说,宗教这个题目似乎太神圣了,不能以科学的态度来对待;对另一些人来说,宗教与中世纪的炼金术和占星术一样,只不过是谬误或幻觉构成的东西,不配受到科学界的注意。①

缪勒首先坦言,自己今天是怀着"辩护的心情"来讲一门新学科的,因为他知道,自己会遇到顽强的反对者,他们将否认自己的观点——用科学态度来研究宗教,他甚至预见到,自己的观点跟传统的信念和流行的偏见将爆发一场激烈冲突;但他同时感到,自己胸有成竹,因为他不怀疑那些反对者是诚实正直、热爱真理的,他们会耐心公正地听取他所申诉的理由。

那么,在这场称作"为宗教学辩护"的讲演里,缪勒是怎么申辩的呢?他的主要理由可概括如下。

(1) 只懂一种宗教,其实不懂宗教。这是"只知其一,一无所知"的直接道理。

---

① 缪勒:《宗教学导论》,上海人民出版社1989年版,第5页。

当研究比较语言学的人大胆地采用了歌德所说"只懂一门语言的人,其实什么语言也不懂"这句话时,人们起初大吃一惊,但过不多久他们就体会到这句话所含的真理了。难道歌德的意思是说荷马和莎士比亚除了自己的母语以外不懂别的语言,因此荷马竟不懂希腊语,莎士比亚竟不懂英语了吗?不是的!这句话的意思是说荷马和莎士比亚虽然能够非常熟练、巧妙地运用他们的母语,但他们两人并不真正了解语言究竟是什么……在宗教问题上也一样。只懂一种宗教的人,其实什么宗教也不懂。成千上万的人信心之诚笃可以移山,但若问他们宗教究竟是什么,他们可能张口结舌,或只能说说外表的象征,但谈不出其内在的性质,或只能说说信心所产生的力量。①

这段话说得够明白了,不过加几点注释和补充可尽显其底蕴。

首先,"宗教"显然是个概念,外延包括世界上的各种宗教现象。所以说,"只懂一种宗教的人,其实什么宗教也不懂。"

其次,"宗教学"无疑是门学问,旨在探讨宗教的本质。若想做到这一点,就要"对世界诸宗教进行真正的科学研究"②。

再次,任何一种宗教都难免"优越感"和"排他性"③,问题在于,无论过去的还是现在的宗教研究,大多是由某种宗教的信仰者承担

---

① 《宗教学导论》,第10—11页。
② 同上书,第4页。
③ 关于宗教信仰的这个基本特征,我们将在最后一章"宗教与对话"里展开评述。

的。因而,缪勒强调:"科学不需要宗派","任何宗教都不应要求得到特殊待遇"。①

(2) 研究各种宗教现象,理应运用比较方法。这是"只知其一,一无所知"的内在逻辑。

> 人们会问,从比较能得到什么呢?要知道,所有的高深知识都是通过比较才获得的,并且是以比较为基础的。如果说我们时代的科学研究的特征主要是比较,这实际上是说,我们的研究人员是以所能获得的最广泛的证据为基础,以人类心智所能把握的最广阔的感应为基础的。
>
> 比较方法既然已在其他的知识领域产生了巨大成果,我们为什么还犹豫不决,不立即把它用在宗教研究上呢?我不否认,研究宗教将会改变人们通常对世界诸宗教的起源、性质、发展和衰亡所持的许多观点;但除非我们认为在新探索中的勇敢无畏的进展(这是我们在其他所有的知识分支中的本分和我们应得的骄傲)出现在宗教研究中是危险的,除非我们被"神学中无论出现什么新事物都是虚假的"这一曾负盛名的格言所吓倒,否则我们不应再忽视,不应再拖延对诸宗教进行比较研究。②

---

① 缪勒:《宗教学导论》,第 20、21 页。
② 同上书,第 8—9、10 页。

这两段话构成了一个判断:既然比较研究是获得科学知识的主要手段,那么,它理应作为宗教学的基本方法。换言之,只有运用比较方法,宗教学才能成为一门符合时代要求的科学,也才能对各种宗教现象进行客观、全面和深入的研究。这便是"宗教学"(the Science of Religion)一开始又名为"比较宗教学"(Comparative Religion)的缘故。①

(3)宗教学不是"神学",而是"人学"。这是"只知其一,一无所知"的应有之义。

所谓的"宗教"起码有两重含义:一是明指"各种宗教传统",像犹太教的、基督教的、印度教的等;二则意味着"人的信仰天赋"。

　　正如说话的天赋与历史上形成的任何语言无关一样,人还有一种与历史上形成的任何宗教无关的信仰天赋。如果我们说把人与其他动物区分开来的是宗教,我们指的并不是基督徒的宗教或犹太人的宗教,而是指一种心理能力或倾向,它与感觉和理性无关,但它使人感到有"无限者"(the infinite)的存在,于是神有了各种不同的名称,各种不同的形象。没有这种信仰的能力,就不可能有宗教,连最低级的偶像崇拜或动物崇拜也不可能有。只要我们耐心倾听,在任何宗教中都能听到灵魂的

---

① 在英文文献里,"宗教学"还有两种提法,the Scientific Study of Religion, the Academic Study of Religion,也鲜明体现了缪勒所倡导的科学方法论精神。

呻吟,也就是力图认识那不可能认识的,力图说出那说不出的,那是一种对无限者的渴望,对上帝的爱。不论前人对希腊字 ανθρωποθ(人)的词源的解释是否正确〔认为是从 ο "ανω αθρων(向上看的他)派生而来的〕,可以肯定的是,人之所以是人,就是因为只有人才能脸孔朝天;可以肯定的是,只有人才渴望无论感受还是理性都不能提供的东西,只有人才渴望无论是感受还是理性本身都会否认的东西。①

据以上两重含义,缪勒认为,宗教学可分为两部分:"**比较神学**"和"**理论神学**";前者探讨历史上的各种宗教形态,即"各种宗教传统";后者则解释宗教信仰的形成条件,即"人的信仰天赋";就这两部分的关系而言,前者是宗教学的基础,后者则是目的。关于"理论神学",他从哲学角度作出如下说明:如果有一种哲学专门考察人的感觉知识,另有一种哲学专门考察理性知识,那么,显然还应有第三种哲学,它考察的就是"人的第三种天赋"——作为"宗教基础"的认识无限(神)的天赋。

从以上论述来看,尽管由于文化背景、学术传统以及个人信仰等方面的限制,缪勒仍用"神学"一词来表述宗教学的两个组成部分,但他的意思是明确的。首先,"比较神学"是指,以比较研究为方法、以各种宗教为对象的"宗教历史学",这显然不同于神学;其

---

① 缪勒:《宗教学导论》,第 11—12 页。

次,"理论神学"则指,以哲学反思为主导、以解释人性为目的的"宗教学原理",这也明显有别于神学。综合这两点可作出判断:神学是"关于神的学问",缪勒所要申辩的则是一门"人学"。

缪勒成功地为宗教学进行了申辩,尽管他随后提出的许多观点,特别是宗教起源理论在生前就被同行淘汰了,可仅凭这一点,他的名字和事迹便应载入宗教学史册,不仅让后人莫忘先行者,而且知道一个有怎样的经历和胸怀的人,才能发出如下声音:

> 应当对人类所有的宗教,至少对人类最重要的宗教进行不偏不倚、真正科学的比较;在此基础上建立宗教学,现在只是一个时间问题了。①

这段"思想之声"的创作背景如下:

> 缪勒生于德国,先在莱普兹格大学攻读古典文学,后来转修哲学,获哲学博士学位。1846年,前往牛津大学主持《梨俱吠陀》的翻译注释工作,此后从未离开牛津回过故土。他长期耕耘于语言学、神话学、东方学等领域,所获成果仅数量而言就叫人惊叹。例如,主编了长达50多卷的《东方圣书》,校译了《阿弥陀经》《三量寿经》《金刚般若经》《般若心经》《法集经》等;其他主要著译有:《古代梵文文学史》《梵文文法入津》

---

① 《宗教学导论》,第19页。

宗教学的倡导者缪勒

《吠檀多哲学》《印度六派哲学》《吠陀与波斯古经》《印度寓言与密宗佛教》《佛教》《孔夫子的著作》《中国宗教》《比较神话》《论语言、神学与宗教》《宗教的起源与发展》《自然宗教》《物质宗教》《人类宗教》《心理宗教》等。

百年历程,少年气象

如果以缪勒的《宗教学导论》为奠基作,宗教学的探索历程不过一百多年。百年探索对这门学科意味着什么呢?无论比起相关的学科,像哲学、神学、史学等,还是面对古老复杂的研究对象——人类所有的宗教现象,起码是主要的宗教传统,我们都只能说,它还太年轻,就像一个初出茅庐的"思想少年"。

创作于18世纪初的这幅《攀登科学高峰》(John Walis,1807)颇有寓意地描绘了科学思维方式,先进"语言之门",踏上"美德之路",途径"争吵之地",翻过"愚蠢之山",再穿过"迷惘之林","真理圣殿"就在顶峰。

这个比喻可唤起大家对少年时代求知经历的美好回忆。那段时光,我们开始思想上自立了,满怀求知欲又富于想象力,善拜良师又好结益友;那段时光,我们虽然想法幼稚但没有成见,尽管知之甚少却勇于探索,诚然时常出错或受挫,可我们从未中止探索,也没人能赶上我们的探索步伐和知识递增速度,无论比我们年长的还是年幼的……那段时光,我们的求知经历呈现出一派"少年思想气象"。

用"少年思想气象"来描述宗教学的百年探索历程一点儿也不夸张。下列几个主要方面可作证:

(1)宗教学已成为一门相对独立、渐成系统的人文学科。

历经百年努力,这门新学科形成了诸多活跃的理论分支或研究方向,像宗教历史学、宗教考古学、宗教地理学、宗教生态学、宗教人类学、宗教社会学、宗教心理学、宗教语言学、宗教神话学、宗教现象学、宗教哲学、宗教学原理、比较宗教研究、世界宗教对话等。

(2)宗教学已成为一门现代形态的、交叉性或综合性的人文学科。

虽然这在前一方面反映出来了,但还应说明缘由。如同少年求知者善拜良师好结益友,宗教学既求教于传统的相关学科,像历史学、语言学、哲学、神学等,从它们那里寻求思想资源,吸取重大问题,借鉴基本方法等;又跟同时代相继独立或兴起的诸多人文社会科学分支结伴而行,互帮互学,共同成长,以至于"你中有我,我中有你,你我难分"。这主要是由宗教学研究对象的错综复杂性决定的。

譬如，要想切实理解宗教现象，便不能不具体研讨如此种种关系：宗教与历史、宗教与文化、宗教与民族、宗教与社会、宗教与政治、宗教与法律、宗教与经济、宗教与哲学、宗教与科学、宗教与文学、宗教与艺术等。同样，要想深入考察上列种种关系中的后者，诸如文化、民族、社会、政治、法律、经济、哲学、艺术等，也不能不涉及宗教问题，只不过那些问题或以历史面目出现或有强烈现实色彩罢了。据上述相互关系可得出一个双重判断：宗教学几乎跟所有其他的人文社会学科相关；反之，所有其他的人文社会学科几乎都跟宗教学有缘。

或许有人怀疑，上述例证及其判断是否过于拔高宗教学的地位和意义了？其实，排解此类疑问并不困难，只要过目下列统计数字便足以令人深思了。

据1996年的不完全统计，各类宗教信徒约占世界人口的五分之四。其中，世界三大宗教的信徒人数为：基督教徒19.55亿，占世界人口的33.7%；伊斯兰教徒11.27亿，占世界人口的19.4%；佛教徒3.11亿，占世界人口的6%。其他传统宗教的信徒人数占前几位的是：印度教徒7.93亿；犹太教徒1385.8万；锡克教徒约1700万。另外，各类新兴宗教信徒1.23亿。

另据一份最新统计资料，估算至2001年，世界人口61.28亿，其中基督教徒20.24亿，伊斯兰教徒12.13亿，佛教徒3.63

亿,印度教徒 8.23 亿,犹太教徒 1455.2 万,锡克教徒约 2368 万,各类新兴宗教信徒 1.03 亿。①

考虑到参照性和可靠性,上面引用了两组来源不同且略有时差的统计数字,它们虽然只估算了晚近的信教人数,但我们透过这一连串单调的数字,几乎可想到现实中和历史上发生的一切,唯独难以想象出宗教现象还跟什么东西无关。

(3) 宗教学所研究的对象之复杂,涉猎的领域之广泛,发现的问题之重大,引发的争论之热烈……已使其成为当今人文社科领域里的一门显学或前沿之一。

这是前两方面的必然结果。作为一门显学或前沿之一,宗教学的魅力主要体现于:这门新学科如同思想少年,没有成见,勇于探索,通过反省前人的宗教观乃至历史思维方式,不断开阔视野、转换视角、更新观念,深思整个历史或文化研究里的诸多重大的或根本的难题。例如,宗教与历史源流,宗教与社会形态,宗教与文化差异,宗教与民族矛盾,宗教与古代宇宙观,宗教与现代思维方式,宗教与后现代精神困境,以及宗教与智情意、真善美等。

(4) 但就总体研究状况而言,宗教学远非一门成熟的学科,不但尚未形成某种能被普遍接受的理论体系,甚至在所有的分支、课

---

① 以上两组统计数字,分别参见任继愈主编:《宗教大辞典》,上海辞书出版社 1998 年版,"绪论",第 11 页;《国际宣教研究学报》(*International Bulletin of Missionary Research*),2001 年 1 月。从统计年限来看,这两组数字大体吻合,只有锡克教徒的人数出入较大。

题、观点特别是方法论上都存在分歧。

可依笔者所见，上述不成熟性反倒更能体现出宗教学这位思想少年的魅力所在。正是由于前三方面的缘故，这位思想少年刚迈开探索的步伐，对他来说，要想解开至今仍活生生的古老宗教之谜，确实任重道远，但不会有人怀疑，他正在成长，他前途无量。

前面的比喻并非为了文字上生动活泼，而是想从精神上表示宗教学的发展个性。一门学科的发展过程，主要不是一个时间概念。"时间"虽是通用的度量手段，但对不同的对象有不同的意义。百年历程，说短也短，说长也长。宗教学问世的年代，大致就是现代人文社会学科相继独立或分化重组的时期。或许可以说，某些同时代产生的学科已成熟了，有完整的体系可描述，有成套的概念可介绍，有公认的方法可推广，甚至有权威的原理可灌输，这一切宗教学都谈不上，它能吸引我们的是一派"少年思想气象"。再三表明上述个性，读者便可理解本书的写法了。

为捕捉宗教学特有的"少年思想气象"，我们不准备面面俱到，而是浓笔重书"几个理论分支"和"一个核心问题"。几个分支是：宗教人类学、宗教社会学、宗教心理学、宗教语言学和宗教文化学；核心问题就是：宗教是什么？或者说，宗教的本质何在？这两部分内容便构成了上、下篇，"学术纵横"和"问题聚焦"。

"学术纵横"立意于感受"少年思想气象"的宽广度，也就是宗教学的那种异常突出的交叉性或综合性。关于交叉性，宗教人类学、宗教社会学和宗教心理学可谓典型例证。这三个重要分支的形成,典型地反映了现代人文社会学科之间的互动性,它们的开拓者也就是现代人类学、社会学和心理学的奠基人或代表人物。通过评述宗教语言学面临的当代难题,则可使我们意识到交叉性的另一种主要表现形式,即传统学科的新观点特别是新方法与宗教学的相结合。

上篇收尾于宗教文化学有"双重的综合意味"。首先,这个晚近最受注目的研究方向,几乎把宗教学的交叉性推向了极致,以致可看做所有理论分支的综合或整合,或许就此意义而言,我们不应把它跟其他分支相提并论。其次,由于前一重综合性,宗教学所探讨的重大问题也几乎都在宗教文化学那里综合或整合起来了。正因如此,这一章在上篇里花的笔墨最多。

"问题聚焦"则力求透析"少年思想气象"的深厚度。为什么只涉及一个核心问题呢?或者说,回答"宗教是什么"需要这么长的篇幅吗?其实,这个看似"简单"的问题也就是宗教学的全部问题,准确些说,其他所有的问题无不跟它相关,都是环绕着它一层层展开的,也都取决于怎么理解它、如何解答它。在此意义上,该问题又可称为宗教学的"基本问题"或"元问题"。读完上篇可印证以上说法。

所以,这个称为"核心"的问题不但是宗教学的而且是宗教思想史的全部内容,也就是说,历代宗教思想家,无论信仰什么或属于哪个学派,都试图解答这个问题,以致一部宗教思想史就是不断更新观念、寻求答案的过程。因此,即使读完下篇也不会找到

"最后的答案",如果能从方法论上得到些许启发,就足以令你我欣慰了。

下篇的内容分为这样两部分:一是,关于宗教本质问题的四种主要观点及其热烈争论,即理智论、情感论、意志论和终极论;二是,关于宗教对话问题的三种主要立场及其相互批评,即排他论、兼并论和多元论。这两部分的关系在于,前者的研讨着眼于人类精神活动的三个基本方面——智情意及其关系,后者则放眼于现代文化背景下的世界宗教关系,针对各宗教相冲突的真理观来盘根究底——宗教到底是什么,各宗教的回答到底有什么根据,是否应就该问题进行对话;按笔者的看法,基于前者进而思考后者,我们便接触到了晚近宗教研究的前沿课题。

最后就本书的讨论重点和评述原则做几点说明:

(1)如同在整体上不求面面俱到,我们在各部分的讨论中也将相应地突出重点——"思想上的里程碑"或"理论上的分水岭",譬如,描述理论分支时,注重的是奠基人或开拓者的思想;探讨核心问题时,则注重不同观念的倡导者或代言人的理论。

(2)评述以上人物的思想或理论时,我们将把"述"和"评"相对严格地分开。首先,尽可能地"多让他们的原著说话",以求如实再现他们的原创性思路——发现问题,寻求方法,尝试解答等;其次,我们再来展开多视角的评论,像现存主要争论、学术背景分析和方法论批评等,这部分内容主要来自其他学者的成果,在部分章节特别是上、下篇的收尾部分,笔者提出了一些建设性的批评意见,但不仅希望读者把这些意见跟他人的成果分开,而且建议重"述"轻"评",因为前者才是"原汁原味的思想理论",这也是本书"多让原著说话"的理由。

(3) 由于研究对象的错综复杂性,宗教学领域自然会存在不同的观点、严重的分歧和激烈的争论,这一点是读者不难想象的。面对这种"自然现象或正常状态",我们应奉行一条起码的求知治学原则:首先力求客观公正地了解那些主要的或有代表性的观点,像它们各自的立场和根据,它们之间的分歧或争论,还有他人的批评或评价等,此后才有我们的思考、探索和创见可言。这也就是缪勒给我们的启发:只知其一,一无所知。

上 篇

学术纵横

从这个角度看雅典,三个不同时期的建筑映入眼帘:中景,公元前五世纪的陶立克式赫法伊特翁神殿;前景,圣使徒教堂(公元十世纪);背景,今天的雅典城。

宗教人类学

　　在人类发展进步过程中,巫术的出现早于宗教的产生,人在努力通过祈祷、献祭等温和谄媚手段以求哄诱安抚顽固暴躁、变幻莫测的神灵之前,曾试图凭借符咒魔法的力量来使自然界符合人的愿望。

——弗雷泽

　　凡有文化必有宗教……尽管文化对于宗教的需要完全是派生的、间接的,但归根结底宗教却植根于人类的基本需要,以及满足这些需要的文化形式。

——马林诺夫斯基

饱含中国文化元素的唐卡作品。作者为国家工艺美术大师娘本,张志刚摄于热贡。

宗教学兴起以来,文化人类学家一直活跃在这个交叉性的研究领域。对早期的宗教学有这样一种评论:19世纪70年代到20世纪20年代,这门新学科一直是由文化人类学家主导着的,因为那段时间的研讨重点放在古代宗教,是以考古的、实地的或文献的证据来追溯古老宗教传统的起源。① 这个研讨热点过后,以原始文化为主攻对象的文化人类学家则调整思路,转而探讨宗教传统的文化功能,特别是在形成文化习俗、巩固文化秩序过程中的重要作用。

本章试以两个典型来勾勒上述探索历程:弗雷泽(Sir James G. Frazer,1854—1941)的宗教起源问题研究和马林诺夫斯基(Bronislaw Kasper Malinowski,1884—1942)的原始宗教功能研究。前者可谓第一阶段的"尾声",后者则可称第二阶段的"序曲"。

---

① 参见夏普:《比较宗教史》,上海人民出版社1988年版,第124—125页。

弗雷泽

弗雷泽是著名的英国人类学家和古典学者。他在剑桥大学完成学业,也在这所著名学府度过了余生,他的名字是与《金枝——巫术与宗教研究》连在一起的。

弗雷泽(Sir James G. Frazer,1854—1941),著名的英国人类学家和古典学者。

巨制美文《金枝》

提起《金枝》,评论者大多禁不住美誉几句。这部材料丰富,文风飘逸,名噪人类学界、宗教学界、文学界等诸多领域的巨著,不知耗费了作者多少心血。该书1890年首版,两卷本;1900年二版,三卷本;1911至1915年间推出的第三版,长达十二卷,近5000页;1922年的第四版是节略本,只保留了主要的论点和例证。

据弗雷泽回忆,起初构思此书时,只想简要解释古罗马的一则传奇,可没料到却引出了一些带普遍性的、前人没思考过的问题,于是便有了篇幅一再扩充的《金枝》。

> 在临近罗马的内米湖畔有一片神秘的树林,里面坐落着森林女神狄安娜的神庙。按传说中的古老习俗,这座神庙的祭司职位总是留给某个逃亡的奴隶的,他一旦成为祭司,也就成了"森林之王",当然主人便不能再追究了。可他的位子很不保险,或者说很危险,他不得不时时刻刻手持宝剑,不分昼夜也不分寒暑地守住一株高大的圣树。为什么呢?只要另一个逃奴折取了树枝,就有权跟他决斗,夺取他的圣职。

弗雷泽想要解开的就是这则古老传说里的信仰之谜。他主要提出了两个问题:(a)为什么狄安娜神庙的祭司兼森林之王非得杀死他的前任呢?(b)为什么他在决斗前必须先折一节古罗马人所说的"金枝"呢?正是头一个问题引发了弗雷泽关于宗教起源问题的思索。

狄安娜神庙的祭司同时拥有王位。弗雷泽指出,这种将王位与圣职集于一身的现象并不罕见,而是古代文化的普遍特征。例如,在希腊、罗马、小亚细亚等地的文化传统中可发现,古代的君主、国

古印度的森林女神马图拉（Mathura），公元 2 世纪石刻。

王或皇帝一般都身兼祭司一类的圣职。值得重视的是，笼罩在古代统治者头上的神圣光环绝非虚幻的，而是反映了特定的宗教内涵。

在古代文化背景下，统治者之所以深受尊崇，就是因为他们在百姓的眼里是"超人"甚至"神灵"，拥有非凡的权能，能使某个国家或地区风调雨顺、五谷丰登。这种崇拜心理及其愿望，在现代人看来不可思议，但对古代人来说却是再自然不过的思维方式了。在古代人眼中,世界在很大程度上是由诸多"超自然的力量"支配的,这些力量就是"有人性的神灵",因为它们和人一样有冲动有意志,易于被打动。正因如此,原始人通过祈求、许诺、讨好和威胁等多种方式,期望从某个神灵那里得到好天气、好收成。

但上述情形只是产生"人—神"观念的方式之一,弗雷泽发现,还有一条更原始的途径,这就是"交感巫术"。这种古老的巫术曾是普遍流行的迷信体系,它使最早的统治者同时扮演了巫师的角色,叫人们相信世俗的权力来自巫术或法术。因而,若想理解王权与神性相结合的进化过程,需要进一步剖析巫术现象、原理及其谬误。这大致就是弗雷泽从巫术现象来探究宗教起源的根据。

剖析巫术原理

什么是**巫术**呢?一般说来,所谓的巫术就是相信"交感律",即相信两个或多个事物通过"神秘的交感"可远距离地相互作用;或用古代哲学语言来说,可通过"不可见的以太"将某物的力量传达给他物。

巫术的原则或原理主要有二:(a) 相似律,同类的事物相生,或者说,相同的原因产生相同的结果。据此形成的法术可称为"顺势巫术"或"模拟巫术",即巫师仅仅借助模仿来达到目的;(b) 接触律,也叫"触染律",相互接触过的事物即使分离后仍会产生相互作用。根据这个原则,只要某人接触过某物,巫师就能通过该物而对该人施加影响,这类巫术可叫做"接触巫术"。

弗雷泽认为,上述原则或原理纯属两类联想——"相似联想"

和"接触联想"的误解滥用。顺势巫术依据的是"相似联想",误把相似的东西看成同一个东西;接触巫术的根据则是"接触联想",误以为接触过的事物总是保持接触的。在实践中,这两类巫术及其思维谬误往往混而不分。顺势或模仿巫术能单独进行,可接触巫术一般要借助于顺势或模仿的原则。

所谓的巫术是对自然规律的歪曲,是一种"伪科学",这是弗雷泽就巫术与科学二者关系所作的基本判断。人类从一开始就探索着大自然的奥秘。但是,原始人还不能真正了解自然过程,也意识不到自己的无知和驾驭自然的低下能力,相反他们盲目自信,以为能控制自然,使之造福于自己,加祸于敌人。这种无知的企图就是巫术活动。

展示巫术场景的一幅木版画(1591)。

有大量资料表明,无论在什么地方,交感巫术都隐含一种信仰,即确信自然现象是有严格次序的。所以,巫师从不怀疑相同的原因必然导致一样的结果,特定的法术必定产生预期的功效。尽管他们自以为神通广大,但同时十分小心,严格遵照自己所信的"自然法则",因为一旦违背,哪怕很小的失误,也会导致失败,甚至陷入危险境地。

由此可见,巫术在基本观念上是与科学相近的。巫术观念早就认定,自然界是有规律、有秩序的,事物的演变是可预见、可推算的。因此,和科学一样,巫术也对人有强烈的吸引力。它以美好的憧憬,引诱着那些困乏了的探索者,穿过现实这片失望的荒野,登上理想的峰巅,使滚滚迷雾、层层乌云都落在脚下,远眺着天国的辉煌。

但正如前面指出的,巫术是对自然规律的曲解、对思维原则的误用。弗雷泽强调,巫术的谬误并不在于对客观规律及其作用的假定,而在于曲解了自然规律,误用了思维原则。联想原则是人类思维的基本规律,若加合理应用可结出科学的果实,而滥用只能产生"科学的假姐妹"——巫术。

> 巫术是一种被歪曲了的自然规律的体系,也是一套谬误的指导行动的准则;它是一种伪科学,也是一种没有成效的技艺。①

---

① 弗雷泽:《金枝——巫术与宗教之研究》(上、下),中国民间文艺出版社1987年版,第19—20页。

巫术与宗教有什么关系呢？这是弗雷泽进一步追究的问题。但他清醒地意识到，如何定义宗教，这是宗教研究中最棘手的难题。每个学者在考察宗教与巫术的关系之前，都要提出自己的宗教概念，可世界上也许没有比"宗教的性质"更众说纷纭的研究课题了。显然，要想拟定一个公认的宗教定义是不可能的，目前能做的只是：先说明自己所理解的宗教，再前后一贯地使用这个定义。弗雷泽的回答十分简明：

> 我说的宗教，指的是对被认为能够指导和控制自然与人生进程的超自然力量的迎合或抚慰。这样说来，宗教包含理论和实践两大部分，就是：对超人力量的信仰，以及讨其欢心、使其息怒的种种企图。①

在这个定义里，"信仰"（理论）和"讨好"（实践）两个因素相比，首要的是信仰，即相信宇宙或世界的主宰是神灵，其次才有可能形成讨好的企图。据此，弗雷泽指出了宗教与巫术的两点主要差异。

（1）关于自然过程的可变性与不可变性。

宗教信仰显然相信这样一点：自然事物的产生过程在一定程度上是可改变的；也就是说，崇拜者通过讨好或取悦自然进程的主宰，有可能说服或诱使神灵来按照人的利益改变某些事物。如前所述，

---

① 《金枝——巫术与宗教之研究》，第 77 页。

巫术原则恰好相反，认为大自然的运行过程是客观的、不变的，对此人为地讨好、哀求、说服、恐吓等一概无济于事。所以，上述不同的信念所表现的就是两种矛盾的宇宙观。

（2）宇宙或世界的统治力量是有意识、有人格的，还是无意识、无人格的。

这是问题的关键所在，是宗教区别于巫术的原因。宗教作为一种取悦超自然力量的企图，其本身就暗示着那个被讨好者是有意识、有人格的，他的所作所为在某种程度上是不确定的，是可被说服或被打动的，只要人们能投合他的兴趣、情感和意志。

就这一点而言，巫术也是跟宗教对立的，因为巫师相信，自然过程是由机械的、不变的法则支配的，而不取决于任何意志或人格。虽然巫师常跟神灵打交道，可他们是用仪式和咒语来加以强迫或压制，而不是像宗教徒那样去讨好或取悦。总之，在巫术那里，一切有人格的对象，不管人还是神，最终都受制于非人格的力量。

从巫术到宗教

正是根据上述差异，弗雷泽做出了一个著名的判断：巫术早于宗教。因为巫术只不过是误用了最简单、最基本的思维原则——相似的或接触的联想，宗教却假定大自然的幕后还存在一种有意识、有人格的力量——神灵；显而易见，"人格神"的概念比原始的相似或接触观念复杂得多。打个比方，即使连野兽也会把相似的东西联系起来,否则就没法生存;可谁会认为野兽也有信仰,也相信大千世界是由某个强大无比的怪兽在背后操纵着呢?与巫术相比,宗教显然是以更高一级的心智和概念为基础的。因此,合乎逻辑的判断很可能如下:

> 在人类发展进步过程中,巫术的出现早于宗教的产生,人在努力通过祈祷、献祭等温和谄媚手段以求哄诱安抚顽固暴躁、变幻莫测的神灵之前,曾试图凭借符咒魔法的力量来使自然界符合人的愿望。①

那么,巫术是怎样演变出宗教的呢?弗雷泽对这个问题抱有谨慎态度。在他看来,对于这样一个深奥的问题,需要解释的事实非常庞杂,现有的调查材料也很不充分。因而,目前只能提出一个近似合理的假说:宗教是对巫术谬误的一种认识,是对人类无知无能的一种反思。

年复一年,日久天长,那些善于思考的原始人终于察觉,靠巫术并不能获得如期结果。这是人类思想史上的一次重大发现。人类有史以来第一次认识到,巫术是徒劳的,大自然是不能任意控制的。雨点还是落在地上,太阳依旧东升西落,月亮仍然高悬夜空,四季照样循环往复,一代代人降生于世,辛勤劳作,饱经苦难,最后栖身故土……万事万物尽管照旧发生,但并非巫术的功效。因此,人们不

---

① 《金枝——巫术与宗教之研究》,第84页。

再沉溺于巫术的幻想,逐渐意识到还有其他的力量,远比人类强大,远非人所能制约。

弗雷泽用散文化的语言描述道,大致就是这样,原始哲学家的思维之船被砍断了锚绳,颠簸在满布疑云的海面上,他们原有的自信被粗暴地打碎了,他们悲哀,他们困惑。此情此景直到暴风雨过后,古老的思维之船又驶进了一个平静的港湾,发现了一种新的信仰与实践体系,这就是能消除疑惑、可取代巫术的宗教。于是,原始哲学家开始相信:如果眼前的世界无须人的推动而能照常运行,其背后必定存在某些更神奇更伟大的力量。这些力量虽然隐而不显,但大自然与人世间的千变万化似乎都显现着他们的意志、人格和权能。这便使原始人不得不低下头来,把以前寄予巫术的美好期望统统转化为对众神灵的虔诚祈求,诸如风调雨顺,五谷丰登,生前平安,死后解脱,极乐世界等。

总的看来,从巫术到宗教的巨大转变,就是在上述思想状况下完成的。关于这个转变过程,弗雷泽作了两点说明:首先,这种转变主要体现在古代智者的认识上。换句话说,只有那些知识层次较高的人才具有宽阔的视野,能意识到宇宙之博大和人类之渺小,从而皈依于神灵意志,形成比巫术更深刻的宗教观;而那些愚昧无知、眼界狭隘的人,是很难达到宗教思想高度的。所以,宗教不可能根除巫术。即便宗教出现后,巫术仍深深扎根于大多数人的心灵。这是巫术流传至今的主要原因之一。

其次,巫术转变为宗教的过程可能是极其缓慢的。要推翻巫师的统治,要打破他们的幻想,要他们承认无知无能,肯定不是一件容易的事情。因此,宗教信念是通过一点点地臣服于超自然力量而发展起来的,一开始可能是风,后来是雨、阳光和雷电等,最后才把神灵意志视作最高的道德准则。

弗雷泽把他的整个研究工作比作一次探索性的远航。他充满诗意地想象:乘一叶轻舟驶离内米湖畔,环游世界各大洋,最后风尘仆仆地回到了充满神秘情调的内米湖畔。在这一节里,我们尽管没能伴随这位浪漫的思想家走完全程,更没有跟随他走进不可胜数的原始材料征集地,但还是大体追寻了他探索宗教起源的学理踪迹。

佛陀崇拜,公元2世纪石刻,藏于加尔各答的印度博物馆。

作为一种补充，我们不妨把他"远航日志的最后一页"摘录下来，以观全貌：

人类较高级的思想运动，就我们所能见到的而言，大体上是由"巫术的"发展到"宗教的"，更进而到"科学的"这几个阶段。在巫术的思想阶段，人依靠自己本身的力量应付重重艰难险阻，他相信自然界一定的既定秩序，觉得肯定可以信赖它、运用它、为自己的目的服务。当他发觉自己想错了，伤心地认识到他所以为的自然秩序和自信能够驾驭它的能力，纯粹都是幻想的，他就不再依靠自己的才智和独自无援的努力，而谦卑地委身于自然幕后某一伟大而不可见的神的怜悯之中，并把以往狂妄地自以为具有的广大能力都归诸于神。于是，在思想比较敏锐的人们心目中，巫术思想逐渐为宗教思想所替代，后者把自然现象的更迭解释为本质像人、而能力无限超过人的神的意志、神的情感或愿望所规定的。

随着时间的推移，这样解释又令人不能满意，因为它假定自然界的活动，其演变更迭，不是取决于永恒不变的客观规律，而是在一定程度上变易无常的。这是未经缜密考察的臆说。相反，我们愈仔细观察自然界的更迭现象，愈加感到它们严密的规律，绝对的准确，无论在什么地方观察它们，它们都是照样准确地进行着。我们的知识每取得一次伟大的进步，就又一次扩大了宇宙间的秩序的范畴，同时也相应地限制了宇宙间一些明显的混乱的范畴。时至今日,我们已经能够预见:人类获得的更多的知识,将会使各方面看来似乎真实的混乱,都化为和谐,虽然在某些领域内命运和紊乱似乎还继续占统治地位。思想敏锐的人们继续探索宇宙奥秘以求得更深一层的解答,他们指出:自然宗教的理论是不适当的,有点儿回到了巫术的旧观点上;他们明确认为(过去巫术只是明确地假定)自然界现象有其不变的规律性,如果周密观察就能有把握地遇见其进程,并据以决定自己应采取的行动。总之,作为解释自然现象的宗教,已经被科学取代了。①

从前述史诗般的理论意境中走出来,怎么评说弗雷泽呢?或许读者还记得这一章的开场白,宗教起源问题是宗教学的早期研讨重点,理论主导者是文化人类学家。回顾起来,那的确是文化人类学家高谈阔论的年代。譬如,泰勒(Edward Burnett Tylor,1832—1917)首倡的"万物有灵论",科德林顿(Robert H. Codrington,1830—1922)发现的"玛纳"(mana)现象,史密斯(Robertson Smith,1846—1894)所作的图腾研究,马累特(Robert R. Marrett,1866—1943)提出的"前万物有灵论",以及弗雷泽总结出的宗教起源模式等。从上述背景来看,弗雷泽的代表性至少有三方面:(a)他利用了当时能找到的大部分资料;(b)他所提出的宗教起源模式——从巫术到

---

① 《金枝——巫术与宗教之研究》,第1005—1006页。

宗教,综合了同时代学者的主要观点;(c)他把泰勒视作治学楷模,贯彻了这位"宗教学人类学派"先行者的路线方针,通过文化比较来揭示人类思想的进化过程。所以,弗雷泽称得上这一时期宗教起源研究的集大成者。

后人对弗雷泽的批评,主要针对他的宗教起源模式,一致认为"从巫术到宗教"未免简单化、绝对化了。从整个宗教史来看,这个模式有充分而可靠的证据吗?仅就前提而言,"把巫术与宗教截然分开"便无法成立。越来越多的田野考察材料表明:土著部落的思想信仰并非单纯的,而是复杂的或交织的。例如,巫术与宗教甚至包括"知识"同时并存,各有不可替代的地位和功能;又如,巫术与宗教混杂,或者说,二者难解难分;再如,在某些特定的文化背景下,巫术不但不是宗教的前身,反而属于宗教退化的结果。

通过评介弗雷泽,不但可回溯宗教学的早期研讨重点,也有助于把握此后的学术转向。关于弗雷泽的批评表明,宗教起源研究有难以摆脱的方法论困境,譬如,能发现充足的史实吗?能避免不同的解释吗?能用"某个线性的进化论模式"来概括宗教史甚至思想史吗?大致说来,正是方法论困境令"宗教起源热"降温了,宗教学的探索者转而注重一个更切实的课题,宗教传统的社会或文化功能。在这场学术转向中,文化人类学家再次成为排头兵,马林诺夫斯基便是代表人物。

马林诺夫斯基

马林诺夫斯基是文化人类学功能学派的创始人。他的治学风格跟弗雷泽恰成鲜明对比。弗雷泽在批评者的眼里是"安乐椅上的人类学家",舒舒服服地坐在剑桥大学的书房里,靠世界各地送来的材料去理解素未谋面的原始人。① 马林诺夫斯基则被誉为"描述性人类学的先驱和楷模",是靠亲手获得的田野资料来著书立说的。他所做的田野考察主要有三次:1914—1918 年,美拉尼西亚地区;1934 年,东非地区;1939—1941 年,墨西哥地区。

考察生命历程

原始宗教研究历来广受人文学科的重视,特别是到 19 世纪与 20 世纪之交涌现出一批名家名著。但马林诺夫斯基敢向众多名家挑战,以其倡导的功能分析方法发起了一场学术观念变革,从形而上学的思辨走向经验主义的分析,使原始宗教研究具有可靠的实证性和强烈的现实感。

作为功能学派的创始人,马林诺夫斯基力图深究的一个基本问题就是:宗教传统在原始文化中占什么地位,有什么功能呢?他首

---

① 参见夏普:《比较宗教学史》,第 116 页。

一 宗教人类学 | 041

马林诺夫斯基（Bronislaw Kasper Malinowski，1884—1942），英国社会人类学家，功能学派创始人之一。

先靠田野考察的亲身经验批评了下列名家的观点。

泰勒认为，原始宗教本质上是"万物有灵论"，马累特则以为，可追溯到"前万物有灵论"；冯特指出，原始宗教来自"恐惧情绪"，缪勒则论证，"语言失误"才是神灵概念的起因；豪尔把原始宗教解释为"天赋本能"，杜尔凯姆则归因于"社会启示"……凡此种种说法，不仅各持一端，让人无所适从，而且共有一种根本缺陷：误把原始宗教看成某种超越于人类文化结构的东西。

因此，要想揭示原始宗教的文化根据及其功能，最好先放弃这样一些形而上学玄想，直接面对文化事实，亲身考察土著人所经历的"生命过程"。因为一旦身临实地就会发现，在土著人的生活里，人生的每一生理阶段特别是重大转机，几乎都伴有宗教的需要；换言之,大多数原始宗教的信念、仪式、行为等,都是跟生命过程息息相关的。

这样一来,马林诺夫斯基便破除陈见,独辟蹊径,沿着人类生命的自然历程,逐一考察了原始文化中的出生、成年、婚姻和死亡等现象,其中尤以对"成年礼"和"丧礼"的剖析精到,比以前的学者更令人信服地说明了原始宗教的社会或文化地位、特别是文化功能。

成年礼和丧礼

(1) 成年礼的文化功能:为传统套上神圣光环。

凡是信奉"成年礼"的原始部落,都有某些相似的做法,一般包括如下特点:

首先,每当一批部落成员步入成年时,都要经过或长或短的隔离期,离开亲属,独居在外,然后才正式举行仪式。其次,经受肉体灵试。譬如,划伤部分皮肤或打掉一颗门牙;严重的还要切割包皮甚至割开溺管,叫做"割礼"。此时,受试者要装作当场死去旋即复活的样子。

再次,接受传统和神话。由部落首领把传统和神话传授给年轻人,以便让他们了解本部落的"奥秘"或"圣物"。这虽不如前一方面有戏剧性,却更加重要。

最后,亲近超人的力量。前两方面的用意都在于,通过不同的手段使入世的青年跟某种超人的力量相沟通。例如,北美印第安人有"训育神"或"守护神",澳大利亚土著人有"万物之父",美拉尼西亚人则有"神话英雄"等。

问题在于,这些习俗有什么社会作用呢?众所周知,在原始文化状态下,习俗或传统是神圣的,有无上的价值。原始部落的组织、习俗和信仰等,是由列祖列宗的惨淡经验积累而成的。只有严守习俗或传统,才能维系社会生活秩序。所以,成年礼为习俗或传统套上"神圣的光环",打上"超自然的烙印",这对原始社会生活来说具有"生存的价值"。

> 这样,我们便可确定诸种入世仪式的主要功能了:对原始社会传统中的最高势力和价值来说,它们是一种仪式性的、戏剧性的表达;它们有助于把这种势力和价值铭刻在一代代人的心里,与此同时,它们对于传授部落的知识,保障传统的延续,以及维持部落的内聚力也是一种极期有效的手段。①

显然,在成年礼中,生理事实与宗教信仰有深刻的联系。除了把长大成人这一生命转机神圣化外,该仪式还有一种不可估量的社会作用:把生理过程转化成社会过程,在体格成熟时灌输成人意识,以使年轻人认识传统,亲近圣物,享有权利,恪尽义务。可以说,原始宗教仪式的社会功能就在于:创造社会心理与社会习俗,使个人

---

① 马林诺夫斯基:《科学、宗教与现实》(Science, Religion and Reality, The Macmilian Company,1925),第40页。

生活具有社会意义,从而使原始文化延续下来。

(2) 丧礼的文化功能:战胜恐惧心理,相信生命不朽。

关于宗教的根源,可从很多角度来探讨,其中要数死亡现象最重要了。很多学者认为,原始宗教信仰主要来自畏惧死亡心理。死亡是生命的终结,是人无法挣脱的阴影。人因生命而有情感,人的情感面对死亡尤为强烈,于是宗教情绪也就触发了。面对死亡现象,原始人的情感十分复杂甚至矛盾。马林诺夫斯基指出,他们既爱死者,又怕死尸,两情相融,难解难分。这在丧礼的程序上可反映出来。

如同成年礼,原始部落的丧礼也十分相似,主要有如下步骤和特点:

某人临终前,有血缘关系的部落成员要守在他的跟前,这就使死亡这一个体的生命行为变成了一种部落行为或一项公共事务;

人死后,先要洗尸、修面、装裹等,有时还要填充口窍,捆束手脚,然后众人再向遗体告别;

举哀时,人们不但不能躲避尸体,反而要深情地表达敬意,为表示眷恋,有的仪式还要求人们抚摸尸体,虽然这会令人反感,可这是生者的责任,是不得不做的;

最后一项就是装殓,常见的方式有土葬、穴葬、火葬、水葬、野葬等。

马林诺夫斯基认为,考察至此便接触到丧礼中最重要的宗教因素了,这就是两种截然相反的处置尸体方式。一是想要保存尸体,使其完整无损;一是想把尸体抛弃,将其彻底毁灭。木乃伊和火葬就是这两种做法的典型。有些学者把这两种做法看做某个文化或某种信仰的偶然产物。这显然不对,因为从原始丧事习俗来看,死者的亲朋好友明显怀有双重心态:对死者的眷恋和对死亡的畏惧。

上述双重心态最明显、最极端的表现形式,要数美拉尼西亚人所信奉的"分食人肉习俗"(sarco-cannibalism)了,也就是怀着虔敬的心情来分享死者的尸体。这种礼仪的确充满恐怖气氛,参加者过后都要大吐大泄,但这在他们眼中是一种传统的神圣职责和忠孝行为。澳大利亚的有些部落则流行另一种习俗,把死者的脂肪涂在生者的身上。这些仪式的目的都在于,既想维持生者与死者的联系,又欲断绝生命与死亡的关系。所以,尽管丧事历来就被看成不吉利的,但这种仪式却让人们克服畏惧心理,充满爱慕之情,坚信灵魂不死,人有来生。

然而,相信灵魂不死有无心理根源呢?马林诺夫斯基回答,原始人怕死,不愿承认死亡是生命的终结,这是人的本能。正如泰勒所言,灵魂观念是一种令人安慰的信仰,使人相信生命的延续,死后还有来生。但是,这种信仰是充满困惑的。人们面对死亡总是怀有双重心理——恐惧与希望。恐惧叫人失落,希望令人自信。关于灵魂和来生的宗教信仰便这样应运而生了,其社会功能就在于:

促使人们选择自信的信念、自慰的观点和具有文化价值的信仰,即相信生命不朽,相信灵魂独立于肉体,相信死后生命延续,在形形色色的丧礼中,在悼念死者并跟死者的交流中,在祖灵崇拜中,宗教信仰都为得救观念提供了内容与形式。①

非洲刚果土著部落丧礼中的舞蹈仪式。(1900)

---

① 《科学、宗教与现实》(英文版),第50页。

由此可见，灵魂观念并非古代哲学的产物，而是原始情感的结果。我们可把灵魂观念看做宗教信仰的原型，把丧礼看做宗教行为的典型。马林诺夫斯基认为，任何有关生命现象的宗教仪式，其社会功能都在于维系神圣的传统。例如，"圣餐"或"献祭"的功能在于，使人与某种支配作物生长的超自然力量相同一；再如，图腾仪式的主要功能在于，使人的选择与自然环境相协调。丧礼也有类似的功能。原始社会人口稀少。某个部落失去了一位成员特别是长者或首领，无疑是巨大损失。若无有效的办法来抑制消极的冲动，那是十分危险的。作为典型的宗教行为，丧礼的基本功能就在于，顺应人类的本能，让积极的冲动神圣化，使人们的心理得到安慰，战胜恐惧、灰心、失望等离心力，使深受死亡威胁的社会生活得以巩固，延续下去。

一言以蔽之，宗教在这里为传统和文化战胜遭到挫折的本能作出的消极反应提供了保障。①

原始宗教启示

依据上述考察分析，马林诺夫斯基主要得出了如下几点结论：
（a）原始宗教并非超越于文化结构的抽象观念，而是原始文化生活的重要组成部分；

---

① 《科学、宗教与现实》（英文版），第51页。

（b）原始宗教所能满足的需要也不是与现实的生命活动无关的,而是和人类的基本需要,像生理的与心理的,有内在的联系;

（c）只要注重文化现实,沿着生命过程去考察原始宗教的活动线索,我们就会发现,在原始文化生活里,生命过程中的每一次重大转机,都会引起情感的紊乱,精神的冲突和人格的解组;

（d）所以说,原始宗教信仰是适应个体的或社会的某些基本需要而形成的,其主要功能在于,对人类情感里、精神上、人格中的积极因素予以传统化、标准化、神圣化,从而既使个体心理得到满足,又使社会生活得以巩固。

虽然马林诺夫斯基长期潜心于原始宗教与文化研究,但对自己的研究成果却抱有更高的期望。他自信,上述基本结论不但适用于原始宗教研究,而且适用于一般意义上的宗教研究。这种意图流露于下列引文:

> 宗教的需要出于人类文化的延续,这种文化延续是指超越死亡之神并跨越代代祖先之存在,而使人类的努力和人类的关系持续下去。因此,宗教在伦理方面使人类的生活与行为神圣化,而且还有可能成为最强大的社会控制力量。在其教义方面,它为人类提供了强大的内聚力,使人类成为命运的主人,消除了人生的苦闷。凡有文化必有宗教,因为知识产生预见,但预见并不能战胜命运;因为人们终生互助互利所形成的契约般的义务触发了情感,而情感则反抗着生离死别;因为每每跟现

实相接触便会发现一种邪恶而神秘的意志,另一方面又有一种仁慈的天意,人们对于这两者,必须亲近一方而征服另一方。尽管文化对于宗教的需要完全是派生的、间接的,但归根结底宗教却植根于人类的基本需要,以及满足这些需要的文化形式。①

---

① 马林诺夫斯基:《文化》(*Culture*, Typewritten Manuscript, 北京大学图书馆藏),第108页。

宗教社会学

宗教力量只不过是集体在其成员那里唤起的思想情感,可它被群体意识经验到后又被客观化了,即在群体意识之外得以形象化了。由于这种客观化,它便把自身附着于某种客体,而该客体结果也变成神圣的了;可这种角色是任何客体都能扮演的。

——杜尔凯姆

近代资本主义精神的一个基本要素,或者说,不仅是指近代资本主义精神而且包括整个近代文化精神的一个基本要素——以职业观为基础的理性行为,就是从基督教的禁欲主义精神中产生出来的。

——韦伯

古老的木刻版君士坦丁堡地图,可让人直观特定的历史背景下的"宗教与社会"。

宗教社会学形成于20世纪初期。这种时间概念表明,这个新的交叉性研究领域是和现代社会学相伴而生的。大家公认,现代社会学的两位开拓者,杜尔凯姆(又译涂尔干,Émile Durkheim, 1858—1917)和韦伯(Max Weber, 1864—1920),也是宗教社会学的创始人。

杜尔凯姆和韦伯都是大学问家,他们的宗教研究视野开阔,史论结合,内容复杂。在这一章,我们不求面面俱到,而是抓住这两位创始人的理论特色,"原始宗教本质探源"和"资本主义精神寻根",看看他们是怎么把现代社会学的问题意识、特别是方法论观念引入宗教研究领域的。

杜尔凯姆

杜尔凯姆是法国人,一位有犹太血统的无神论者,毕业于著名学府巴黎高等师范学校,曾在德国心理学大师冯特的指导下从事研

杜尔凯姆(Émile Durkheim, 1858—1917),现代社会学的开拓者,宗教社会学的创始人。

究,后来成为法国的第一位社会学教授。一般认为,"宗教社会学"一词是最早见于杜尔凯姆的笔下,他在这个新领域的建树主要反映在经典之作《宗教生活的基本形式》(1912)。

天壤:神圣与世俗

宗教是什么?或者说,宗教现象的特征何在?在这个基本问题上,杜尔凯姆不赞同任何非客观性的解释。譬如,以"神灵的存在"或"神秘的事物"之类的字眼来定义宗教信仰。在他看来,已知的一切宗教现象,无论简单的还是复杂的,都有这样一个共同的特征:把全部事物(现实的或理想的)一分为二,划为两大类——"世俗的"(profane)和"神圣的"(sacred)。

把世界分成两个领域,一个包括所有神圣的事物,另一个则包括所有世俗的东西,这是宗教思想独具的特色。①

在人类思想史上恐怕再也找不到两个范畴,能像"**神圣**"与"**世俗**"那样,把万事万物截然分开了。杜尔凯姆指出,和这两个范畴相比,即使"善"与"恶"的区分也显得没有意义了,因为善与恶犹如一枚硬币的正反面,无非指相反的道德行为;或者说,善与恶作为对立的品行,如同健康与疾病,指的是同一事实或生命现象的不同状态。然而,不论何时何地,"神圣的事物"与"世俗的事物"却总是被人想象为"两个不同的世界",二者毫无共性可言。

关于神圣与世俗的区别,尽管在不同的宗教那里有不同的说法,但这一事实普遍存在。杜尔凯姆据此作出了如下判断:宗教现象的特征就在于,假定整个宇宙由两大部分构成——"神圣事物"与"世俗事物";所谓的神圣事物是指那些由禁律隔离开来并受保护的东西,世俗事物则指那些须与神圣事物保持一定距离的东西,即禁令的对象;因而,在宗教体系那里,信念、教义、神话、传说等,都旨在表现神圣事物的本质、美德、力量、历史等,各种仪式则规定了

---

① 杜尔凯姆:《宗教生活的基本形式》,引自皮克林编:《杜尔凯姆论宗教——原著选读与文献提要》(*Durkheim on Religion*, *A selection of readings with bibliographies*, Routledge & Kegan Paul, 1975),第 103 页。

杜尔凯姆所阐发的"神圣与世俗"理论,对后人理解"宗教与社会"的关系颇有学术启发。图为11世纪东正教文化背景下的"神圣与世俗",基督坐在中央,国王与王后侧立两旁。

信仰准则,即信仰者必须怎样跟神圣的事物打交道。

一般说来,巫术由信念与仪式构成,也有教条和神话,只不过更简单或原始些罢了。那么,怎么把**宗教和巫术**区别开来呢?杜尔凯姆回答,二者的主要差异在于,宗教具有群体性或社会性,巫术则没有。任何宗教信仰都是某个特定的群体所共有的,这不仅是指每个成员都信教,更重要的是,他们的信仰已成为整个群体生活中不可分割的一部分,以致大家感到你我不分,同属教会。质言之,宗教信仰及其实践所带来的是群体的或社会的统一性。没有教会的宗教在历史上是不存在的。巫术却起不到类似的作用。虽然巫术也有众多信奉者,但并不能像宗教信仰那样把众人凝聚起来,形成一个生活群体和道德团体。因此,巫术没有教会。

> 任何宗教都是一个与神圣事物相关的信念与实践的统一体系,这里说的神圣事物是划分出来的、带禁忌性的,信念与实践则使所有的信奉者团结为一个叫做教会的道德团体。①

这就是杜尔凯姆的宗教定义。他提醒读者注意,上述定义里有两个因素——"宗教观"和"教会观",后者绝不比前者次要,因为它表明了一个事实:宗教肯定是"一种群体的或社会的东西"。这个事实的确值得读者注意,正是靠它——宗教的社会性,这位宗教社会学开创者打通了"天壤之别",把神圣的东西落回了世俗的生活。

---

① 《宗教生活的基本形式》,第113页。

宗教:社会的神化

宗教现象的特征简明地反映于古老的图腾体系。因此,在杜尔凯姆看来,通过考察这种最原始、最单纯的宗教现象,足以揭示宗教信念及其实践的起因。

> 图腾首先是一种象征,是对某种他物的实体化表达。①

问题在于,形形色色的图腾体系所象征的是什么呢?通过考察澳洲原始部落可发现,所谓的图腾同时象征两类东西:既是"图腾本原"或"神"的外在形式,又是某个氏族社会的鲜明标志。因而,图腾可比作"氏族的旗帜"或"氏族的符号"。虽然此类标志或符号可取材于任何东西,像人、兽、物等,但作为崇拜对象的图腾无不融入氏族社会的生活。杜尔凯姆就图腾的象征意义指出:

> 如果它既是神的象征又是社会的象征,这岂不是因为神与社会是同一个东西吗?假若群体与神是两个性质截然不同的实体,该群体的符号又怎能变成这种半神(quasi-deity)的形态呢?所以说,这种氏族神、图腾本原不可能是别的东西,只能是被人格化了的、并由想象体现出来的氏族本身,其体现形式也就是那些作为图腾的、可触知的植物或动物。②

---

① 《宗教生活的基本形式》,第124页。
② 同上书,第125页。

澳大利亚 Warramunga 部落的图腾仪式。

那么,上述神化过程是怎么变成现实的呢？杜尔凯姆主要从以下两方面进行了分析解释。

(1) 社会力量的外在化。

所谓的神首先是被人想象出来的,他是最高的存在,崇拜者依存于他。不论神被想象成什么,超自然的力量或有人格的存在者,像宙斯、图腾、耶和华等,都会令崇拜者感到某种绝对服从的神圣原则。

同样,社会也在我们身上培养了一种依赖感,也能从我们心里焕发出一种神圣感。无论就本质还是目的而言,社会都不同于个人。然而,任何一个社会要达到目的,都不得不通过作为个体的我们,但方式却是专制统治。譬如,不顾个人利益,强令我们合作,变成社会仆人,变得顺从强权,忍受贫困乃至作出牺牲。如果不是这样的话,社会生活便无可能。正因如此,我们才不得不日复一日地受制于这样或那样的思想法则和行为规范,可这些东西既不是我们制定的,也不是我们情愿的,它们有时甚至跟我们的本能完全相反。

杜尔凯姆指出,社会生活的强制性,只有假借精神方式才能真正见效。如果某个社会只采取物质强制手段,那么,它只能使其成员迫于生存需要而妥协或顺从,而决不会像宗教那样,从人心里唤起值得崇拜的道德力量。因此,社会之所以能控制我们,主要不是依仗物质霸权,而是借助它被赋予的道德权威。

当然,假如人们一开始就认识到,社会生活的强制性实际上来自社会本身,作为神话解释体系的图腾便不会问世了。可是,社会活动的途径太曲折,社会统治的技巧也太复杂,这就使一般人不可能认清真面目。因此,科学分析方法形成以前,尽管人们感到自己是受摆布的,但并不了解谁是幕后操纵者。于是,人们只好无中生有了,想象出某些概念用来表达社会生活所必需的强制力量。这在原始图腾崇拜那里反映得尤为典型。图腾对象都是经过"思想美容的",是以异己的力量表现出来的。

(2) 社会力量的个体化。

这实际上是同一个过程的另一方面。讲明前一方面,这一方面就不难理解了。杜尔凯姆指出,所谓的神不但是人所依赖的权威,还是人们的力量源泉。一个人皈依神,便会相信神与他同在,感到有取之不尽的力量,自信地面对生活和世界。同样,社会生活也不局限于强制,只要求其成员牺牲个人利益;社会力量也不是完全外在于个体,仅仅从外部来支配其成员的。实际上,任何一个社会都是通过个体意识体现出来的。因而,社会力量势必个体化,即渗透到作为个体的社会成员,在他们身上发挥作用。可以说,社会力量就是这样转化为个体力量,乃至成为我们自身存在不可或缺的一部分的。正是由于这一事实,社会力量才能得到加强,并被我们亲手崇高化和神圣化了。

综合以上两方面的分析可见,社会力量的外在化和个体化,也就是它被崇高化和神圣化的过程。这个过程在很多场合下反映得十分明显。杜尔凯姆作了大量的描述和分析,这里只选一例,就是澳洲土著人的图腾仪式。

  夜幕降临了,火把点燃了,澳洲土著人摆出了五花八门的仪式阵容。他们劲歌狂舞,到处都是越来越火爆、越来越兴奋的场景。12个人手持熊熊的火把,突然有个人冲向人群,火把就像刺刀,一场混战开始了,可勇猛的袭击者终被长矛与棍棒挡住了。人们时而欢腾雀跃,时而挺直身躯,模仿着野兽发出一阵阵叫声。满眼望去,火把熊熊,噼啪作响,浓烟滚滚,火星飞溅,落在他们的身上头上,可没人在意,一个劲儿地唱着跳着……

  虽有以上生动描述,杜尔凯姆仍感叹,那一切交织成的野性场景是没法用语言来形容的。我们可想象,一旦达到如此兴奋的程度,人是难以自我控制的。此时此景下,土著人的思想和行为显然不同往常了,乃至忘掉了自我,仿佛感到确有某种外在力量推动着自己,支配着一切。这种异常的感觉带来的似乎是一种新生。此情此景下,甚至连一个人的外表也在激发着内心的转化,像怪诞的服饰,恐惧的面具,疯狂的动作等。一切都好像表明,每个人都变了,他被这种场景里充斥着的强大力量占有了,这个世界也仿佛变成了另一个天地。

  在澳洲土著人那里,有些图腾仪式可持续几个星期。杜尔凯姆指出,那样一种持久而强烈的特殊体验,怎能不使人产生如下信念呢？有这样两个根本不同、没法相比的世界：一个是平时无精打采地活在里面的世界，即"世俗的世界"；另一个则是只有通过特别的集体活动和群体力量才能走进的世界，即"神圣的世界"。

方法：社会本体论

本节评述表明，从探讨宗教现象的界说到分析图腾体系的起因，杜尔凯姆始终贯彻一个基本原则：宗教与社会的互动性。就这种互动关系而言，他所注重的是社会对宗教的决定性作用。所以，他就二者关系所作的大量分析和判断力求证实：社会是本原、起因或原形，宗教则属于表象、产物或变体，因为对社会生活有重要功能的宗教信仰，绝不可能是超自然或超社会的，而只能根源于客观具体的社会实在，即以崇高的或神化的形式来反映既定的社会生活、特别是社会性的道德力量、思想观念、经验情感等。

关于上述方法论观念，杜尔凯姆的一段带总结性也更富哲学意味的论述，可加深我们的印象：

> 我们现在可以理解了，图腾原则，或广而言之，各种宗教力量是如何外在于它所寄居的那些事物的。这是因为，关于宗教力量的观念并不是由那些事物直接加于我们的感官和大脑的印象所构成的。宗教力量只不过是集体在其成员那里唤起的思想情感，可它被群体意识经验到后又被客观化了，即在群体意识之外得以形象化了。由于这种客观化，它便把自身附着于

某种客体,而该客体结果也变成神圣的了;可这种角色是任何客体都能扮演的。原则上讲,没有任何东西就本质而言是优先于其他事物的,是注定要成为这种客体的;同样,也没有任何东西必然被排除在外。任何事物都依赖于环境,是环境允许产生宗教观念的思想情感出现在这里或那里,出现在此地而不是别处。一个事物所呈现出的神圣性,并不内含于该事物的固有属性:这种神圣性是外加于它的。宗教的世界并不是可经验到的自然界的一个特殊方面:它是附加于自然界的。①

韦伯

对人文社会科学有兴趣的读者,大多知道韦伯的生平著作,因为这位德国社会学家太有名了。尽管他80多年前就去世了,但他的思想还活在当代哲学社会科学的诸多领域,不仅被研究着而且被实践着。所以,虽然韦伯生前自称社会学家,其实还是经济学家、政治学家、文化学家、哲学家、宗教学家……这种说法见证于他的世界宗教系列比较研究。不过,我们还是尊重韦伯本人的意愿,按他的说法,把该项研究称为宗教社会学。

---

① 《宗教生活的基本形式》,第138页。

文化史的问题思路

韦伯的宗教社会学虽计划庞大、著作很多,但问题集中、思路同一。他陆续发表的论著均致力于一个主题:宗教伦理传统与资本主义精神的关系;这个主题是通过反省世界文化现象而确定的。

韦伯陆续发表的世界宗教系列比较研究成果,后来编成《宗教社会学论文集》(三卷本,1920—1921),主要包括:《新教伦理与资本主义精神》《新教教派与资本主义精神》《儒教与道教》《印度教与佛教》和《古代犹太教》等。他在"导论"里指出,现代欧洲学者研讨世界历史问题时不免反思:西方特有的文化现象应归咎于哪些因素的综合作用呢?显然,西方文化现象的特性在于"理性化"。这种理性化遍及科学、音乐、建筑、政治、法律等领域,尤为深刻地反映在现代西方社会中"决定命运的最大力量"——资本主义那里。

例如,只有西方的科学才是理性化。诚然,其他古老的文明传统里也有精确的知识。可是,古埃及的天文学没有数学基础,古印度的几何学没有推理证明,它们缺少的这些知识都是古希腊文化的产物。中国自古以来就有高度发达的历史学,却从未出现像修昔底德那样严谨的历史研究方法。

艺术领域也是如此。世界各地几乎都有复调音乐、器乐合奏和多声合唱等。但是,真正理性化的音乐是由全音程构成的,基础则

马克斯·韦伯(Max Weber, 1864—1920),德国政治经济学家、社会学家,被公认是现代社会学和公共行政学最重要的创始人之一。

为"三个三度迭置的三和弦"。就此而言,下列音乐风格或形式都是西方文化特有的:半音等音、管弦乐队、低音伴奏、记谱系统,奏鸣曲、交响乐、歌剧等。

再以建筑为例,作为装饰手段,尖顶拱门是世界建筑史上的普遍现象。但是,合理地运用哥特式拱顶,将其作为分散压力和覆盖空间的方式,作为雄伟建筑的特征,并推广到雕塑和绘画领域,作为艺术风格的基础,所有这些做法只见于欧洲文化传统。

在政治领域,民主议会(定期选举出的)和内阁政府(议会监督下的),显然是西方文化的独特产物。如果把国家理解为政治联合体,基本特征在于,有成文法、受律法制约、让训练有素的官员来管理,那么,如此完备的国家形式也是在西方最早出现的。

究其原委，上述或大或小的理性化现象源于西方资本主义的理性化。为说明这一点，韦伯先排除了一种常见的朴素的误解，这就是把资本主义视同为"注重金钱、追逐利润"。几乎可以说，任何时代或国家的人都有贪婪欲望。其实，在很大程度上倒不如说，资本主义是对这种非理性欲望的抑制，至少可起合理的缓解作用。所谓的资本主义经济行为，理应解释成"依靠诸多交换机会来指望获利

作者在韦伯故居留影（德国，海德堡）。

的行为,即依赖于(形式上)和平的获利可能性的行为"①。也就是说,资本主义经济行为要适于进行货币收支比较,至于比较方式多么原始则没有多大关系。从经济史料来看,这种意义上的资本主义在所有的文明国家或地区早就出现了,像中国、印度、埃及、巴比伦、古代地中海地区、中世纪西方国家等。

但除此之外,现代西方还出现了一种独特的资本主义形式,即以理性化的自由劳动为基础的资本主义劳动组织形式。它主要有三个特点:(a) 形成了与市场相协调的理性化的工业组织;(b) 把劳务和家务分开;(c) 采取了理性化的簿记方式。② 可以说,这种独特的劳动组织形式在其他地方从来没有出现过,至多是略有迹象而已。因此,就世界文化史研究而言,核心问题并非资本主义的发展过程,而是这种以理性化的自由劳动组织方式为特征的资本主义的起因何在,即使只从经济角度来看,也应把它作为考察重点。

那么,现代西方资本主义的起因何在呢?回答这个问题时,显然不能忽视科学、政治、法律、特别是经济的重要作用,但还应意识到如下事实:

> 那些神秘的、宗教的力量,以及基于它们而形成的有关责任的伦理观念,历来就对行为动机有至关重要的影响。③

---

① 参见韦伯:《新教伦理与资本主义精神》(*The Protestant Ethic and the Spirit of Capitalism*, Charles Scribner's Sons, 1958),第 17 页。
② 同上书,第 21—22 页。
③ 《新教伦理与资本主义精神》(英文版),第 27 页。

就问题与思路而言,韦伯正是为了阐明"那些神秘的宗教力量"在现代文化兴起过程中的决定性作用,才致力于世界宗教系列比较研究的。他在这方面的主要成果有:《新教伦理与资本主义精神》《新教教派与资本主义精神》《儒教与道教》《印度教与佛教》《古代犹太教》等。其中,最有名的便是《新教伦理与资本主义精神》,因为该书不仅是宗教社会学的奠基石,而且提出了当代人文研究最热门的话题之一——文化传统与现代性。

资本主义精神根基

何谓"**资本主义精神**"呢?这是韦伯首先阐明的一个概念。如果"资本主义精神"一词有所指的话,那么,对象只能是"历史的个体"(a historical individual)。显然,对于历史个体,不能按"种加属差"的一般公式来加以规定,必须先从历史实在中逐一析取要素,再依据这些要素的文化意义来构成概念。

为此,韦伯选了一份史料,即著名美国作家、政治家富兰克林(Benjamin Franklin,1706—1790)的两篇文章,《给一位年轻商人的忠告》和《给希望发财致富者的必要提示》。这份史料不但如实记录了资本主义精神,更难得的是,跟宗教信仰没有直接关系,可使研究者摆脱先入之见。下面节录几段:

记住,时间就是金钱。一个人靠自己的劳动一天能挣10先令,而他却跑出去或闲待着半天,尽管花了5便士,也不该只算这些;他实际上花了或不如说扔了另外5先令。

记住,信誉就是金钱。要是一个债主到期后还把钱放在我手里,他便把利息给我了,或者说,把这期间利用这笔钱所能挣到的全给我了。

记住,金钱有繁殖且多产的本能。钱能生钱,生出的钱还能生出更多,以致生生不已。影响信誉的事,哪怕很小也要留心。要是债主清晨5点或晚上8点听到了你的锤声,那会使他半年都觉得宽心;可工作时间,如果他在台球房或小酒馆听到了你的声音,那他第二天就会派人讨债。

小心,莫以为你拥有的统统是自己的,这是债权人常犯的错误。要避免这个过错,就要坚持记账,每天过后逐笔记下你的收入……①

就资本主义精神而言,上述格言式的忠告或许没有概括无遗,但表达得很地道。它们不仅传授了从商的精明、发迹的路数,而且道出了一种独特的精神气质,一种新的伦理观。从核心内容来看,富兰克林所主张的"至善"——尽力赢利,祛除了享乐主义成分,使赢利不再是满足物质欲望的手段,而直接成了人生的目的。因而,在现代经济制度下,只要挣得合法,便是精于"天职"(calling)。

---

① 《新教伦理与资本主义精神》(英文版),第48—49页。

其实,人负着天职的责任,这种我们今天很熟悉、却并非理所当然的特殊观念,正是资本主义文化的社会伦理中最富有特点的东西,而且在某种意义上,也就是资本主义文化的根基所在。①

韦伯指出,从西方文化传统来看,上述"显著特点"或"文化根基"有着深远的宗教背景。那么,资本主义与宗教信仰的关系何在呢?主要在于,资本主义精神与新教禁欲主义的"亲和性"(affinity)。

宗教改革过后,欧洲的新教主要形成了四派:加尔文宗、虔信派、循道派和浸礼宗。它们在伦理观上都倾向于禁欲主义。因而,可把它们统称为"新教禁欲主义"。同时,由于新教徒的职业观来自英国清教传统,韦伯主要从该教的伦理权威巴克斯特(Richard Baxter,1615—1691)入手,考察了新教禁欲主义与资本主义精神的亲和关系。

研读巴克斯特的伦理著作,给人的第一印象就是,在财富问题上刻意强调《新约》里伊便尼派的观点。按这种观点,财富是世间最大的危险、永恒的诱惑。因此,财富不但在道德上很成问题,而且跟天国相比,追求财富毫无意义。在尘世生活中,要想确保神恩殊遇,必须干好本职工作,因为每个人的工作都是上帝指派的。也就是说,只有辛勤劳动,才能荣耀上帝。在清教徒看来,虚度时光是万恶之首,爱闲聊、好社交、图享乐,甚至晚起床,都应受到道德谴责。

---

① 《新教伦理与资本主义精神》(英文版),第54页。

《日内瓦风景》(版画,1675),这里曾是欧洲宗教改革运动的大本营,韦伯所考察新教伦理便是这场宗教改革运动的产物。

上述看法实际上反映了清教徒的救赎观。巴克斯特一再告诫信徒:务必从事一种职业!如果未能直接服务上帝,你就投身合法的职业吧!在你的职业中辛勤劳作吧……由此可见,这位伦理权威不仅沿袭了传统教义,把劳动当作禁欲的手段,还进一步把劳动看成人生目的,视为上帝圣训。

在劳动分工问题上,巴克斯特不再像路德等人那样,把阶级差别和劳动分工说成偶然现象,而是强调上帝为每个人都安排了工作,这是绝对命令。因而,人人均须服从神意,各司其职,辛勤劳动,即使百万富翁也不例外。

那么,怎样衡量一种职业是否有益,能否得到上帝赞赏呢?巴克斯特认为,当然要以道德为准绳,衡量该种职业为社会创造了多少财富。但还有一个更重要的标准,就是检验个人通过工作获得了多少利益。根据清教教义,既然一切都是上帝安排的,那么,如果上帝让某人赢利,那就理应听从召唤,竭力利用天赐良机;反之,则违背了献身职业的根本目的。

最后,在行为观念上,清教徒很重视《旧约》里的摩西律法。按他们的解释,尽管该律法包括某些只适合犹太人的内容,但作为成文的自然法,一向有效,必须遵守。这就使他们有可能剔除那些与现代生活格格不入的东西,形成了洁身自好、严于律己的守法精神。

综上所述,清教徒的职业观是根据"救赎论"建立起来的,主要包括这样几点内容:(a) 把劳动直接看做人生目的的求职观念;(b) 以服从神意为宗旨的分工观念;(c) 以履行天职为目标的利益观念;(d) 以严于律己为特征的行为观念。这种"天职观"便是资本主义的精神根基。

世俗化的宗教伦理

何以断言清教徒的天职观就是资本主义的精神根基呢?韦伯进一步指出,关键在于,这种以宗教面貌出现的天职观,令人对世俗经济活动采取了一种新的评价态度。如前所见,与传统宗教伦理不同,天职观不但转而重视世俗职业,而且重新设立了评价个人行为的最高原则——能否顺从神意,干好本职工作。这无疑为世俗经济活动注入了宗教信仰底蕴。

> 对每个人来说,能被上帝认可的唯一生存方式,并非以修道僧般的禁欲主义来超越世俗道德,而是实现尘世地位所赋予个人的义务。那就是他的职业。①

不难看出,以这种天职观为特征的新教禁欲主义,实质上是"一种世俗化了的伦理观"。它在历史进程中势必对资本主义生活方式的形成与发展产生一系列重大影响,概括起来主要有下述几方面。

(1) 合理地限制消费。

新教禁欲主义强烈反对非理性地使用或享用财产,严格限制消费,特别是奢侈品。任意动用或享用财产,这种在封建头脑看来自然而然的事情,却被清教徒斥为"肉体崇拜"。但他们同时认为,按照理性主义和功利主义的精神来使用财产,这既是上帝的旨意,又能满足个人和社会的需要。他们并不想把禁欲主义强加于有产阶级,只是苛求人们,动用资产要有合理目的。

(2) 合法地追逐财富。

这被新教禁欲主义看成上帝的意愿。让赢利活动合法化,这就

---

① 《新教伦理与资本主义精神》(英文版),第80页。

在社会心理上把经济冲动从传统宗教伦理的禁锢中解脱出来了。新教禁欲主义谴责欺诈与贪婪,反对出于个人目的而追求财富的拜金主义行为。但是,如果财富是从事职业而获得的劳动成果,那么,这种来路的财富便是上帝祝福的标志了。

> 更重要的是,在一种世俗职业中不满足、不懈怠、有秩序地劳作,这样一种宗教评价作为禁欲主义的最高手段,同时作为转生与笃信的最可靠、最明显的证明,对于我们在此称为资本主义精神的那种人生态度的扩展来说,无疑曾是最有力的杠杆。①

(3) 有力地推动资本积累。

在前述两种影响下,一种不可避免的结果出现了:力主节俭必然导致资本积累。因此,新教禁欲主义强加于消费行为的诸多合理性限制,有可能使大量资金转化为生产性投资,这样也就自然而然地推动了资本积累。

(4) 哺育了现代经济人。

在西方社会,现代经济人主要是以两种面目出现的,资产者和劳动者。这两种人都是在新教禁欲主义的熏陶下成长起来的。

在新教禁欲主义的影响下,一种特殊的资产阶级经济伦理形成了。资产者意识到,自己深受上帝的恩宠,只要仪表得体,道德行为不沾污点,财产使用上不遭非议,那就可以任凭个人利益的支配,放

---

① 《新教伦理与资本主义精神》(英文版),第172页。

心大胆地追逐利润,况且这么干是尽天职。同时,新教禁欲主义还让资产者安然自得:财产分配不均纯属天意,自有上帝的神秘目的。

就劳动者而言,历史上所有的宗教禁欲主义几乎都主张"为信仰而劳动",新教禁欲主义在这一点上没提供新内容。但是,新教禁欲主义不但强化了这种思想,而且独创出一种有决定性影响的实践力量,即在社会心理上认可:劳动是天职,是一种至善,是确保每个人成为上帝选民的唯一手段。于是,对一无所有的劳动阶层来说,禁欲主义的新教教规就显得格外严厉了。如同资产者把赢利看做天职,劳动者则不得不把劳动作为天职。

上述两种人生态度,便分别构成了现代西方资产者和劳动者的主要心理特征。

分析过新教禁欲主义与资本主义精神的亲和关系,韦伯总结道,只要重读一下富兰克林的格言就不难看到,我们刚讨论过的资本主义精神,其基本要素和清教禁欲主义并无二致。因此可得出如下结论:

> 近代资本主义精神的一个基本要素,或者说,不仅是指近代资本主义精神而且包括整个近代文化精神的一个基本要素——以职业观为基础的理性行为,就是从基督教的禁欲主义精神中产生出来的。①

---

① 《新教伦理与资本主义精神》(英文版),第180页。

这个基本结论在韦伯考察其他几大宗教传统的著作里得到了系统的反证。这里需要指出，国内学者研讨韦伯论著时，易就他关于中国宗教的材料和观点提出批评质疑。这种兴趣是自然的、可理解的，但就此下工夫却不值得。因为这部分内容并非韦伯思想的核心或关键，值得深思的是他发现的问题特别是思路。关于这方面的讨论，我们留到"宗教文化学"一章。

宗教心理学

  宗教对我们所意味的是，作为个体的人在孤独中的情感、行为和经验，按他们的领悟，是他们自身处于和神圣者（the Divine）的关系，此一神圣者可能是他们所专注的任何事物。

——詹姆斯

  我可以肯定地说，宗教、道德、社会和艺术之起源都系于俄狄浦斯症结上。这正和精神分析的研究中认为相同的此症结构成了心理症之核心不谋而合。最令我惊奇的是，社会心理学必须对一种最基本的事情，即人们与其父亲间的关系做进一步研究以找出其中的解决之道。

——弗洛伊德

  不论这个世界如何看待宗教经验，有这种经验的人便拥有一笔伟大的财富，一种使他发生重大变化的东西，这种经验变成了生命、意义和完美的源泉，同时也给予这个世界和人类一种新的辉煌。

——荣格

佛陀的心境

宗教心理学的出现再次验证了一个判断:宗教学几乎跟所有的人文社会学科有缘,它的兴起主要得益于一个个学科不断输入的新问题、新思路或新方法。大致说来,宗教心理学是和现代心理学携手并进的:现代心理学的先行者也就是宗教心理学的奠基人,现代心理学的两条道路——实验心理学和深层心理学,也就是宗教心理学两大倾向——"个体性的宗教经验研究"和"宗教信仰与文化心理研究"的成因。

为再现上述理论轨迹,本章重点考察三位学者,詹姆斯(William James, 1842—1910)、弗洛伊德(Sigmund Freud, 1856—1939)和荣格(Carl Gustav Jüng, 1875—1961)。他们都有双重代表性,是现代心理学及其两大倾向的开拓者。

詹姆斯

詹姆斯是著名的美国心理学家和哲学家,实用主义的创始人之一。他毕业于哈佛大学,获医学博士学位,后来长期任教于母校,教授解剖学、生理学、心理学、哲学等。他被公认为美国心理学的鼻祖,完成名著《心理学原理》后,开始探讨宗教哲学和宗教心理。1901年,他承担著名的"吉福德讲座"(Gifford Lecture),被誉为宗教心理学奠基作的《宗教经验种种——人性研究》(1902)便是基于讲稿修改成的。

威廉·詹姆斯(William James,1842—1910),美国心理学之父。美国本土第一位哲学家和心理学家,也是教育学家、实用主义的倡导者、美国机能主义心理学派创始人之一,也是美国最早的实验心理学家之一。

1961年,《宗教经验种种》发行普及版,著名的美国神学家尼布尔(Reinhold Niebuhr)作序:这本60年前的书之所以还有很强的可读性,就是因为作者的治学态度和研究方法塑造了一座"里程碑",体现了一种至今仍不失非凡意义的"结合"。

这种结合不但意义非凡而且有创造性。因为詹姆斯在探讨宗教、宗教生活和形形色色的宗教经验的过程中,将一种实证的方法与一种非教条化的、彻底的经验方法结合起来了。①

考察"一手的宗教"

《宗教经验种种》极富创意地探讨了信仰者个体的神秘经验。为什么要这么做呢?这取决于詹姆斯对宗教本质的再认识。他指出,大多数宗教哲学论著一开头都想确切规定"宗教的本质",这实际上是"绝对论"和"独断论"在作怪,把研究材料处理得过于简单了。现有定义如此杂多,事实本身足以证明:

"宗教"一词并不意味着任何单一的要素或本质,而毋宁说是一个集合名称(a collective name)。②

所以,对宗教经验研究来说,我们很可能发现并没有唯一的本

---

① 詹姆斯:《宗教经验种种》(*The Varieties of Religious Experience*, Macmillian Publishing Co., Inc., First Collier Books Edition, 1961),第5页。
② 《宗教经验种种》(英文版),第37页。

质,而是并存着诸多特征,它们对宗教信仰同等重要。打个比方,要探讨"政府"的本质,有人说是权威,有人讲是服从,还有人看重警察、军队、议会、法律,等等。可对一个政府来说,所有这些因素都是必不可少的,只不过此时某因素更重要,彼时则可能是其他的因素。一个最了解政府的人,是不会纠缠于什么本质定义的。同样,只要把宗教情感看做一个集合名称,意指信仰对象可能唤起的、交替出现的多种情感,我们就会发现,它在心理学上不可能只包含一种特殊的本质。

有宗教的怕,宗教的爱,宗教的恐怖,宗教的喜乐,等等。然而,宗教的爱不过是人对某种宗教对象的自然之爱;宗教的怕不过是商业里的平常之怕,也可说是人心里常出现的颤抖,神圣的报应概念也能唤起这种情感;宗教的恐怖和我们黄昏时在森林或山峡里感到的器官紧张一样,只不过这时令我们感到的是超自然的关系;在宗教徒的生活中,能被唤起并产生作用的形形色色的情感,都可作类似的解释。宗教情绪作为心灵的具体状态,是由某种感情加上某类特殊对象构成的,它们当然是一些有别于其他具体情感的心理实体;但没有根据假定:存在着某种单纯的、抽象的"宗教情感",其本身作为某种独特的、基本的精神特征而概莫能外地显现于各种宗教经验。①

---

① 《宗教经验种种》(英文版),第40页。

詹姆斯的名著《宗教经验种种》。

宗教情感是复杂的,宗教对象和宗教行为也是如此。正如没有一种基本的或单纯的宗教情感,宗教对象与宗教行为也不应归结为某种特殊的、基本的东西。上述判断在詹姆斯那里是铺垫。一方面,他明确否定宗教研究中的绝对论和独断论,认为不能用简单的定义来约减宗教信仰的丰富内容;但另一方面,他承认自己所能讨论的只是其中的一小部分,而这种讨论也不得不给出定义,以限制范围。这就是詹姆斯宗教经验研究的主题——"个人的宗教"。

为什么要着重探讨"个人宗教"呢?詹姆斯指出,宗教领域可大体划为两个分支,"**制度的宗教**"(institutional religion)和"**个人的宗教**"(personal religion)。"制度宗教"注重的是神性,主要表现为崇拜、献祭、神学、仪式、教会等;反之,"个人宗教"最关心的是人,或者说是人的内在性情构成了兴趣中心,像人的良心、美德、无助、不完善性等。在个人宗教里,虽然能否得到上帝的恩宠仍是一个本质特征,神学思想也起着重要作用,可这类宗教所激励的行为却是个人的而非仪式的;也就是说,是个人在单独处理宗教事务,教会、牧师、圣礼以及其他"中介者"则降到了次要地位。这便形成了人与其创造者的直接关系,"从内心到内心,从灵魂到灵魂"。

以上两大分支相比,个人宗教比制度宗教更重要更根本,因为前者先在于后者。各大宗教的创始人,最初无一不是通过个人与神性的交往而获得力量的。基督、佛陀、穆罕默德等超人的创始者是这样,各宗派的创建者也是如此。但是,各种宗教制度一经设立,便会沿袭传统而过着一种守旧的生活。

上述差异便是詹姆斯在宗教经验研究中重视极端事例的理由。正如宗教制度是墨守成规的,各类宗教的平信徒也大多过着"二手的宗教生活"。他们的信仰是别人创造的,是传统给予的,是对既定的形式或习俗的模仿。与其研究"二手的宗教生活",当然不如考察那些异常的、狂热的、有创造性的宗教经验。生理学有个法则,要说明某器官的意义,就要找到其独特的功能。这个法则同样适用于宗教经验研究。

宗教经验的本质,也就是我们最后必须用以判断形形色色的宗教经验的那种东西,必定是我们在其他经验里找不到的那种要素或特性。当然,这样一种特性的显而易见之处,就是那些最偏激、最夸张、最强烈的宗教经验。[1]

何谓"个人的宗教"

宗教对我们所意味的是,作为个体的人在孤独中的情感、行为和经验,按他们的领悟,是他们自身处于和神圣者(the Divine)的关系,此一神圣者可能是他们所专注的任何事物。[2]

对这个定义,詹姆斯主要作了如下解释。

---

[1] 《宗教经验种种》(英文版),第53—53页。
[2] 同上书,第42页。

首先,对"神圣的"(divine)一词不宜作狭窄的解释。有些宗教思想体系并不明确假定,有一位神或上帝。譬如,在佛教那里,佛陀的地位尽管相当于上帝,但严格地讲,佛教思想体系是无神论的。更典型的是现代先验唯心论。例如,在爱默生主义(Emersonism)那里,传统意义上的上帝似乎被"蒸发成了"抽象的理想或观念,他不再是神或超人,而是事物的内在神性、宇宙的精神结构。然而,我们并不能据此而把佛教徒或爱默生主义者的内心情感排除在宗教经验之外。

因此,以经验的观点来看,我们不能不把这些无神的或半神的信念叫做"宗教";同样,当我们在宗教定义里提到个人与"他所认为的神圣者"的关系,对"神圣"一词也必须作宽泛的解释,概指任何"类似于神的"(godlike)对象,而不论其是不是一个具体的神。①

其次,对"类似于神的"一词也不能做空泛的理解。宗教史上有很多神,它们的属性虽然千差万别,但有一点很明确的,所有的神就存在与力量而言都是第一性的。它们无所不在、无所不能;它们就是"最初的也是最后的真理"。所以,"类似于神的"就是指那种原始的、无所不在的、至真至切的东西;个人的宗教信念则是指,对他自己感觉到的原始真理的认同。

---

① 《宗教经验种种》(英文版),第44—45页。

那么,就个人宗教而言,经验的对象是什么呢?宗教经验对个人生活有什么影响呢?此类经验的心理特性何在呢?这是詹姆斯接下来回答的几个主要问题。

广义地讲,宗教经验的对象就是"**不可见者**"(the Un-seen)。在个体的宗教经验里,"不可见者"被确信为实在的,它决定着某种"不可见的秩序",适应秩序就是至善。可以说,植根于心灵上的宗教态度就是由这样一种信仰与自我适应构成的。

> 的确,这种关于实在的情感能如此强烈地加于我们的信仰对象,使我们的整个生活都被彻底"极化了"(polarized),可以说,这是由于我们所相信的那些东西的存在意义,然而,若加以确切描述,那种东西又很难说就出现于我们的心理上。①

借用比喻,信仰对象与经验者的关系就像"磁体"和"铁棒"。一根铁棒没有触觉或视觉,也不具备表象能力,但内部却有很强的磁性感;如果在旁边有个磁体移来移去,它会自觉地变换位置或方向。不用说,这样一根铁棒永远不可能向我们描述出磁源或磁力的外观,可它却能强烈感受到磁源的存在及其作用。关于信仰对象之于经验者的真实性,詹姆斯并不满足于上述比方,而是将其提升为哲学命题来加以证实。

---

① 《宗教经验种种》(英文版),第60—61页。

站立祷告的修女。(François Bonvin, 1862)

有些抽象的观念能绝对决定着我们的心理,这是人的性格中的基本事实之一。由于它们"极化着"并"磁化着"我们,我们或转向它们或背离它们,我们寻求它们,拥有它们,憎恶它们或赞美它们,就仿佛它们是如此多的具体存在物。作为存在物,它们在其栖居的领域犹如空间里变化着的、可感觉的事物一样真实。①

　　詹姆斯指出,此类抽象概念作为心理对象,构成了万事万物的背景,或一切可能性的本原;是它们赋予了事物本性,或者说,我们是借助它们的意义来把握现实世界的。然而,人却不能直接看到它们,因为它们是无形体、无特色、无根基的。根据心理学的假设,关于实在的感知是由人的感官引起的。假如人的意识里有一种实在感,一种关于客观存在的感情,一种可称为"某物此在"(something there)的感觉,那么,与目前心理学所讲的任何特殊感觉相比,这类感觉显然是更一般更深刻的。如果这一点成立,我们便可假设:在宗教经验里,此类唤起宗教态度和行为的感觉,最初也是由实在感引起的。尽管宗教概念显得十分模糊、十分遥远乃至不可想象,可宗教徒却深信不疑,没有任何批评能使之动摇。

　　为证实上述论点,詹姆斯挑选了大量经验实例,其中既有宗教的也有非宗教的,既有常见的也有神秘的,还有不同性别、不同年龄

---

① 《宗教经验种种》(英文版),第61—62页。

层的。按詹姆斯本人的意思，这里节录几个偏激的，即有浓厚神秘色彩的。

实例节录(1)：某教士的经验

　　一天晚上，就在山顶的那个地方，我的心灵仿佛向"无限"敞开了，有两个世界相交流，内在的与外在的。我单独和创造出我的"他"站在一块儿，还有这世界上的一切美、爱、悲哀和诱惑。我那时并没有追求"他"，却感到我的精神跟"他"那么融洽。此时此刻，对周围事物的普通感觉消失了，只剩下一种说不出的欢乐与狂喜。这种经验是完全不可能描述出来的。夜幕裹住了一个存在物，因为它不可见，愈发能感觉到。"他"就在那里，比我在那里更不可怀疑。我那时真的感到，我没有"他"更真实。

　　我对上帝的最高信仰、对他的真实观念，就是那时产生的。从那以后，任何关于上帝存在的争论都无法动摇我的信念了。我意识到，上述经验只能称为"神秘的"，我也没有足够的哲学知识进行辩护，使之不受这样或那样的指责。写下这段经验时，我只是涂上一些文字而无法清楚地再现。可虽然如此，还是尽我所能认真加以描述了。

实例节录(2)：某瑞士人的经验

　　我和几个朋友徒步旅行。那是第六天，我的身体很好，心理也很正常，既不疲劳也不饥渴，既没近忧也无远虑，我刚得到家里来的好消息，我们又有一位好向导。我那一天的心情可以说是平静的。

可突然间,我有一种感觉,自己被举了起来,我感到了上帝的存在,仿佛他的仁慈与力量弥漫我的全身——我说的都是当时意识到的。此时的情绪震动是那么猛烈,我只能勉强对同伴讲,往前走别等我。然后,我就坐在一块石头上,两眼涌出热泪,不能站起来了。我感谢上帝,在我生命历程中教我认识他,他维系着我的生命,怜悯我这个无意义的造物、我这个罪人。我强烈祈求献出自己的一生,践行他的意志。我感到他同意了。随后,这种出神入化的状态在心灵上慢慢消失了,我感觉是上帝收回了赐予我的这种交流。我能往前走了,但很慢很慢,我仍被强烈的内在情感所占据。上述出神入化的状态可能持续了四五分钟,但当时却觉得很长。

应该补充说,上帝在我的上述经验里是无形状、无色彩的,也不是凭嗅觉或味觉能感受到的,他显现时也没有确切的方位感,倒不如说仿佛是我的人格被"精神之精神"(a spiritual spirit)转化了。但是,我愈是想找词语来表达这种内心深处的交流,愈感到不可能用任何通常的映象来加以描述。说到底,最适合描绘当时感受的就是:上帝虽是不可见的,可他就在那里;这感觉不是来自我的器官,而是我的意识。

实例节录(3):某女性的经验

她的母亲是个非常出名的反基督教作家,自然从小就不让她接触基督教。可当她独自来到德国生活时,受朋友的影响开始读圣经。她的皈依犹如一道闪光,是那么突然,那么强烈。

她写道:到今天,我不能理解为什么竟有人拿宗教或上帝的命令当儿戏。一听到天父呼唤,我的心立刻就跳了起来,就认他。我跑着伸出双臂呼喊:这儿,我在这儿,我的天父。我的上帝回答:哦,快乐的孩子,我该做什么?爱我吧!我热情喊着:我爱,我爱!来我这儿,我的天父呼召。我心跳着回应,我就来。我还停下问了点什么吗?一点儿都没有,我甚至都没有想到问问,自己是不是那么好,自己配不配,我对他的教会又是怎么想的……满意!我是那样的满意。我不是找到了我的上帝、我的天父了吗?难道他不爱我吗?难道他没有呼召我吗……

从此以后,我的祈祷总能得到直接回答,是那么有意义,简直就像和上帝交谈,亲耳聆听他的答案。关于上帝实在的观念,时刻也没有离开过我。①

几个方法论结论

从理论分析到经验例证,詹姆斯主要得出了如下几个富有方法论启示的结论。

(1) 宗教经验的特殊认识论意义。

从根本上讲,**宗教经验**是"对人之本体的想象"(the human

---

① 上述经验实例,详见《宗教经验种种》(英文版),第三章。

ontological imagination），此类想象对信仰者是极有说服力的,它使得某些不可描述的存在物有实在感,其强烈程度很像幻觉的作用。因此,这类实在感能决定人生的根本态度,犹如情人的态度取决于恋爱对象的存在。

在信仰者那里,上述意义上的实在感不能不说是对真理的真诚感受,此类感觉所启示的那种实在是任何反面论证也否定不了的。当然,有些人可能全无此类感觉。可对那些经验者来说,此类感觉不但像任何直接的感官经验一样真实可信,而且比任何纯粹的逻辑推理更真实可信。

(2)宗教经验与理性主义的关系。

就特性而言,宗教经验是"神秘的",可划归神秘主义(mysticism)。在哲学上,与神秘主义相对立的就是"理性主义"(rationalism)。按理性主义的主张,所有的信仰均须提供明确的根据,这些根据主要包括:(a)可陈述的、明确的抽象原理;(b)来自感觉的确切事实;(c)基于此类事实作出的明确假设;(d)确切的逻辑结论。照此标准,"关于不明确东西的模糊印象",在理性主义的思想体系里是没有任何地位的。

就积极方面而言,理性主义无疑是一种很好的理智倾向,孕育了现有的哲学和自然科学。然而,如果观察一下人的整个心理生活,按其生存状况深入到个体的追求,也就是除知识或科学之外的深层心理活动,那么,我们便不能不坦白,理性主义所能说明的只是其中的一部分,这部分解释还是比较肤浅的。

在一般情况下，理性主义观点有无可置疑的威信，因为它过于雄辩，要求对手拿出证据，然后据理相争，直到以理服人。可对一个宗教徒来说，如果他以沉默的直觉来抗争理性的结论，理性主义观点是无法使其信服或皈依的，因为他的直觉来自人性的更深层面，超出了理性主义占有的论辩范围；他的整个潜意识生活，他的冲动、信念、需要以及直觉等，早就使他胸有成竹：我所信的东西肯定比任何理性主义的强辩愈发真实。

（3）宗教经验与自然神学的关系。

在宗教信仰问题上，正如理性主义的驳难是次要的，正面的论证也不是首要的。神学家和哲学家曾从自然秩序那里找到了大量证据，用来证明上帝存在。此类论证在一百年前似有无可反驳的说服力，可时至今日这方面的论著只能摆在图书馆里"吸尘"了。原因很简单，我们这一代人已不再相信它们所论证的那种上帝了。无论上帝是什么，他都绝不会像我们的曾祖父深信的那样，仅仅是一个"自我荣耀的外在创造者"。诚然上述认识不可能用语言表达清楚，无论对别人还是对自己，概莫能外。

形而上学与宗教领域的真理在于，只有当我们有了关于实在的不可言说的感觉，并早已用于支持某个结论，有关同一结论的可言说的理由对我们才是有说服力的。实际上，到这时我们的直觉与理性才合作，才会形成一些伟大的世界性体系，像佛教体系和天主教哲学体系。我们出于冲动的信念在这里永远是那种揭示真理原初质地的东西,而我们可用词语明确表达的哲学,不过是把信仰翻译成了显赫的公式。这种非理性的、直觉的信念是我们身上的深层东西,理性的论证则不过是外表的显示。本能引路,理智不过是跟随。如果一个人像我引用的例证那样,感觉到有个活生生的上帝,那么,你的批判性论争不管多么前所未有过的高深,对转变他的信念来说均属徒劳。①

弗洛伊德

作为精神分析学的创始人,弗洛伊德的名字可谓家喻户晓。他是奥地利人,就读于维也纳大学,获医学博士学位,曾在吕布尔研究所和维也纳总医院工作,后来自办精神治疗诊所,并在多所欧美大学授课。1908年,主持创建了国际心理分析学会,《心理分析学年鉴》和国际心理分析学出版社等。精神分析学旨在探究人的深层精神或心理活动,特别是"下意识"或"潜意识"的作用,所以又称"深层心理学"或"潜意识心理学"。宗教信仰无疑属于深层的精神或心理活动,这便使深层心理学一开始就跟宗教心理研究结成了"互助伙伴"。一方面,该领域的开拓者试用精神分析方法来推动宗教

---

① 《宗教经验种种》(英文版),第74—75页。

弗洛伊德(Sigmund Freud, 1856—1939),精神分析学创始人,宗教心理学奠基人。

心理研究,另一方面,宗教心理作为研究典型又反过来促进了深层心理学发展。弗洛伊德的贡献主要在前一方面。

从"精神冰山"说起

在宗教心理研究上,弗洛伊德的兴趣集中于宗教起源问题。他的思路有两个明显特点:试图推广精神分析理论;力求深化现有研究成果。所以,先要明确这两点,才能理解他的解释。

(1) 理论假设。

弗洛伊德的宗教起源研究,是以精神分析理论为出发点的。该理论主要基于如下几个假设:

（a）任何精神或心理现象都有深层原因，所以，我们可借助深入而具体的精神分析来揭示人类精神或心理活动的本来面目。

（b）与传统观点相反，整个人类精神或心理活动主要是由潜意识而不是意识构成的。因而，人类精神或心理活动的原因深藏于潜意识，而不是浮现于意识。打个比方，整个精神或心理活动就像漂在海上的一座大冰山，露出水面的只是一角，这就是人们以往看到的意识现象，冰山的大部分则在水下，那就是未经探讨过的潜意识。

（c）"性本能冲动"潜伏于全部潜意识活动，它对整个人类精神生活作出了无可估量的贡献，准确些讲，性欲是人的本能，是支配一切精神或心理活动的原动力。然而，传统道德观念和社会生活习俗却残酷无情地压抑了人们的欲望、特别是作为本能的性冲动，这便是精神病的症结所在。

（d）就实质而言，人的精神或心理是一种"力"的活动，这种力量可称为"里比多"（libido）。"里比多和饥饿相同，是一种力量，本能——这里是性的本能，饥饿时则为营养本能——即借这个力量以完成其目的。"① 因此，所谓的精神分析学或深层心理学就是探讨"里比多"的一门学问。

（2）现有成果。

弗洛伊德之所以对宗教起源问题有浓厚的兴趣，一来因为这是当时的研讨热点，二则因为不满于现有成果，想用精神分析方法予以

---

① 弗洛伊德：《精神分析引论》，商务印书馆1984年版，第247页。

深化。两点综合起来说,宗教起源问题被弗洛伊德当成了"普及推广精神分析理论的示范田"。他的收获主要见于两本篇幅不大的名著,《图腾与禁忌》(1912)和《摩西与一神论》(1939)。前者是他涉及宗教问题的第一本书,主要探讨了宗教现象的心理起因,后者则属晚年著作,进一步解释了宗教现象的演变过程,特别是基督教的产生过程。

以上两本书相比,尽管相隔20多年,但思路和结论几乎一点儿没变。所以,就我们想要明确的第二个特点来说,后一本书里可找到多处提示:

> 我的论文的这个续篇将把我25年前在《图腾与禁忌》中贡献的结论联成一体。

> 我已经在《图腾与禁忌》一书中提到了这种论点,因此现在只需重复一下我那时说过的话。我的论点来源于查尔斯·达尔文的某些评论,并且包含了阿特金森的一点建议。

> 1912年,我曾在《图腾与禁忌》一书里设想过产生所有这些影响的古代情形。在那本书中,我利用了查尔斯·达尔文、J. J. 阿特金森和罗伯特森·史密斯等人的理论,特别是利用了罗伯特森·史密斯的理论,并且把他的理论与精神分析学实践中的发现和设想结合起来。

> 我在这里不可能重述《图腾与禁忌》一书的内容……①

---

① 以上引文依次参见弗洛伊德:《摩西与一神论》,生活·读书·新知三联书店1989年版,第44、70—71、119、120页。

这里费些篇幅罗列以上提示,不但可充分印证第二个特点,还有两个好处:一是了解了弗洛伊德前后观点的一贯性;一是在资料上确定了重点处理对象。下面,我们可多省些篇幅了,只要抓住《图腾与禁忌》,便可再现这位宗教心理学开拓者的尝试。

"俄狄浦斯情结"

弗洛伊德很关注图腾研究方面的进展。19世纪后期以来,图腾现象便是文化人类学家的研讨热点,因为它被看做人类文化进程中的一个必经阶段,通过考察这种原始信仰体系,可发现原始社会结构的基础。然而,图腾现象到底是怎么产生的呢?如何揭示图腾崇拜的本质呢?尽管众多文化人类学家进行了广泛深入的探讨,但弗洛伊德认为,他们并没得出令人满意的答案。就图腾起源问题而言,"历史的观点",也就是达尔文所提出的进化学说,比现有的文化人类学理论更有启发性。

通过观察类人猿的生活习性,达尔文作过一个推断:如同类人猿,人类一开始也是以小规模或小部落的方式群居的。在这种小规模的群居生活中,头领总是由一个年富力强的男性来当的,他有能力占有所有的女性,禁止乱伦;可每当一批男性长大成人,暴力之争便不可避免了,最强壮者成为新一代头领,其他的男性成员或被杀死或被驱逐。总的来看,弗洛伊德就是从上述假设那里找到了一条新的解释思路。

图腾对象大多是动物。弗洛伊德指出,小孩子对动物的看法和原始人有明显的相似处。譬如,小孩子还没把自己跟动物截然分开,他们表达某些生理需要时,像饥渴感,也觉得自己很接近于动物;可是,小孩子也会对动物特别是宠物突然产生畏惧心理。从精神分析的角度来看,畏惧动物可能是儿童最早发生的心理病症了。尽管目前对这种儿童畏惧症的研究还没取得根本性的突破,但有不少精神分析个案表明:患者都是男孩,他们的恐惧从心理深处来看都跟父亲有关。也就是说,他们恐惧动物不过是畏惧父亲心理的替代现象。

为验证上述说法,弗洛伊德举了几个精神分析的例子,最典型的一则病例出自他的专著《对一个五岁男孩恐惧症的分析》(1909)。弗洛伊德指出,我利用的材料全是由男孩的父亲提供的。这个男孩害怕马,怕马闯进家里咬他,所以很希望街上的马跌倒(意指摔死)。在心理治疗过程中,经过再三保证,消除了他对父亲的恐惧心理。结果表明,原来他是在暗地里希望自己的父亲失踪(意指外出旅行甚至死亡),因为他以为,父亲是和他争夺母爱的对手(意味着母亲是他最早的、朦胧的性爱对象)。由此可见,这个男孩所犯的正是精神病的核心症结,即陷入了"俄狄浦斯情结"的剧烈冲突。①

---

① 弗洛伊德列举的其他几个精神分析个案也颇有戏剧性,可参见《图腾与禁忌》,第四章。

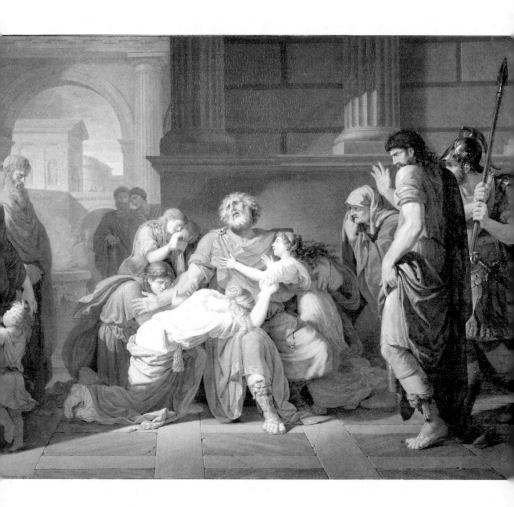

因弑父娶母而刺瞎自己双眼、自我放逐的俄狄浦斯。(Bénigne Gagneraux)

但更重要的是,从此类病例可发现"一个新的事实",即男孩会把对父亲的畏惧情感转换到动物身上。这就使我们可探究出隐藏于替代作用的"动机"了。

一般而言,在小男孩与父亲竞争母亲喜爱的过程中,要使他对父亲的敌意毫无保留地发泄是不可能的,因为,他首先必须克服长期以来对父亲所建立的那些仰慕和亲近的情感。在这种情感的矛盾中,为了减轻和克服内心的冲突,于是,他开始寻求一个父亲的"替代物"来发泄他的敌意和恐惧。不过,此种替代作用并不能使心理的冲突消失,因为,它无法很清楚地划分喜爱和憎恨两种情感。相反地,此种冲突往往一直延伸到替代物身上。[1]

通过这些分析,弗洛伊德强调,前述事实与原始人的图腾观有重要联系。这主要表现在两点:(a) 对动物的认同;(b) 这种认同所产生的双重情感——敬仰与畏惧。这两点联系至少可证明,原始人图腾观中的动物是父亲形象的替代物。这种推断没有什么新奇之处,原始人事实上早就讲明白了。在原始人的心目中,图腾动物所象征的就是他们的祖先或"原始的父亲"。现在的问题在于,文化人类学家恰恰忽视了这一事实。因而,我们可从这个事实出发,把精神分析理论和文化人类学成果结合起来,解开"图腾之谜"。

---

[1] 弗洛伊德:《图腾与禁忌》,中国民间文艺出版社1986年版,第162页。

这样一来,宗教现象的起因就明朗化了。

在《闪米特人的宗教》(1889)里,著名人类学家史密斯提出了一个概念"图腾餐",认为这种特殊仪式是原始图腾信仰的重要组成部分。所谓的"图腾餐"一般包括以下内容:首先,周期性地屠杀某种作为图腾对象的动物,让全部落的人来吃肉喝血;接着,举行哀悼仪式;随后,转入狂欢般的庆典,所有的部落成员都装成图腾动物,模仿它的叫声动作等,好像自己就是图腾对象一样。

弗洛伊德接受了上述概念及其假说。他综合史密斯所提供的材料和观点,对"图腾餐"做了下列环环相扣的心理学解释:

首先,屠杀图腾动物本来属于禁忌,是一种暴行,但这种违忌暴行却被看做接受神圣喻示的结果,所以,只有通过部落仪式,让每个成员都在场,才能得到认可;

其次,分食图腾动物则意味着,全体部落成员借以获得图腾对象的神圣性,增强了对图腾对象的认同感;

再次,哀悼仪式是有强制性的,反映了一种恐惧心理——可能遭到报复,因而其目的在于,解脱屠杀图腾动物的罪责;

最后,狂欢庆典则表现了一种本能的许可,是将违忌的暴行合法化、神圣化,所以说,暴行是庆典的本质,狂欢则流露了"打破禁忌后的快感"。

总而言之,这种特殊的图腾餐主要反映出两种相反的现象:屠杀图腾动物通常绝对属于禁忌;可这种暴行却变成了一种哀悼方式、一种庆祝仪式。显而易见,这里表现出的情感矛盾和前述儿童恐惧症一样,可归因于"俄狄浦斯情结"。因此,所谓的图腾就是父亲形象的替代物。

　　在弗洛伊德看来,分析到这里便可重返达尔文的假设,大致描述宗教现象的起源过程了。这个描述很像一个古老的神话传说,而且有些宗教学专著或教科书讲到弗洛伊德的宗教起源观点时也倾向于把它当作故事简述一遍。但为了如实反映弗洛伊德的原本观点,我们还是引用他在晚年著作里所作的归纳为好,这样不仅可避免常见的"自我理解式的复述故事",同时可使前面评述过的几条线索汇集起来。

　　　　从达尔文那里下,我借用了下述假设:人类最初是在小群体中生活的,每一群体都在一个年长的男性统治之下,他用野蛮的暴力实施统治,独占所有的女性,并奴役或杀害所有的年轻男性,包括他自己的儿子。从阿特金森那里,我接受了下述设想:由于儿子们的反抗,这种父权制度走到了末路,儿子们团结起来反抗父亲并战胜了他,一起分享了他的尸体。遵循着罗伯特森·史密斯的理论,我认为这种原来由父亲统治的群体后来被图腾制的兄弟部落所取代,为了能够相安无事,那些取得胜利的兄弟们放弃了群体内的女人,同意实行族外通婚。父亲的权力被打破了,家庭开始由母权来管理。儿子们对父亲的矛盾情绪在整个发展阶段都起着作用。某种动物被定为图腾来代替父亲,它代表着他们的祖先和保护神,任何人都不准伤害和杀掉它。然而,每一年中整个部落都要汇集起来举行一次集会,在这次宴会上,那种被尊崇的图腾动物被宰杀来吃掉。每个人都必须参加这次宴会,它是谋杀父亲的情景的庄严重演,在这当中,社会秩序、道德法律、宗教等都得以诞生。①

弗洛伊德对上述结论十分自信。他早在《图腾与禁忌》里就指出:

  我可以肯定地说,宗教、道德、社会和艺术之起源都系于俄狄浦斯症结上。这正和精神分析的研究中认为相同的此症结构成了心理症之核心不谋而合。最令我惊奇的是,社会心理学必须对一种最基本的事情,即人们与其父亲间的关系做进一步研究以找出其中的解决之道。②

尽管弗洛伊德这么自信,但读者不难想到,等着他的将是什么样的批评。据国际宗教史学会前秘书长夏普的回忆,《图腾与禁忌》出版后,主要遭到了两方面的冷遇讥讽:一方面,该书看似一本人类学著作,大量利用了许多名家观点,但人类学家几乎全都把它看做胡言乱语而不予理睬;另一方面,在宗教学家看来,该书虽然探讨了受人关注的宗教起源问题,几乎引用了所有的权威理论,但稍有背景知识或历史意识的读者都会感到,它就像一个摆满了哈哈镜

---

① 弗洛伊德:《摩西与一神论》,第 119 页。
② 弗洛伊德:《图腾与禁忌》,第 192—193 页。

的闹市,里面什么都有,可统统变形了,看不到任何历史真相,这样一种歪曲历史的理论纯属胡说八道,根本不值得认真考虑。①

然而,即使那些恶语相加的批评者也不得不承认,弗洛伊德是20世纪最有影响的思想家之一,他以科学态度把宗教研究领进了新大陆——潜意识领域,对他所渲染的泛性论尽可唾弃,但对他所发现的问题和思路却不可轻视。让我们接着来看弗洛伊德的事业继承人是怎么证实这一点的。

荣格

荣格是瑞士人,在巴塞尔大学获医学博士学位后,先就职于苏黎世的精神病医院,后开私立诊所并任教于苏黎世大学、巴塞尔大学等。1907年,跟弗洛伊德相遇,两人过往甚密。弗洛伊德主持创建国际精神分析学会时,他被力荐为首任主席,弗洛伊德甚至称他"我的过继长子""事业上的王储"。1913年,由于学术观点分歧,他跟弗洛伊德分手了,开始创立一个新学派——分析心理学(Analytical Psychology)。此后,他以开拓性的研究成果表明,自己并非那种"钦定的接班人",而是深层心理学事业的真正继承者——批判性的继承者。

---

① 以上批评意见,详见夏普:《比较宗教史》,第257—263页。

三　宗教心理学

卡尔·古斯塔夫·荣格（Carl G. Jüng，1875—1961），瑞士心理学家和精神分析医师，分析心理学的创立者。早年曾与弗洛伊德合作，曾被弗洛伊德任命为第一届国际精神分析学会的主席。

批判性的继承者

荣格之所以能把深层心理学和宗教心理学推向一个新阶段，首先是因为，他对前辈的理论缺陷有深刻的认识，并不顾个人情谊，勇于学术批评。

早在1912年，也就是跟弗洛伊德分裂的前一年，他在美国大学的系列讲演里就尖锐批评了这位精神分析学鼻祖的泛性论倾向。首先，他从根本上动摇了弗洛伊德的性理论，认为不能简单地把精神病归因于性压抑或性创伤，而应综合考察心理遗传、社会环境等因素的复杂影响。其次，他从概念和论点上分析了弗洛伊德的失误，譬如，把"力比多"这个早有的概念限用于性欲；把

"儿童期"解释为性欲发展并受压抑的过程;把"恋母情结"只看做男孩恋母现象,没看到女孩也是如此,更没意识到这种情结主要不是性欲,而是母爱的结果,即母爱令孩子渴望霸占"她或他的保护神"——母亲。

但在克服上述泛性论倾向的同时,荣格不但坚持深层心理学的立场,维护弗洛伊德的主张——潜意识是心理学的"分野概念",而且致力于史论结合、求实创新的基础研究。经过长期探讨东西方神话、宗教传统与潜意识活动的关系,多次实地考察土著部落的心理活动,荣格提出了著名的**"潜意识分层构想"**,这就是把潜意识划分为**"个人的潜意识"**与**"集体的潜意识"**。按他的解释,前一分层主要由诸多被遗忘或被压抑的个体经验构成;后一分层则主要包括人脑结构所遗传的"普遍精神机能",特别是"种族神话联想"或"种族神秘意象",这便是潜意识的"原始模型"(Archetype),因为作为"种族遗传的反应方式",它潜移默化地影响着"种族的、群体的或集体的人格"。

大致说来,荣格就是通过上述两方面工作——批判和创新来推进深层心理学和宗教心理学的。就宗教心理研究而言,荣格一开始就不趋同弗洛伊德的看法,认为宗教信仰决不能归结于性压抑。他一再质疑道:谁能说明"正常的人或种族"可摆脱如此无聊的性压抑呢?如果没人能做到这一点,何以证实宗教现象只是性压抑的结果而并非真实的东西呢?①

作为医生出身的心理学家,荣格首先是用事实说话的。他通过长期的临床实践发现,相当一部分精神病重患者的症结在于,他们失去了原有的宗教信仰,深陷于人生意义的困惑。关于这一点,《寻求灵魂的现代人》里提供的一段资料,受到了研究者的广泛重视。

荣格指出,过去30年间,他治疗过数百名精神病患者,他们来自世界各国,大多数是新教徒,少数人信犹太教或天主教,其中35岁以上的中年人,无不心怀一种焦虑:怎么才能通过宗教找到人生的根本意义呢? 也就是说,他们的病根都在于,丧失了那种使自己成为信徒的东西。如果心理医生无法帮他们重获宗教信仰,那么,这一类患者便不可能痊愈。

> 有一种神经病是精神上的,它不能不被理解为这样一类人的痛苦,他们尚未发现自己生命的意义。②

荣格据此认为,人的整个精神或心理活动具有不可忽视的宗教功能,这种宗教心理功能实际上是不可还原的。为证实这一点,他把人格发展问题和宗教心理研究结合起来了。

---

① 可参见荣格:《分析心理学二论》("Two Essays on Analytical Psychology", *The Collected Works of C. G. Jüng*, vol. VII, Bollingen foundation, Inc. , 1953),第71页;《人格的发展》("The Development of the Personality", *The Collected Works of C. G. Jüng*, Vol. XVII, 1954),第83页。

② 荣格:《寻求灵魂的现代人》(*Modern Man in Search of a Soul*, Har-court, Brace & Co. , 1933),第225页。

人格与宗教心理

"个性化"(individuation)是荣格用来解释人格发展过程的一个关键概念。按他的观点,所谓的**人格**就是指"精神整体";精神整体主要由三个互动的层次组成,即意识、个人潜意识和集体潜意识,同时包括诸多对立的极端因素,像意识与无意识、理性与直觉、爱与恨等;**个性化**过程一般表现为,始于浑然的状态,经过充分的分化,趋于"精神的整合",也就是形成某种具有平衡性或统一性的人格。

从人的整个精神或心理结构来看,上述个性化过程实际上反映了"人的先天倾向",即植根于集体潜意识的"原始模型"。而在宗教传统那里,作为基本象征的"神"或"上帝",无非就是"原始模型的表达方式",因为该象征所要表达的就是"精神的统一"或"存在的本原"。这便意味着宗教经验在个性化过程中可起重要作用。荣格在后期著作里申明:

> 我过去并没有把宗教功能归于精神,我只是支持了一些事实,证明精神在天性上就是宗教的(naturaliter religinsa),也就是说,精神具有一种宗教功能。[①]

---

① 荣格:《心理学与炼金术》("Psychology and Alchemy," *The Collected Works of C. G. Jüng*, Vol. XII, 1967),第 13 页。

宗教功能在整个心理或精神活动中有独特的表现方式。荣格指出,最主要的一种表现方式就是信徒对"神秘者"(the numious)的直接经验。此类经验不以教义或信条为媒介,是作为对象的神秘者强加于个人的,常见的形式有梦境、幻象、偶然事件、精神病人的信手涂画等。但无论形式如何,此类经验都来自想象,而不借助概念。因此,关于神秘者的经验是非理性的,没有明确的意义或逻辑可言。

作为想象的结果,关于神秘者的直接经验虽然令人恐惧或压抑,可同时有一种神秘感、一种难抗拒的吸引力,致使经验者在某种神秘的象征体系里感悟到了伟大而崇高的意义,一旦委身便可安宁。在心理学上可以说,此类想象或梦幻所表现的就是"精神整合境界",能把经验者内心的所有冲突因素统一起来。

不论这个世界如何看待宗教经验,有这种经验的人便拥有一笔伟大的财富,一种使他发生重大变化的东西,这种经验变成了生命、意义和完美的源泉,同时也给予这个世界和人类一种新的辉煌。①

如何用心理学语言来描述上述宗教经验,这是荣格很关心的一个问题。他首先指出,作为个性化过程中的"活化原型"(the activa-

---

① 荣格:"心理学与宗教:西方与东方"("Psychology and Religion: West and East," *The Collected Works of C. G. Jüng*, Vol. XI,1958),第105页。

ted archetypes),宗教经验可给人带来复杂的感受,像神秘感、威严感、崇高感、完美感、依存感、活力感、超越感等,促使人们转变生活态度,追求更积极、更美满的东西。

我之所以认真考虑——"religio!"①——那些由潜意识产生的象征,原因就在于此……对你自己和那些爱你的人来说,假如这样一种经验有助于你的生命更健康、更美好、更圆满、更如意,你尽可放心地讲:这是上帝的恩典。②

其次,宗教信仰的心理功能表现为"慎重与信赖的态度",这可看做宗教经验的结果。荣格这样描述道:

依我看,宗教是人类精神的一种特殊态度,完全可按religio一词的原初用法来给以说明,它意指认真考虑和观察某些被想象为"力量"的动因:精神、魔鬼、神祇、法则、理念、理想,或人们赋予此类因素的其他什么名称,一旦人们在自己的世界里发现了那些十分强大的、危险的或有帮助的东西而认真地考虑时,或发现了那些十分崇高的、美好的和有意义的东西而虔诚地崇拜和热爱时,上述种种名称便出现了。③

---

① 拉丁词"宗教",原意为"认真考虑""重视",意指在神灵崇拜上的严肃态度。
② 荣格:《心理学与宗教:西方与东方》(英文版),第105页。
③ 同上书,第8页。

在人类的种种难以言喻的宗教经验中,对绝对者的信赖、托付和依存的感受也许是最神秘和强烈的,就像《创世记》中柔弱的亚当尽力地去抓住上帝伸给他的手。

最后,教经验转化为信条或教义,也是宗教功能的表现方式之一。荣格指出,作为信仰群体的表达形式,信条或教义虽是经过千百年才建立起来的,但一开始就跟宗教经验有本质的联系。

起初,每个信条都是基于两方面建立起来的,一方面是对神秘者的经验,另一方面则是 πστιδ,也就是对神秘本质的经验、对意识所担保的变化持有肯定态度,相信或忠诚、信仰或信任。①

---

① 荣格:《心理学与宗教:西方与东方》(英文版),第 8 页。

从弗洛伊德到荣格，深层心理学和宗教心理学的互动关系大体形成了。荣格不再把精神分析理论套用于宗教心理研究，而是从集体潜意识上发现了二者的共同生长点。尽管荣格的探索大多限于假设甚至猜测，批评者可从其结论、概念一直挑剔到证据或材料，但再重的批评也不影响这样的评价：自荣格以后，宗教学家开始意识到了宗教心理研究的深度和潜力。

四

宗教语言学

我们知道经验命题在任何时候都只能具有或然性。只有先天命题才是逻辑上确定的。但是我们不能从先天命题中推演出上帝的存在。因为我们知道,先天命题之所以是确定的,是由于它们是重言式命题。并且,从一套重言式命题中,除了更进一步的重言式命题之外,不能有效地推演出什么东西。这就必然可以推论出:要论证上帝存在是不可能的。

——艾耶尔

奥古斯丁《上帝之城》(15世纪手抄本),藏于意大利佛罗伦萨的美第奇—洛伦佐图书馆。

宗教语言学是一片广阔的天地。不同的宗教传统有不同的语言体系。虽然各宗教都是用人类词汇表达出来的,可它们所表达的意思却不属于"人间"。所以,只要探讨宗教现象,无论从哪个方面或什么角度入手,像经典、教义、仪式、神学等,或如考古学、人类学、社会学、心理学、文学等,首先都会碰到某宗教所特有的语言表达形式。

　　就此而言,宗教语言研究可谓"宗教学的基本功";也因如此,以往的论著谈到宗教学的分支时一般不提"宗教语言学";要是提起这样一门无所不在的学问,似乎叫人无从谈起或难以言尽。那么,我们在此如何讨论呢? 本章的讨论将限定于"哲学家眼里的宗教语言学"。为什么单从这个视角来进行考察呢? 理由在于,这个视角太重要了!"宗教语言之争——宗教语言到底有没有意义?"在当代宗教哲学论坛上达到了白热化的程度,以致不争个明白,便无须研究宗教,更不必信仰上帝了。

艾耶尔

挑战当代信徒

宗教徒在20世纪遇到了一种新的挑战。这种新挑战在于,相信上帝是无意义的。也就是说,诸如"上帝存在""上帝爱人类"等命题,在认识论上是无意义的;它们缺乏任何明的意思。这不是说,我们缺乏有关上帝存在的证据,而是挑明,我们连"上帝存在"这种说法的意思都不知道。这便是宗教语言问题。①

那么,上述挑战从何而来呢?其学理依据又是什么呢?关于这方面的情况,我们可请这场挑战的发起人之一、英国著名哲学家、逻辑学家艾耶尔(Alfred Jules Ayer, 1910—1989)从头道来。

1978年,英国广播公司(BBC)播出了一套电视访谈节目(共15集),专访了十几位当代著名的英美哲学家,其中一集名为"逻辑实证主义及其遗产",嘉宾便是艾耶尔。主持人开口就提出了一个问题:逻辑实证主义者当年大张旗鼓,很有理论勇气,他们到底反对什么东西呢?艾耶尔回答:

---

① 埃万斯:《宗教哲学:思考信仰》(*Philosophy of Religion: Thinking about Faith*, Inter Varsity Press, 1982),第141页。

四　宗教语言学

艾耶尔（Alfred Jules Ayer, 1910—1989），英国著名哲学家、逻辑学家。

他们主要是反对形而上学，或他们称之为形而上学的东西，即任何认为在我们的感官所能感觉到的合乎科学和常理的世界之外还有另一个世界的看法。早在18世纪末康德就曾说过，要了解任何不在可能的感觉范围内的东西都是不可能的。但维也纳学派走得更远。他们认为，任何论述，只要不合规范（不以逻辑或数学的规范陈述），或不能以经验相检验，就毫无意义。所以他们砍掉了康德意义上的形而上学。不仅如此，它显然谴责各种形式的神学，谴责任何认为有上帝存在的观念。[1]

---

[1]　布莱恩·麦基编：《思想家——当代哲学的创造者们》，生活·读书·新知三联书店1987年版，第154—155页。

艾耶尔虽不是逻辑实证主义的创始者,也算不上维也纳学派的早期核心成员,但他的成名作《语言、真理与逻辑》(1936)却可谓该学派的"标准读本"。这个"读本"的历史价值至少体现于两方面:一是,它最早把逻辑实证主义思潮传入了英语世界;二是,后人可从中找到该思潮在英美学术界得以盛行并引起论争的原始根据。所以,就爆发于英语宗教哲学论坛上的宗教语言之争来说,艾耶尔有资格出任"逻辑实证主义的代言人"。

清除宗教宣言

逻辑实证主义的理论反叛精神,在《语言、真理与逻辑》里发挥得淋漓尽致。该学派排斥宗教神学的强烈主张,浓缩于该书的第六章"伦理学和神学的批判"。艾耶尔一提笔就指出,宗教知识的可能性,已因我们对形而上学的拒斥而被排除了。为什么这样说呢?理由见于如下分析。

(1)"上帝存在"是不可证明的。

这一点已得到普遍的同意,至少得到了哲学家的承认。要说明这一点并不难,只需追问:"上帝存在"得以演绎出来的前提是什么?就论证方法而言,假如作为结论的"上帝存在"是确定的,那么,其前提也是确定的;因为演绎论证的结论含于前提,其前提的任何不确定性必然导致结论的不确定性。

可是,我们知道经验命题在任何时候都只能具有或然性。

只有先天命题才是逻辑上确定的。但是我们不能从先天命题中推演出上帝的存在。因为我们知道,先天命题之所以是确定的,是由于它们是重言式命题。并且,从一套重言式命题中,除了更进一步的重言式命题之外,不能有效地推演出什么东西。这就必然可以推论出:要论证上帝存在是不可能的。①

艾耶尔进一步指出,要想证明"上帝存在"的或然性,也是不可能的。这一点虽未得到普遍承认,但同样不难说明。如果"上帝存在"具有或然性,那么,该命题必是一个经验假设。可这样一来,尽管从作为经验假设的"上帝存在"以及其他假设,可推演出有关的

---

① 艾耶尔:《语言、真理与逻辑》,上海译文出版社1981年版,第131页。

经验命题,但此类经验命题不可能从别的假设单独推演出来。因而,这种证明在事实上是根本不可能的。

例如,宇宙论论证历来被看做关于上帝存在的经验性证明。有人认为,自然界的有规则性就是对上帝存在的充分证明。艾耶尔反驳,如果"上帝存在"所导致的只是某些自然现象按一定次序出现,那么,断定该命题岂不仅仅等于肯定自然界存在必要的规则性吗?可问题在于,没有一个信徒会承认:这就是断定"上帝存在"的全部内容。谈论"上帝",对信徒来说就是提及"某位超验的存在者";这位存在者可通过某些经验被感知,却肯定不能用此类经验来定义。

> 但在这种情况下,"上帝"一词是一个形而上学的词。并且,假如"上帝"是一个形而上学的词,那么,有一个上帝存在甚至不能是或然的。因为说"上帝存在"是一个既不能真也不能假的形而上学的说法。用同样的标准①,没有一个想要描写超验上帝的性质的句子能够具有任何字面意义。②

(2) 逻辑实证主义的宗教观不同于无神论和不可知论。

不可知论的特征在于,承认"上帝存在"是一种可能性,但相信与否均缺乏充足的理由;无神论的特点则在于,认为"上帝不存在"起码是或然的;而逻辑实证主义则主张,一切关于上帝的说法都是

---

① 指逻辑实证主义的"可证实标准"——笔者注。
② 艾耶尔:《语言、真理与逻辑》,第132页。

无意义的。这种观点不仅不同于无神论或不可知论,不在任何意义上支持这两种广为人知的观点,而且从根本上不可能与它们同时成立。

先就无神论而言,如果"上帝存在"是没有意义的,那么,无神论者否定"上帝存在"也是缺乏意义的。再拿不可知论来说,虽然不可知论者避免作出判断:上帝存在或没有上帝,但并不否认"超验的上帝存在与否"是一个真问题;也就是说,并没有肯定下列两个命题在实际上必有其一非真即假:"有超验的上帝"或"没有超验的上帝"。不可知论能告诉我们的只是,上述两个命题无法辨别真伪,都是不可信的。而按照逻辑实证主义的看法,既然这两个命题都是无意义的,不可知论自然也就被排除了。

(3)宗教与自然科学的冲突并无逻辑根据。

有神论者的宗教用语根本构不成真命题,所以,宗教用语与科学命题没有任何逻辑关系,宗教徒与科学家也不存在什么对立。在艾耶尔看来,宗教信仰与自然科学之所以发生冲突,似乎是因为科学从宗教那里夺走了信仰的动机。众所周知,宗教情感的一个主要来源就是人们无法决定自己的命运;而科学的不断发展则打破了人们对外部世界的畏惧感,使人相信自然过程是可理解、可预见的,甚至在一定程度上是可控制的。近来,物理学家同情宗教成为一种时髦。这种现象有利于前述宗教情感来源的假设,因为它表明现代物理学家对过去期望的效准失去了信心,他们已跟19世纪科学界的那种独断主义的反宗教倾向分手了。这是刚经历过危机的现代物理学的自然结果。但艾耶尔指出,更深地研讨宗教情感的原因或宗教信仰长久持续的或然性,已超出了逻辑实证主义的关注范围。逻辑实证主义要回答的只是"宗教知识是否可能",想证实的就是"不可能有任何宗教意义上的超验真理",因为有神论者用来表达此类"真理"的句子在字面上是没有意义的。

(4)逻辑实证主义的结论可得到有神论者的佐证。

有趣的是,艾耶尔发现,上述几点结论是与有神论者的许多一贯说法相符的。

(a)"上帝的性质是神秘的,是超出人的理解力的。"若说某物超出人的理解力,就是指此物不可理解,而不可理解的事物肯定不能给以有意义的描述。

(b)"上帝并非理性的对象而是信仰的对象。"这种说法不过是承认,"上帝存在"只能靠信仰才可领悟,而不能进行逻辑证明。

(c)"上帝纯属神秘直觉的对象,无法用理性所理解的词语加以定义。"如果承认无法用可理解的词语来定义上帝,那就等于承认:某个句子既是有意义的又是论及上帝的,这在逻辑上显然说不通。如果某个神秘主义者认为,他所直觉或洞见的对象不可描述,那就得同时承认:他描述该对象时所说的,肯定都是无意义的。

关于"神秘直觉",艾耶尔还作了一些分析。神秘主义者可能会坚持,虽然他获得的真理是无法向别人解释的,但直觉确能揭示信仰的真理。艾耶尔认为,不具有神秘直觉的人,自然没有根据否认此类直觉是一种认识能力。就发现或表达真命题的方法而论,不能先天断定只有一条途径;换言之,方法或途径很可能是多种多样的。因此,除了归纳式的理性方法,决不应否认纯直觉的方法也能发现综合性的真理。问题的关键在于,任何一个综合命题,无论是怎样形成的,均须服从于实际经验的检验。而神秘主义者根本就没有提出可用经验证实的命题,也根本无法提出任何可理解的命题。我们据此只能说,所谓的神秘直觉并没有向神秘主义者显现出什么事实;退一步说,尽管神秘主义者自认为掌握了事实,可此类无法表达的事实等于没用。

(5) 根据宗教经验来论证"上帝存在"也不能成立。

在许多哲学家看来,宗教经验可有效地论证"上帝存在",因为从逻辑上说,如同感觉内容可直接认识,人们也有可能直接认识上帝。譬如,可比较如下两个说法:(a) 某人说:我看见了一片黄色;(b) 该人又说:我看见了上帝。为什么我们可相信前一种说法,而不信后一种呢? 这在逻辑上是没道理的。

对于以上论辩,艾耶尔是这样答复的:如果该人说看见了上帝,只是断定他自己经验到了某种特殊的感觉内容,我们决不会否认他的断言可能是真的。然而,所谓"见过上帝的人",一般不仅仅是讲他经验到了某种宗教情感,而是说"有一位超验的存在者";这就像看见黄颜色的人,通常不仅仅是讲自己视域里包括黄色的感觉内容,而是说"有一个黄色的东西"。由此分析可作出判断,相信说法(a)的内容,即"黄色物体的存在",而不信说法(b)的所指——"超验的上帝的存在",这在逻辑上并非不合理,因为说法(a)表达的是一个能被经验证实的真综合命题,而说法(b)在字面上是无意义的。

  我们可以得出结论,从宗教经验而来的论证完全是谬误的。人们具有宗教经验,从心理学的观点来说,是有趣味的事实,但是这个事实,并不以任何方式暗示着有宗教知识这样的东西,正如我们具有道德经验并不暗示着有道德知识那样的东西。有神论者如同道德家一样,可能相信他的经验是认识的经验,但是,除非有神论者能提出可以用经验证实的命题来表述他的"知识",我们就可以肯定,他是在那里作自欺之谈。这就必然得出结论,那些哲学家,他们的著作中满篇都是断言他们通过直觉"知道"这个或那个道德或宗教的"真理",这只是为精神分析学家提供资料而已。因为,除非直觉活动提出了一些可证实的命题,这种活动就不能被认为是显示出有关任何事实的真理。但是,所有可证实的命题都应当被包括在构成科学的经验命题的体系中。①

以上分析虽然简要,但分量就像一篇清除宗教信仰和神学思想的"逻辑宣言"。读罢这篇宣言,我们便可领悟到这场挑战的严峻性了。在语言问题上,逻辑实证主义者推崇科学精神,提出了异常明确的"意义标准"或"证实原则":一个命题有无意义,取决于能否用

---

① 艾耶尔:《语言、真理与逻辑》,第137页。

经验事实来确证其真假;也就是说,如果可被经验事实检验,该命题就是有意义的,否则便是无意义的、应被清除的。按此标准,诸如"上帝存在"等说法,显然不属于可证实的或有意义的命题;这样一来,如同形而上学,千百年来根深蒂固的宗教信仰和神学思想也被连根铲除了,因为所谓的"宗教意义上的知识或真理"根本无从谈起,或简言之,宗教徒和神学家所说的一切根本没有意义。

众哲学家

从理论线索来看,宗教语言问题就是由于上述挑战而成了当代宗教哲学研究的一大难题,其争论焦点在于:宗教用语或神学命题到底有没有意义呢?如果有的话,又是哪一种意义呢?问题本来是艰深的,但有趣的是,这场爆发于英语宗教哲学圈子里的争论,是由一则寓言引起的,后来的研讨者纷纷效法,于 20 世纪中期达到了高潮,上演了一场生动的"寓言大论战",这就是当代宗教哲学文献里常提到的"**学院派寓意之争**"(University Discussion)。

威兹德姆:隐身的花匠

有两个人重归故里,走进他们以前的花园。这个花园长期没人照管了,可他们很惊讶地发现,杂草丛中以前种的几株花木生机勃勃。甲对乙说:"肯定有个花匠一直来这儿照看。"但经过查问,他们发现邻居们从未见过什么人在花园里干过活。甲又对乙讲:"他一定乘人们睡觉的时候来干活。"乙说:"不会的,即使如此也会有人听到他干活的声音。再说了,不论谁来照看这些花儿,都会踩倒周围的杂草。"甲则指出:"看看所有这些被安排的,这里头有目的,有一种美感。我相信有个花匠来过,只不过凡人的眼睛看不见罢了。我相信,越是留神,就会发现越多的东西来证明这一点。"于是,他俩便留神地察看整个花园,有时他们发现一些新的东西,使人觉着有个花匠来过;有时又发现一些事情,让人觉着并非如此,甚至叫人觉着有个捣蛋鬼一直待在这里。除了留神察看花园,他们还做了研究,长期遗弃的花园都会发生什么变化,也彼此交流了关于这个问题和这个花园的所有看法。结果,做完这一切后,甲说:"我还是相信有个花匠来过。"乙则讲:"我不信。"到这时,对于他们已在花园里发现的东西,对于如果继续察看还会在花园里发现的东西,对于没人照看的花园多久会变成荒园等等,他俩的不同说法已反映不出任何不同的意思了。因此,到这种时候,在这种背景下,关于花匠的说法不再是一个可经验的假设了,而接受者与拒斥者的差别也不是一个是否期待某种东西的问题了。那么,他们二人的差别在哪儿呢?甲说:"来者是一个无影无声的花匠,他只是通过我们大家熟悉的工作来显现自身。"乙说:"根本就没有什么花匠来过。"而且,就他们关于这个花匠所说的那些话里包含的上述差别来看,随之产生的是他们对于这个

四　宗教语言学　|　131

关于宗教语言的哲学思考源远流长,迈蒙尼德的名著《迷途指津》堪称早期的代表作。这是该书的西班牙语版(1348)插图。

花园的感受方式的差别,尽管事实上没有一个人想借这一差别来期待另一个人并不期待的任何东西。

这则寓言出自剑桥大学哲学教授威兹德姆(John Wisdom, 1904—　)的一篇著名论文《诸神》(Gods)。作者极富想象力地让"甲"装扮成有神论者,"乙"化身为无神论者,"花园"和"花匠"则让人联想到"世界"和"上帝"。简单提示这些,其寓意便凸显如下了:

尽管有神论者与无神论者久争不息,两派说法完全相反,但从经验事实来看,无论目前的还是将来的,论辩双方所陈述的一切并不存在根本分歧,因为他们所面对的是同样的事实或同一个世界,他们的争论就像寓言里两个花园主人的争执一样,其分歧仅仅在于感觉方式和语言概念的差异,即只不过是用不同的语言或命题来表达不同的感受罢了。对有神论者和无神论者来说,他们的不同感受虽有这样或那样的价值,可满足他们各自的需要,但问题在于,他们生活于同一个世界,事实全都摆在那里了,可争论结果却表明,他们用来表达各自感受的命题,都是非事实性的陈述,都是不可证实的。

一则意味深邃的寓言,其影响往往胜过枯燥的长篇大论。一般认为,就是这则寓言把逻辑实证主义的证实原则引进了当代宗教哲学圈子,从而与艾耶尔等人里应外合,掀起了一场旷日持久的宗教用语或神学命题意义之争。接下来登场的"学院派寓意之争",便是接着前述寓言留下来的问题展开的。

弗卢:两个探险家

从前,有两个探险者在一片丛林里发现了一小块开垦过的园地。这里长满了鲜花和杂草。甲说:"肯定有个园丁照看着这块园地。"乙不同意:"这里根本就没有园丁。"于是,他俩安营扎寨,搭起帐篷,轮番观察。结果,没有发现什么园丁。甲又说:"这个园丁可能无影无踪。"然后,他们又用裸露的导线围起了一道电网,并轮流带着几条猎狗巡视(因为他俩记得 H. G. 沃尔所描写的那个"看不见的人",虽然人眼无法看见他,但他有气味,有形体)。可是,没有任何尖叫声表明有人闯进来时遭到了电击,纹丝不动的电线也说明不了有个看不见的人爬了进来,几只猎狗也没有叫过。然而,甲还是不信服:"可这里是有一个园丁,他无影无踪,既感不到电击也没有任何气味或声音,他总是神秘地进来,照看着这个他喜爱的花园。"最后,乙绝望了,对甲质问道:"到底是什么东西使你固执最初的看法呢?就凭你说的那个既看不见又摸不着、永远不可捉摸的园丁吗?这和一个想象的园丁,和根本就没有园丁有什么不一样呢?"①

上述寓言出自英国基利大学哲学教授弗卢(Antony Flew,

---

① 参见弗卢:"神学与证伪",弗卢等主编:《哲理神学新论》(*New Essays in Philosophical Theology*, MacMillian Publishing Co., Inc., 1955),第 96 页。

1923—　）之手,它乍看起来酷似"隐身的花匠",其实别有一番新意,这就是转而从"证伪原则"立论,以更严格的标准来质疑宗教用语或神学命题。

弗卢解释道,这则寓言使我们不难悟出宗教用语或神学命题特有的"危险"和"弊端",即"不可证伪性"。例如,"上帝创造了世界""上帝是有目的的""上帝爱我们,犹如父亲爱子女",这些貌似宇宙论或伦理学的说法,实际上都是不可证伪的。

一般说来,肯定某事物如此,同时相当于否定某事物并非如此。用符号学的语言来说,$P \equiv \equiv \approx \approx P$。因此,假若我们拿不准某人的论断,甚至怀疑他是否有所肯定,常用的一种理解方式就是设法找出与其论断相反的事实,因为如果他的说法真是一个论断或命题的话,那么,该论断或命题对相反的事实必然构成一个否定式;而且可以说,任何有悖于该论断或命题的东西,或能使断言者承认自己判断有误的事物,必定或部分或全部地存在于该论断或命题所否定的意域。所以,若能了解某个论断或命题的否定意域,我们便可把握其意义了;反之,如果某个论断或命题无所否定,也就无所肯定,就不会是一个真的论断或命题。

正是根据上述原则,弗卢向有神论者提出了更严厉的诘难:如果你们真的相信传统的神学命题,那么,能否列举条件或事实来加以证伪呢?因为真理需要检验,假如没有任何东西能证伪神学命题的话,它们便无意义可言,既不值得我们较真,更不值得人们信仰。如同寓言所示,那个怀疑论者(乙)之所以绝望,对有神论者(甲)发出最后的质疑,无非是想挑明:到底有什么东西可使你放弃固执的信念呢?你的最初说法几经检验,几经削弱,还称得上是一个关于事实或真理的论断或命题吗?

黑尔:牛津的疯子

弗卢的话音刚落,牛津大学哲学教授黑尔(R. M. Hare, 1919—)便登台回应。他首先承认,就立论根据而言,弗卢对宗教用语或神学命题的诘难无可挑剔,但他想借另一个寓言来喻明自己的不同观点。这则寓言如下:

在牛津大学校园里有一个疯子,他深信所有的教授都想杀害他。为了消除他的这种念头,朋友们想方设法,把所有能找到的那些最和善、最受人敬重的教授们一一引见给他。每当这些教授里有人退休,朋友们便对疯子解释:"你明白了吧,他实际上并不想杀你;他跟你讲话时多亲切;你现在真该信了吧?"可疯子总是回答:"是吗,那只不过表明他像恶魔一样狡诈,其实他和别人一样,一直算计着我。我晓得这一点,才告诉你们的。"到最后,不管向他引见多少位善良的教授,也不论对他怎么解释,疯子的反应如故。

黑尔指出,我们不妨先用弗卢所主张的证伪方法来检验一下"疯子的理论"。这位疯子显然是被某种东西蒙骗着。问题在于,是什么东西在蒙骗着他呢？是某个真实的还是虚假的论断或命题呢？在疯子本人看来，众教授的言谈举止并不能否证他的理论。因此，根据弗卢的观点，"疯子的理论"也就没有肯定任何东西，没有什么意义。然而，就对待牛津教授的态度而言，这并不意味着"疯子的想法"与"我们的观点"不存在任何差异；否则的话，我们就不会把自己称为"正常的人"，而把他看成"疯子"。那么，造成这种差异的原因又是什么呢？黑尔回答，是不同的"**伯利克**"(bliks)，疯子有一种不健全的"伯利克"，我们的"伯利克"则属健全型的。

此处出现了一个新词"伯利克"。这是黑尔为阐释自己的观点而独创的概念。他首先强调：

> 认识到这一点很重要：我们并不是根本没有"伯利克"，而是具有一种健全的"伯利克"；因为任何争论必有双方——如果疯子有一种错误的"伯利克"，那些对牛津教授抱有正常态度的人就肯定有一种正确的"伯利克"。弗卢已经表明，"伯利克"并不属于某个论断或论断体系；不过，具有正确的"伯利克"还是非常重要的。①

接着，黑尔举了一个经验色彩浓厚的例子，试对"伯利克"的含义与意义做出具体解释。他说，我自己开车时，有时会突然担心方向盘失灵，虽然我从来没有遇到这种事故，我也十分了解汽车操作

---

① 《哲理神学新论》(英文版)，第100页。

系统的制造材料,以及主要的故障原因。汽车操作系统的主要部件选用的都是性能优良的钢材,而方向盘失灵大多是由于钢制零件接口处脱节、钢制操纵杆断裂等等,可我怎么才能知道不会发生此类事情呢?真实的答案只能是:我无法知道。我只是对钢材及其性能抱有一种"伯利克",所以,在正常情况下,我相信汽车所用钢材的安全程度。

但另一方面,我们也不难想象,如果有人失去了上述信任感而倾向于一种相反的"伯利克",他对开车的态度又会如何呢?拿我来说,我就永远不会再开车。显然,一旦我抱有这样一种"伯利克",不论多少次安全驾驶的例证都无法使之改变或消除,因为此类例证或检验毕竟是有限的,而我的"伯利克"与这有限数量的例证或检验是有可能和谐共存的。进一步讲,别人当然可指出,我对汽车所用钢材持有的是一种不正常的"伯利克",是荒唐可笑的;但这并不能否认我们各自的"伯利克"是不一样的,是有现实差异的,而这种差异必然导致我们各自的不同选择及其行为。在黑尔看来,这正是休谟哲学留给我们的主要启示:

> 我们与这个世界的全部交流活动都取决于我们对这个世界抱有的"伯利克";而关于世界的诸多"伯利克"的差异,是不可能通过观察这个世界上所发生的事情来予以解决的。①

---

① 《哲理神学新论》(英文版),第101页。

虽然黑尔本人一直没有明确界说"伯利克",但综合他那环环相扣的解释,从"疯子的寓言"经"开车的例子"到"休谟的启迪",我们可以大致把握这个独特的概念。一方面,所谓的"伯利克"显然是指一种"基本信念",我们不妨借用传统哲学术语称之为"世界观";另一方面,黑尔再三强调,这种"基本信念"或"世界观"具有绝对的"非逻辑性"和"超验性",或用分析哲学语言来说,这种东西是既"不可证实"也"不可证伪"的。以上两点恐怕就是黑尔为什么不愿用现有的哲学概念而去重造一个新词的主要原因。

正是立论于"伯利克"这个新概念,黑尔试图指明弗卢等人的宗教语言观的偏颇之处。如前所见,弗卢是完全站在逻辑实证主义者一边向传统的宗教用语或神学命题发起挑战的。黑尔指出,弗卢等人所选择的这种哲学立场,其偏颇之处就在于,误把宗教用语或神学命题看成"一种解释"(an explanation),即自然科学家们通常所理解或接受的那种意义上的解释。如果照此来看,宗教用语或神学命题自然也就显得不合逻辑、荒谬绝伦了。譬如,对深受科学熏陶的现代人来说,谁会相信"上帝和阿特拉斯[①]一样顶天立地"呢?

可值得深究的是,能否把"神学命题"视同为"科学命题"呢?或者说,能否用"科学的解释"来取代"宗教的解释"呢?按黑尔的看法,这二者无疑是有明显差异的,不宜简单混同;更何况,这二者的表面差异之下还隐含着基本信念的分歧,即不同的"伯利克"。

---

① 阿特拉斯(Atlas),见于古希腊神话,是肩扛天宇的提坦神。

没有"伯利克",就不可能有解释;因为我们正是根据自己的"伯利克"才决定了何谓解释、何者不成解释。不妨假设,我们曾经相信,过去发生的一切纯属偶然。这当然不会成为一种断言;因为它是和任何正在发生或不在发生的事情相容的,也是与其偶然碰到的矛盾因素相容的。但是,假如我们抱有这种信念,我们就不可能去解释、预测或计划任何事情。这样一来,尽管我们不应对任何不同于某种较正常的信念的东西有所断言,可我们之间还是存在一种巨大的差异;而这也就是存在于那些真的相信上帝的人与那些真的不信上帝的人之间的所谓差异。①

黑尔总结道,我的寓言和弗卢的寓言相比,有如下重大区别:弗卢所寄意于的那两个探险者并不"介意"(mind)他们发现的那块园地,他俩之所以就那块园地争来争去,只是出于兴趣,根本不抱"关切"(concern);而我所说的那个疯子,却对牛津大学的教授们格外"介意",我所讲的"那个作为驾驶者的我",也对自己车子的方向盘十分"介意",因为常有我所"关切"的人搭乘我的车子。换个角度讲,如果我是弗卢笔下的探险者,肯定会特别"介意"那块园地上正在发生的一切事情,因为这里也就是我"发现了自己"的地方,我不可能分享那两位探险者的"超然态度"。

由此可见,对弗卢等人的挑战,黑尔的寓言及其阐释采取了这

---

① 《哲理神学新论》(英文版),第 101—102 页。

样一种以守为攻的策略:首先承认,宗教用语或神学命题确是无法用经验事实来证实或证伪的,但紧接着强调,此类不可证伪的语言或命题所表达的基本信念有其不可忽视的重要意义。

米切尔:记游击队员

这则寓言的讲述者是牛津大学哲学教授米切尔(Basil Mitchell,1917—),他所代表的是第三种观点:既对弗卢等人的诘难还以质疑,又对黑尔的立场加以修正,力求说明宗教用语或神学命题不但是有重要意义的,而且是"一种不乏经验根据的陈述"。

战争时期,在一个被占领的国家里,有个游击队员某天晚上遇到了一个陌生人。这天晚上,他俩彻夜长谈。陌生人对游击队员讲,他也是站在抵抗运动一边的,而且还是领导人;同时,他要求这个游击队员,无论发生什么事情,都要相信他。初次见面,陌生人的坦诚态度和坚强性格就给这个游击队员留下了深刻印象。因而,他很信任那个陌生人。可从那以后,两人再没有私下里碰过头。有时,朋友们告诉这个游击队员,陌生人帮助了很多抵抗运动成员,他就高兴地说:"他是我们这边的。"但有时,人们又看见那个陌生人身着警服,抓了不少游击队员交给敌方。这时朋友们就抱怨开了,可这个游击队员还坚持说:"他是我们这边的",因为他依然相信,不管表面上看起来如何,陌生人并没有欺骗过自己。有时,他求助于那个陌生人,并得到了帮助,他便很激动;可有时,他的求助没有任何结果,这时他就说:"那个陌生人知道怎么办最好。"每当这时,朋友们便恼怒地问道:"你说,那个陌生人非得干出些什么事情,你才能承认自己错了,才能承认他不是我们这边的?"对于这种质问,游击队员总是拒绝回答,因为他不赞成用这种办法来验证那个陌生人的真实身份。最后,朋友们禁不住对他发牢骚了:"好吧,要是你所说的——'他是我们这边的',只不过是这么一种默认,那他还是赶快跑到敌人那边吧,越快越好!"

和前两个寓言相比,这则寓言更像一个情节曲折的故事,因为它有更现实的背景,更戏剧化的冲突。据米切尔的解释,这个寓言的立意首先在于表明,作为主人翁的游击队员不容许任何东西从根本上否定自己的命题——"那个陌生人是我们这边的",因为这将诋毁他的基本信念及其正义事业——抵抗运动。当然,他也清醒认识到,那个自称领导者的陌生人,其身份和行为都是暧昧不明的,是与自己一夜间形成的高度信任感相冲突的。可在他看来,真正的信念及其事业怎能不经受充满冲突或矛盾的考验呢?

其次,耐人寻味的是这样一个具体情节:当这个游击队员求助于陌生人却得不到任何结果时,他可作哪些选择呢?米切尔指出,他的选择不外两种:(a)据此断定,"那个陌生人不是我们这边的";(b)坚持认为,"那个陌生人是我们这边的"。显然,以上两种选择都不缺少经验事实根据。问题在于,这个游击队员断然拒绝了第一种选择,而第二种选择又能坚持多久呢?

米切尔认为,对这种眼下尚无结果的事情,恐怕没有人能预先找到答案。目前只能判断:这首先取决于那个陌生人给游击队员留下了什么印象;其次取决于这个游击队员以何种方式去领会陌生人的所作所为。据此可想见,假如仅仅由于一时没有得到帮助,这个游击队员便放弃了自己的信念及其事业,那他将被看做一个不正常的、没有思想的人;可另一方面,他显然不能轻易作出如下解释:我之所以坚持"那个陌生人是我们这边的",其根据就在于该人的诸多暧昧举动,因为这样一来,他便和某些稀里糊涂的宗教徒没什么两样了,无异于用"上帝的意志"来解释一场可怕的自然灾害。

以上分析表明,如果这个游击队员充分体验到了某些经验事实的确与自己的命题或信念相冲突,那么,我们只能把他的说法或选择看做正常的、有理智的。米切尔强调:

> 我的寓言区别于黑尔寓言的地方就在于此:这个游击队员承认,很多事情可能而且确实跟他的信念发生冲突;而黑尔所说的那个对牛津教授抱有一种"伯利克"的疯子,却不承认任何东西跟他的"伯利克"发生冲突。有什么东西能跟"伯利克"相冲突呢?此外,这个游击队员有一种根据,使他自己从一开始就有所依托,这就是那个陌生人的性格;而疯子对牛津教授抱有的那种"伯利克"却是毫无根据的。①

---

① 《哲理神学新论》(英文版),第105页。

米切尔强调上述区别,是为了进一步回应弗卢等人的挑战。他就此阐明了两点:(a)弗卢等人提出的问题的确是尖锐的、有深度的,我同意他们的观点,宗教用语或神学语言也必须构成"论断或命题",譬如,寓言里游击队员的说法便构成了一个论断或命题——"那个陌生人是我们这边的";(b)但弗卢等人对宗教用语或神学命题的看法是不尽中肯的,因为前述分析已表明,宗教论断或神学命题无论在什么意义上都可看成"一种解释",譬如,这个游击队员的论断或命题就是对陌生人行为所作的解释,而且该论断或命题所表达的信念有助于解释陌生人活动背景下的那场抵抗运动。

希克:两个旅行者

有两个人同路旅行。其中一个人相信,这条路通往天国,另一个人则认为目的地并不神圣,可眼下的路只有这一条,他俩只能结伴而行。这条路他俩谁也没有走过;因此,谁也说不出将在每个拐角处发现什么。旅途上,他们有过开心快乐的时候,也有碰到艰难险阻的时刻。一路上,其中的一个人无时不把这次旅行看做天国朝圣。所以,她把那些快乐时光解释为对自己的鼓励,而把艰难险阻解释为对自己目的的考验,对自己耐力的教导,所有这些都是天主预先设计好了的,为了使她抵达天国后能成为一个合格的公民。然而,另一个人则不信这一套,只把他们的旅程看做一种不可避免的、漫无目的的游荡。

既然他在这种事情上别无选择,只好随遇而安,有好处便享有,见坏处就忍受。对他来说,并不存在什么尚待奔赴的天国,也不存在什么包罗万象、注定旅程的目的,存在的只是这条路本身,以及一路上天气好坏之类的运气。①

这个寓言的意蕴何在呢?不难看出,所谓的"**旅行**"在希克的笔下意指"人生之旅",两位旅行者的态度及其感受则来自不同的"人生目的"。希克首先指出,这两个人在整个旅途中的分歧并不是某种经验意义上的争论,也就是说,他俩怀有的不同期待只跟目的地相关,而和一路上碰到的具体事情没有多大关系。然而,这并不意味着他俩的不同期待是不可证实的。等走过最后一个拐角,结果就会一目了然,他俩必有对错之分。所以说,他们的分歧虽然一直都不带有经验的性质,但仍属于一场有现实意义的争论。正因如此,不仅他们对整个旅途的不同感受存在着是否符合实际的区别,而且他们对一路境遇的相反解释也构成了有竞争性的两种断言或两个命题。不过,这里说的"断言或命题"有特殊性,即它们只有等转过最后一个路口才能成立。

希克接着解释,这则寓言的创作动机仅想表明:在犹太教或基督教那里,所谓的有神论实质上是以"一种终极的、确定性的存在"与"我们现有的、不确定性的存在"为出发点的。这就意味着:既存

---

① 希克:《宗教哲学》(*Philosophy of Religion*, the third edition, Prentice—Hall, Inc., 1983),第101页。

四 宗教语言学 | 145

有没有天堂,谁能上天堂?这在西方学界是一场古老的争论。

在着一种抵达状态,也存在着一种跋涉状态;既存在着一种永恒的天国生活,也存在着一种尘世的朝圣过程。不必否认,这种有神论作为现有经验的一种解释,是不可能用所谓的"未来经验"来加以证实的;但同样不可否认的是,在有神论和无神论之间,"未来的经验"完全可为我们提供一种选择,而且是一种实际的、并非空洞的或字面意义上的选择。

针对前几则寓言留下的解释难点或主要问题,希克认为,这个新寓言可为研究者提供以下几点富有建设性的意见:

(a) 就一个事实性的论断而言,所谓的"证实"并不等于"逻辑证明"。证实观念的核心思想在于,排除理性怀疑赖以存在的诸多根据。例如,命题 P 已被证明,就是指某事的发生已明确表明 P 为真,因而对该命题来说不存在怀疑的余地了。

(b) 所谓的证实有时需要这样一个先决条件:亲临某一境况,或从事某种特殊活动。例如,要想证明"隔壁有一张桌子",只有走进这个房间,才有作证的资格。

(c) 一般说来,虽然"可证实的"意指"可公开证实的",即原则上能被任何人所证实。但这并不等于说,某个已知可被证实的命题,事实上可被或将被所有的人给以证实。换言之,对任何一个特殊的、真实的命题来说,给以证实的实际人数都有赖于各种各样的偶然因素。

(d) 就某个命题而论,一方面在原则上是可被证实的,另一方面在原则上却是不可证伪的。例如,"π 的小数点值里有三个连续的7",现有的计算结果并没证实这个命题。可是,由于这道题可无限地演算下去,很有可能在数学家目前尚未达到的某个计算结果里真会出现三个连续的7。因此,假若该命题为真,将有一天可被证实;假若为假,则永远不可证伪。又如,根据基督教的"来世观念",一个人的肉体死后,他还有意识,能够经验,而其经验里必然包括关于肉体死亡的记忆。上述预言若是真的,可由死后的经验证实;若是假的,则无法证伪。

说到这里,我们可做小结了。从威兹德姆、弗卢到黑尔、米切尔和希克,一连串富有哲理性的寓言,形象地喻示出了宗教语言或神学命题在意义问题上存在的诸多疑难。从晚近的文献来看,关于宗教语言的神学哲学研讨就是围绕着这些疑难层层深入展开的,探索进路大体上可从如下两方面来把握:

(a)狭义的宗教语言意义问题研究。这里说的"狭义"不带"贬义",而是指针对艾耶尔等人的挑战,深入探讨宗教语言与科学语言的逻辑异同,以解释下列主要问题:传统的宗教语言特别是神学命题到底有什么意义呢?有无经验前提呢?有哪些证据或根据呢?其证实标准又是什么呢?

就这方面的进展而言,目前最引人注目的是普兰丁格(Alvin Plantinga,1932—)和斯温伯恩(Richard Swinburn,1934—)的研究成果。前者通过发掘加尔文的思想资源,否定传统的自然神学,扬弃近代哲学的基础论原则等环节,用分析哲学方法和当代逻辑语言,严格地论证了"宗教命题的合理性"。后者则综合科学哲

巴黎圣母院里的巨大彩绘玻璃窗上布满蔷薇花饰,簇拥着《圣经》里的人物故事,堪称"象征性宗教语言"的杰作。张志刚摄于巴黎圣母院。

学、宗教哲学、语言哲学等领域的新观点,用归纳逻辑证实论的符号和公式,系统地推导了"传统神学的核心命题"。

(b) 广义的宗教语言意义问题研究。这条探索进路是相对于"狭义的宗教语言意义问题研究"而言的,主要倾向在于,有意克服"科学命题与神学命题语义之争"的局限性、狭隘性或偏颇性,转而注重文化背景与宗教语言的关系问题,通过反省现代文化背景下的人类生存难题,试用新的观念、理论和概念等来阐发宗教语言的特性、意义或功能。

由于这条进路过宽,难以历数探索足迹。这里仅举出三种有影响的理论供读者参考：蒂利希（Paul Tillich，1886—1965）的宗教象征理论，有助于重新思考宗教语言的特性；布尔特曼（Rudolf Bultmann，1884—1976）的解除神话理论，有助于重新解释宗教经典的意义；范·布伦（Paul van Buren，1924—　）的"宗教语言边缘理论"，有助于理解宗教语言在现代人类语言活动范围里的独特处境和复杂功能。但需要留意，以上三位学者的启发性，主要是就方法论观念而言的，而不是指他们的具体观点或结论。

五

宗教文化学

  宗教与文化的问题,好比一张复杂而广泛的关系网,它把社会生活方式跟精神信念、价值观念联系起来了,这些精神信念和价值观念被视为社会生活的最高法则、以及个人和社会行为的最高准则;要想研究上述关系,只能从具体的背景入手,也就是如此种种关系所归属的整个历史实在。

——道森

  在所有的人类活动和人类文化形式中,我们所发现的是"多种功能的统一"。艺术给予我们直观的统一;科学给予我们思维的统一;宗教和神话则给予我们情感的统一。艺术为我们敞开了"生活形式"的世界;科学为我们揭示了规律与原则的世界;宗教和神话则起始于,人类意识到生命的普遍存在和根本同一。

——卡西尔

宗教文化研究,向我们揭示的是"一张复杂的关系网"。王惕:《喇嘛文化》,工笔重彩,"首届中国宗教艺术展"(北京大学宗教文化研究院、北京大学图书馆主办,2014)参展作品。

在当代人文科学领域,"宗教文化研究"已被推到了学术前沿,吸引了众多一流学者,他们开展的大量探索,如拓荒者群策群力,正在宗教与文化的相汇处或结合部为一门新学科奠基,这就是交叉性或综合性极强的宗教文化学。

说到该领域的开拓者,前面介绍过的韦伯和马林诺夫斯基当属其列,本章限于篇幅只能再推举三位,他们是道森、汤因比和卡西尔。尽管这5位开拓者的探索足迹不能尽显宗教文化学的交叉性或综合性,但笔者仍寄两点期望:(a)通过汇总他们的思路,勾勒出这门新学科的方法论立意;(b)再经过点评方法论上的启发性,让读者来畅想"本篇未竟的学术纵横"。

道森

道森(Christopher Dawson,1889—1970)是当代著名的历史哲学家、宗教哲学家和文化史学家,代表作有:《进步与宗教》《宗教与现

克里斯托弗·道森（Christopher Dawson, 1889—1970），当代著名的文化哲学家、历史学家和文化史学家，也有人称他为社会学家和宗教哲学家，甚至称他为"新时代的先知"。

代国家》《宗教与文化》《宗教与西方文化的兴起》《中世纪论文集》等。

从传记资料来看，道森跟宗教文化史研究有不解之缘。他从小就生活于浓厚的宗教氛围，父亲是布雷肯的副主教。在牛津大学三一学院读完本科，他前往瑞典学习经济，但一年后就重返牛津大学改修历史学和社会学。就在这时，他深为特罗伊奇（Ernst Troeltsch）研讨宗教与文化的著作吸引，从此便把毕生精力倾注于宗教文化史，以求揭示文化变迁是怎样跟宗教信仰形影相随，又是如何以宗教信仰为基本动因的。

"宗教是历史的钥匙"

本节标题是句名言，出自著名的英国历史学家阿克顿勋爵（Lord Acton, 1834—1902）。它被道森视为学术生涯的座右铭。把传统的历史观念引向全新的文化视野,通过探究宗教与文化的深层联系而树立一种整体性的文化史观,这是道森一生的追求。

真正的文明实质上是一种精神秩序,因而其准则并非物质财富,而是精神洞见。文明所追求的是一种 Theoria,即一种对实在的直觉,所谓的实在既表现于形而上的思维,又反映为艺术创作和道德行为的结果。①

譬如,中国文明的最高境界在于,对宇宙规律的洞见和儒家的伦理观;这种境界在印度文明那里表现为,对绝对存在的洞见和圣人的道德观;希伯来文明的最高境界则在于,对理智世界的洞见和哲学的伦理观。由此可见,凡有生机的文化都有精神的动力。一般说来,这种动力来自宗教传统。

宗教与文化的问题,好比一张复杂而广泛的关系网,它把社会生活方式跟精神信念、价值观念联系起来了,这些精神信念和价值观念被视为社会生活的最高法则、以及个人和社会行为的最高准则;要想研究上述关系,只能从具体的背景入手,也就是如此种种关系所归属的整个历史实在。②

道森属于那类大器晚成的学者,直到 40 岁左右才着手著书立

---

① 道森等:《论秩序》("Essays in Order",*Image Books*,1939),第 239 页。
② 道森:《宗教与西方文化的兴起》("Religion and the Rise of Western Culture",*Image Books*,1958),第 12 页。

说,这使其言论一开始就显得沉稳:我想要探讨的是这样一种至关重要的历史性关系——宗教与文化。从以往的研究来看,社会学家常常低估了宗教的社会功能,宗教学家则偏重于宗教的心理作用或伦理意义。如果真像我相信的那样,凡在文化上有生气的社会必有某种宗教信仰——无论明显的还是隐秘的,而宗教信仰又在很大程度上决定着该社会的文化形式,那么,有关社会发展的全部问题,便必须从宗教与文化的内在关系入手来重新研讨了。①

道森后来的说法显得严谨多了。宗教信仰虽然远离社会生活,但它却为社会生活注入了精神因素,引导着人类迈向更高的实在境界。所以,无论对人类的历史还是对个体的经验,宗教信仰都起着潜移默化的重大影响。若把某种文化看做一个整体,我们就会发现,宗教信仰与社会成就固有内在的关系,"甚至连一种特别注重来世、看似全盘否定人类社会的价值与规范的宗教,也会对文化产生能动作用,并为社会变革运动提供动力。"②

正是本着上述思路,道森重新考察了西方现代文化的起因。

现代文化何以兴起

为什么现代文化兴起于欧洲大陆呢?为什么现代文化能在征服自然、改造世界的过程中取得巨大的成就呢?以往的学者大多以

---

① 参见道森:《进步与宗教》("Progress and Religion", *Image Books*, 1960),"前言"。
② 参见道森:《宗教与西方文化的兴起》(英文版),第14—15页。

"宇宙进化法则"来解释现代文化的起源,将其成就归于世俗原因,像经济扩张、军事侵略等。

但道森认为,此类解释不足以立论,因为它主要是以"非理性的乐观主义"为根据的,而这种乐观主义正是以往的学者想要解释的那些文化现象的一部分。值得深究的是:从欧洲文化传统来看,到底哪些因素才能真正说明现代文化的兴起与成就呢?一旦涉及这个问题,宗教信仰的历史作用便显得格外重要了。

如前所述,宗教与文化固有至关重要的内在关系。因而,人类历史上形成的诸多文化现象,实际上标志着宗教信仰与社会生活相结合的不同类型。总的看来,东方的宗教信仰,像中国的儒家学说、印度的种姓制度等,都已融入了某种神圣的秩序,以致社会生活的方方面面都由神圣秩序主宰。所以,东方文化千百年来相对稳定。那么,为什么欧洲文化能不断变化呢?道森认为,这是因为**西方的宗教观**并不崇拜某种永恒而完美的偶像,而是致力于一种化作人性、改造世界的精神。所以,在西方文化的演变过程中,宗教信仰既没被束缚于某种神圣的秩序,也没被局限于纯粹的宗教范围,而是获得了独立自由的社会地位,这就使其能对理智活动和社会生活产生长远影响。

例如,西方工业革命看似纯属物质方面的成就。其实,如果没有新教观念所支持的道德心与义务感,这场具有划时代意义的工业革命根本就不可能发生。关于这一点,韦伯作过深入分析,无须多谈。

中世纪的圣经手抄本插图,图下方是两位正在抄写的师徒。按照道森的文化史观,这种情形不仅是在"抄写经典",而且是在"抄写传统"。

再如文艺复兴和人文主义,表面看来,它们是以世俗主义和自然主义为鲜明特征的,其实也深受宗教传统的影响。文艺复兴不但始于那场重新发现古典文化的思想运动,而且扎根于"充满神秘色彩的人文主义"。这种神秘思潮的倡导者是圣方济各、但丁等人,文艺复兴后期的代表人物里则有大量追随者。道森感叹：文艺复兴时期的杰出人物是精神伟人，他们之所以具有伟大的精神力量，用来征服物质世界、创造出一种新的世俗文化，难道跟悠久的宗教传统和他们的宗教信仰无关吗？

的确，人文主义掀起了一场观念变革，其主旨在于："回归自然""重新发现自然和人的意义"。可是，这场观念变革的推动者并非"自然意义上的人"（the natural man），而是"信基督教的人"（the Christian man），也就是那些历经 10 个世纪的苦苦修行而培育起来的基督徒。愈是深入考察人文主义，愈会清楚地认识到：人文主义兴起的基本文化动因不仅是精神的，而且是宗教的。①

因此，若要揭示现代西方文化的起因，便决不可忽视宗教文化传统的历史积淀过程，尤其不可低估那段处于现代文化前夜的、以基督教文化为特征的历史，因为不仅现代文化所必需的精神力量，甚至包括现代文化的先驱者们，都是在这段历史中孕育而成的。正是怀着这样一种浓重的历史感，道森把一生的大部分精力投入了相对冷僻的中世纪文化史研究。

为"黑暗时代"翻案

"西方的中世纪"在历史教科书里被描述为"黑暗的时代"。这是现代理性主义历史学家的定论。怎么能为这种时代翻案呢？道

---

① 以上例证参见《宗教与西方文化的兴起》（英文版），第 15—16 页。

森一语惊人:"中世纪"一词是由文艺复兴以后的理论家杜撰出来的,是用来贬低甚至抹杀一段长达千年的历史进程的!

按他们的观点,以古希腊罗马为代表的古典文明和以欧洲为中心的现代文化,在西方历史上灿烂辉煌,值得大书特书,"中世纪"则是处于二者间的"空白"。因此,在很长一段时间里,历史教科书是由那些深受启蒙运动熏陶的历史学家持笔的。他们把中世纪视为"宗教统治严酷、理智活动消沉、社会生活衰败的黑暗时代","从古典文明走向现代文化途中的荒漠旷野",故对这段长达千年的历史一笔带过甚至略而不提。

道森申明,自己是在相反的意义上来理解"中世纪"这个概念的,自己所关注的并非"那段空白的或间歇的历史",而是基督教文化史研究。这种历史之所以值得探讨,并不在于它本身的缘故,而是因为它是一种新的文化模式的精神源泉,也就是我们在社会学意义上称为欧洲的这个整体的文化根源。

宗教文化史可谓晚近历史研究中的显学,其中尤以基督教文化史的研究成果令人瞩目。虽然道森算不上该领域的开拓者,但他对宗教文化史确有独到见解。在他看来,世界上的几大宗教犹如"神圣传统的历史长河",它们源远流长,流经一个个时代,浇灌着诸种伟大的文化。

但就绝大多数宗教传统而言,要想追本穷源,实在相当困难,因为它们的源头已消失于远古时代的文化遗迹。因此,研究者很难找到一种能从整体上来回顾宗教历程的文化类型。可是,以基督教为特征的西方文化却属例外。从研究现状来看,我们不但较全面地了解基督教产生的背景,掌握早期教会留下的资料,而且能较完整地再现它传入西方文化的过程。

当然,基督教文化史研究也有不少困难。道森认为,最大的困难在于,现有的资料不是太少而是过多,这便导致了该研究领域的专业化倾向。这种专业化倾向有利也有弊:一方面,形成了诸多独立的研究方向,从不同角度丰富了历史知识,从而有助于打破以往对中世纪的陈腐成见;另一方面,这种分而治之的专业化倾向,显然无法全面把握宗教与文化的关系问题,其不良后果主要在于,把本应综合考察的文化因素割裂开来了,以致基督教与整个西方文化进程的互动性这个关键课题被忽视或被冷落了。

更发人深省的是,所谓的宗教,在道森看来,并非一种抽象的意识形态,也不仅是一种古老的精神资源,而且是一种绵延历史的文化传统和潜移默化的文化习俗。他针对以往研究中的一大罅漏指出,在中世纪文化史研究中,历史学家往往把注意力集中于"高层次的问题",像政治的、思想的、理智的等,他们没有意识到这些问题在长长的历史画卷上只占很小的一部分;实际上,真正对平民百姓和社会生活影响最大的还是文化习俗或宗教传统,尽管这种影响既很难观察又很少记载,但可以肯定,当中世纪后期的政治家致力于改革社会制度,思想家热衷于复兴古典文化时,平民百姓仍生活于中世纪的宗教信仰氛围。

综上所述,道森的思路可概括为:以中世纪文化史研究为突破

□来重新阐释现代西方文化的起因。他在这方面的成就浓缩于篇幅不长的《宗教与西方文化的兴起》。要是把握上述思路,那就能掂量出这部宗教文化史名著里最后几行文字的分量了。

> 我一直在描述的这些世纪的重要性,是无法在它们业已创造或力图创造的外在秩序中发现的,而只有在它们给西方人的心灵所带来的内在变化中方可察觉,这是一种永远也不可能被根除的变化,除非全盘否定或彻底毁灭西方人本身。①

汤因比

20世纪中叶,一部资料充实、见地新颖的巨著轰动了国际学术界,这就是著名历史学家、历史哲学家汤因比(Arnold Joseph Toynbee,1889—1975)的《历史研究》(1934—1954)。这部长达12卷的鸿篇巨制,纵贯古今,博论东西,通过比较近六千年来的人类史,力图揭示诸种文明形态兴衰演变的基本模式,阐发一种新创的历史哲学体系——文明形态理论。通览全书,作者所潜心的历史解释思路就是,深究宗教传统与文明社会(广义的文化)的关系问题。

---

① 《宗教与西方文化的兴起》(英文版),第224页。

"文明是历史的单位"

历史研究的"单位"(unit)是什么?通俗些说,历史学家的工作应从何入手呢?这是汤因比首先追究的问题。在《历史研究》里,他提笔就批评了以往历史研究的一大缺陷。近几百年来,"民族主权国家"登上了历史舞台,其明显特点在于独立自主、自给自足。这便诱使历史学家的目光停留于历史表象,把一个个民族国家当作"历史研究的基本范围"。就欧洲而言,其实没有一个民族国家能独立地说明它自身的历史问题。无论近代国家的典型——英国,还是古代国家的典型——古希腊城邦,都证实了如下判断:

> 历史发展中的诸种动力并非民族性的,而是出于更广泛的原因,这些动力作用于每个部分,除非综合考察它们对整个社会的作用,我们便无从理解它们的局部作用。所以,为了理解各个部分,我们首先必须着眼于整体,因为只有这个整体才是一种可独立说明问题的研究范围。①

那么,这种"可独立说明问题的研究范围"是什么呢?汤因比回答:是文明社会。概括他的多处解说,文明社会的规定性主要如下:(a) 在历史研究中,只有两个可独立说明问题的范围,一是原始

---

① 汤因比:《历史研究》(*A Study of History*, Abridgement of Volumes I-VI, Oxford University Press,1947),第3、5页。

阿诺德·约瑟夫·汤因比（Arnold Joseph Toynbee, 1889—1975），英国著名历史学家，他曾被誉为"近世以来最伟大的历史学家"。汤因比对历史有其独到的眼光，他的 12 册巨著《历史研究》讲述了世界各个主要民族的兴起与衰落，被誉为"现代学者最伟大的成就"。

社会，一是文明社会；(b) 一个文明社会就是一个历史整体，该整体既不是某个民族国家，也不是全人类，而是某个具有一定的时空联系的群体，该群体一般由数个同类型的国家构成；(c) 就结构而言，文明社会主要由政治、经济和文化三个剖面组成，其中政治和经济是次要的，而文化是精髓，所以，若想识别文明形态，当以文化作为根据。①

以上观点主要来自汤因比对英国历史的回溯性考察。从现代到古代，大致可把英国的历史划为如下章节：工业经济制度的建立（始于 1775—1880）；责任制议会政府的建立（始于 1675—1770）；海

---

① 以上规定性依次参见《历史研究》（英文版），第 35、5—11、3、7、408 页。

外扩张(始于 1550—1575);宗教改革(始于 1525—1550);文艺复兴(始于 1475—1550);封建制度的建立(始于 11 世纪);宗教改信(始于 6 世纪末)。

先看最后一章,若想了解英国的工业革命,既要考察西欧的经济状况,也要分析非洲、美洲、俄罗斯、印度和远东的经济情况。因此,就空间范围而言,这时英国所属的文明社会几乎包括了整个世界。

再看责任制议会政府,一旦从经济方面转到政治方面,这个文明社会的空间范围便缩小了。显然,英法两国的政治制度不适合于俄罗斯的罗曼诺夫王朝、土耳其的鄂图曼王朝和印度斯坦的帖木儿帝国等。

接着考察前几个的章节,海外扩张不但限于西欧,而且限于大西洋沿岸国家;宗教改革和文艺复兴,显然跟俄罗斯、土耳其等的宗教文化状况无关;英国的封建制度也跟拜占庭、伊斯兰教国家的封建制度无关;真正值得重视的则是英格兰人改信基督教,正是这一事件把 6 个野蛮社会组成了一个新的文明社会。

从上述历史考察可得到一种"**空间剖视方法**"。汤因比指出,用这种方法来剖视英国历史进程时,"我们不能不划分社会生活的不同层面——经济的、政治的和文化的,因为显而易见,随着我们把注意力转向不同的层面,整个社会的空间范围也明显地变化了。"①就英国所属的文明社会而言,尽管目前其经济、政治剖面已具有世

---

① 《历史研究》(英文版),第 7 页。

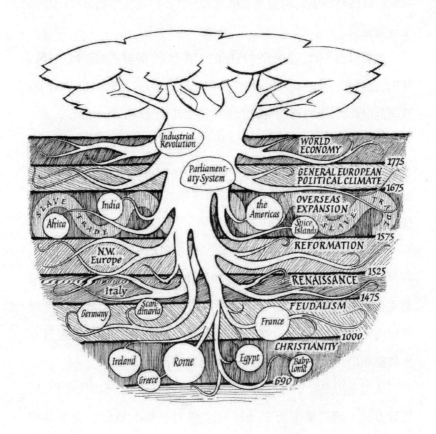

汤因比以"剖析英国史"为例,有力地论证了任何一个文明社会均有其文化根源。

界性，但文化剖面的空间范围是相对稳定的；而且越往前剖视则可发现，经济、政治剖面的空间范围日趋缩小，逐渐与现今文化的空间范围相重合。

因此，汤因比以文化为根据，先把英国所属的文明社会定性为"西方基督教社会"，又将其他4个现存的文明社会取名为"东正教社会""伊斯兰教社会""印度小乘教社会"和"远东大乘教社会"，然后通过比较这5个文明社会的"亲属关系"，概括出了下列26个文明社会：

西方社会、东正教社会、伊朗社会、阿拉伯社会、印度社会、远东社会、希腊社会、叙利亚社会、古印度社会、古中国社会、米诺斯社会、苏美尔社会、赫梯社会、巴比伦社会、埃及社会、安地斯社会、墨西哥社会、于加丹社会、玛雅社会。其中，东正教社会可分成拜占庭东正教社会和俄罗斯东正教社会；远东社会可分为中国社会和朝鲜社会。此外还有5个"停滞的文明社会"，波利尼西亚社会、爱斯基摩社会、游牧社会、斯巴达社会和奥斯曼社会。

回顾上列文明社会的形成演变过程，它们大多是某个或几个文明社会的"母体"或"子体"。但是，这种固有的历史继承性并不排斥它们的可比性。汤因比主要做了以下两点论证：先就时间意义而言，历史最长的文明社会不过三代，时间跨度刚超过6千年。所以，从时间指标来看，文明社会是很年轻的，原始社会则几乎是与人类同年的，即使就平均估计数字来说，其存在时间也有30多万年了，相比之下，文明社会的历史长度只占人类历史的2%。因此可假定:所有的文明社会在哲学意义上都是属于同一时代的。

再就价值意义而论,和时间一样,所谓的价值也是一个相对的概念。要和原始社会相比,所有的文明社会都取得了巨大的成就;可跟任何理想标准相比,这些成就又都是微不足道的了。因而可假定:所有的文明社会在哲学意义上都是具有同等价值的。

在解释自己的历史观时,汤因比指出,自己的最重要的论点有二:(a) 历史研究中可独立说明问题的最小范围是文明社会;(b) 所有的文明社会就哲学意义而言都是平行的、同时代的。[①] 这两个论点之所以重要,就在于它们是这位思想家展开文明社会比较研究的起点,建构一种新的历史哲学体系——文明形态理论的基石。

文明社会泛宗教观

如前所述,汤因比根据文化来划分文明社会。那么,"文化"指什么呢?他广泛吸取了人类学、社会学、心理学等学科的成果,用文化范畴来总括某个文明社会所特有的精神活动;在他看来,精神活动以价值体系为标志,价值体系则以宗教信仰为根基;因此,以宗教信仰为根基的价值体系,不但制约着精神活动,而且从根本上决定着一个文明社会的经济、政治乃至全部活动。关于这一点,汤因比在与日本宗教活动家池田大作的对话中做过明确解释。

---

① 参见汤因比:《文明:经受着考验》(*Civilization on Trial*, Oxford University Press, 1947),第8—9页。

谈到文明社会的生机源泉时,汤因比指出,自古以来,创建文明社会的起码条件就是生产剩余——能生产出超过最低生活需求的物质资料,这才有可能使人们从事政治、艺术、科学、哲学、宗教等活动。但从根本上说,生产剩余只是一个必要条件,真正促使各个文明社会形成与发展的生机源泉则是宗教信仰。这无论对长达三千年的埃及文明还是对历史更悠久的中国文明来说都是如此。

譬如,有两个古老的文明社会是在埃及和伊拉克形成的。当初,人们要把荒地变成良田,把难以支配的自然环境改造成适于生活的人类环境,就必须修建大规模的水利设施,而如此大的工程必须万众一心,致力于同一个远大的目标。这便表明:社会权威和社会协作在一开始就出现了,而这种社会性的权威和协作必定扎根于领导与群众共有的宗教信仰。为什么这么说呢?显然,只有以社会性的宗教信仰作为精神纽带,激发精神力量,才有可能致力于社会经济活动,创造出更多的物质财富,从而出现生产剩余现象。

所以,"一种文明形态就是其宗教的表达方式"。① 一旦某个文明社会对其宗教失去了信仰,势必走向衰落,或在内部陷入社会崩溃,或从外部遭受军事攻击,直到被一种新文明形态所取代。例如,古埃及文明衰落后,伊斯兰教文明取而代之;古希腊文明衰落后,取代者则是基督教文明;又如,古代中国文明千百年间深受儒教统治,鸦片战争使之开始解体,其结果是,以共产主义为信仰的新中国文

---

① 汤因比和池田大作:《选择人生》(*Choose Life*, Oxford University Press, 1976),第287页。

明兴起了。

从以上解释及其例证来看,汤因比的宗教概念显然不属于传统意义上的"信仰主义",而是一种现代形态的"泛宗教观"。这是读者阅览他的论著时需要留意的。譬如,《选择人生》一书里就把科学主义、国家主义和共产主义称为"现代西欧社会的三大宗教信仰"。所以,"宗教"一词在汤因比的笔下,不仅仅指通常说的基督教、佛教、伊斯兰教等,也不但包括有争议的"儒教"等,而是泛指古往今来的一切人生信仰。

> 我所讲的宗教,就是指这样一种人生态度:能在某些大问题上,像宇宙的神秘性、人在宇宙中的作用等,令人的精神得到满意的答案,并为人的生存提供切实的训诲,从而使人们能克服人之为人所面临的诸多困难。①

上述泛宗教观在另一本书里表达得更完整了,这就是《一个历史学家的宗教观》里提出的宗教分类理论。

> 据我们所知,在不同的时空,许多人类社会和团体信奉不同的宗教,如果想要通盘考察一下的话,我们首先会留下的这样一种印象:无穷多样,无从下手。然而,如果加以思考和分析的话,这种表面的多样性便会自行瓦解了,也就是说,按照人的

---

① 汤因比和池田大作:《选择人生》(英文版),第288页。

崇拜或追求方式,形形色色的宗教无非分为三种对象或三个目标:自然、人本身和某种绝对化的实在。虽然绝对化的实在既不是指自然也不是指人,但是,它既存在于又超越于二者。①

文化心理与社会变迁

从文明形态理论的建构过程来看,上述泛宗教观可谓汤因比的"方法论杠杆"。他试图靠这根杠杆撬开"人类文明兴盛史的谜底"。浏览《历史研究》可留下如此印象:作者之所以一直牢牢抓住宗教传统与文明社会的关系问题,就是为了深入文明社会变迁的幕后缘由,让"作为文化心理的宗教信仰"显露出来。概括起来,上述尝试主要体现在以下几方面。

(1) 潜心发掘文化心理与文明形态的深层关系。

前面提到,汤因比试以宗教信仰来辨别文明社会。这种做法暗含一条思路:作为文化心理或文化潜意识的宗教信仰,很可能和文明形态有不可轻视的深层联系。

汤因比构思写作《历史研究》期间,正值深层心理学影响高涨的年代。在他看来,尽管这门学科起步不久,评价不一,但现有成果已能证实,潜意识的确在人类精神和文化活动中起着重要作用。一般认为,潜意识主要有两个层次,"个人的潜意识"和"种族的潜意

---

① 汤因比:《一个历史学家的宗教观》(*An Historian's Approach to Religion*, Oxford University Press,1979),第 16 页。

识"。汤因比据此推断,这两个层次之间很可能还有一层,它是由某种文明的社会经验积淀而成的,故可称为"社会的潜意识";该层次之所以值得深究,因为它从根本上流露出了某个文明社会所特有的文化或精神气质,这无疑有助于我们阐释不同的文明形态及其兴衰原因。

汤因比所讲的"社会的潜意识",其实就是指晚近人文研究里常提到的"文化心理"或"文化潜意识"。按他的判断,文化心理或文化潜意识集中体现于宗教信仰;现存的各大宗教传统之所以能吸引众多信徒,就是因为它们分别对应于人类的几种主要心理类型,从而满足了不同的信徒在不同的文明形态下切身体验到的情感需要;所以,文明社会的全部活动,包括政治的、经济的和文化的,正是靠宗教信仰所喻示的生活方式来维系的。

(2)深入辨析文化心理与文明社会起源发展的精神关联。

"挑战与应战"(Challenge and Response),这是汤因比发现的"文明社会起源与生长的基本规律"。他首先用大量史料表明:人类之所以能创造文明,就是因为面对一个个困境的挑战而进行了一系列成功的应战。总的来看,第一代文明社会主要起源于"自然困境的挑战",第二、三代文明社会则主要起因于"人为困境的挑战"。

那么,在文明社会的发展过程中,"挑战与应战"是如何体现出来的呢?按照汤因比的看法,这主要借助于"少数创造者的人格"。这里涉及两个概念。"少数创造者"不难理解,就是指某个文明社会的先行者或领导人。"人格"一词则需辨析。在人格心理学里,

"人格"一般指"个体的精神状态",也就是,某人通过一定的行为模式而体现出来的心理特征总和。汤因比则加以发挥,用人格来概括"少数创造者的灵魂特征",也就是,文明社会的先驱领袖们所特有的心理倾向或精神面貌,像人生态度、善恶观念、审美意识、创造意向等。

  这些罕见且超人的灵魂,打破了原始人类生活的恶性循环,重新开始了创造工作,我们可把这些灵魂所具有的新特性称为人格。只有通过人格的内部发展,少数人才能在行为场所外从事那些促使人类社会生长的活动。①

汤因比强调,所谓的人格只能看做精神活动主体,而唯一可想象的精神活动范围就是"精神间的联系"。因此,只有跟其他社会成员相沟通,少数创造者的精神面貌才能表达出来并发扬光大。一般而言,上述关系表现为:一方面,少数创造者通过神秘化的心理直觉而获得非凡的人格或信念后,不得不改造广大社会成员,使他们成为自己的信徒;另一方面,广大社会成员经过模仿前辈和领袖的人格或信仰而获得了"文化习俗",即特定的信念、思想、情感、能力等。这样一来便形成了文明社会向前发展所必需的文化素质。

(3) 注重考察文明社会衰落解体时期的文化心态。

这部分考察与前两部分是相反相成的。汤因比指出,某个文明衰落解体之时,也就是该社会丧失了信仰和创造力之时;此时,"社

---

① 汤因比:《历史研究》(英文版),第212页。

会成员的灵魂分裂"①反映于所有的行为、情感和生活方式,以致各种方式都裂变为一对相反的、冲突的活动类型,这就是面临强大的挑战,或陷入"被动的反应"或作出"主动的反应",但它们都因缺乏创造力而无法应战了。

例如,"自暴自弃"与"自我克制",这两种对立的"个人行为方式"普遍见于文明解体时期,它们是用来取代创造行为的。前者意指"灵魂放松自己",在理论上或实践上,有意识或无意识地奉行"道德虚无主义",这种人以为,放纵本能的欲望,便会从"神秘的女神"那里重获创造力。反之,后者是指"灵魂抑制自己",这种人以为,只有战胜自然的欲望,才能恢复创造力。

"逃避责任"和"以身殉道",则是这一时期普遍存在的两种对立的"社会行为方式",它们是用来取消模仿行为的。逃避责任者认为,以往的理想不值得追求。以身殉道者则主要不是为了事业而是寻求解脱。这两类人都属于现实生活的逃避者。

又如,"流离感"与"原罪感",这是两种对立的"个人情感方式",二者都深感文明社会解体时期的道德败坏现象,但同时痛苦地意识到,不得不逃避于眼前盛行的邪恶势力。前一种人之所以屈服,就是因为认识到他们对社会环境无能为力,从而相信整个宇宙包括人本身的支配者纯属某种异己的、非理性的力量。后一种人则痛感到,邪恶

---

① 在汤因比那里,这个概念与前述"少数创造者的灵魂特征"相对应,意指广大社会成员在文明社会解体时期的文化心理活动状态。

就源于人心,所以灵魂无法控制自身,人不可能成为自己的主人。

"杂乱感"和"划一感",则是这一时期普遍萌生的两种对立的"社会情感方式",它们顶替了文明社会生长阶段所形成的"风格感",二者的反应虽然不一样,但都丧失了"形式上的敏感"。所谓的杂乱感喻指,灵魂将自己投入了无所不包的大熔炉。譬如,在语言、文学和艺术等领域,这种方式表现为词汇的庞杂,题材的雷同,风格的混乱等;在哲学和宗教领域,主要表现为"拿来主义"或"调和主义"。所谓的划一感,则借传统风格失落的机会,转向了某种普遍的或永恒的格调。

另外,汤因比关于两种对立的生活方式的分析,即"复古主义"与"未来主义"(个人的)、"冷漠"与"神化"(社会的),也富有寓意,耐人寻味,有兴趣的读者可参阅《历史研究》的有关章节。

卡西尔

卡西尔(Ernst Cassirer,1874—1945)是著名的文化哲学家。他创建的文化哲学体系叫做"文化符号形式哲学",该体系结构宏伟,内容丰富,试对人类文化现象展开哲学面面观,逐一涉猎语言、神话、宗教、艺术、科学、政治等文化符号形式。其中,"神话—宗教研究"[①]处于显

---

① 这是卡西尔的一种特殊提法。他认为,神话和宗教并无本质区别,二者实际上属于同一种思维方式,即"神话的思维方式"。

卡西尔的"神话—宗教研究",致力于人类符号创造形式寻根。

要地位——整个文化哲学反思过程的起点,因为卡西尔力求阐明:人类文化的全部内容"是如何以原始精神活动为先决条件的"。①

"人是符号的动物"

卡西尔为什么如此看重神话—宗教研究呢?这要从他的文化哲学观说起。

所谓的哲学,归根到底,就是关于人性的学问,或简称"人学"。

---

① 参见卡西尔:《符号形式哲学》(*The Philosophy of Symbolic Forms*, Yale University Press, 1944),第一卷,第80页。

人是什么？卡西尔的回答画龙点睛：这是古往今来的哲学家所关注的"阿基米德点"。早在古希腊，哲学家就说"人是理性的动物"；所以，哲学便成了"理性的沉思"。19世纪以来，尽管屡受非理性主义思潮的冲击，但古典的人性观和哲学观仍占主导地位。理性的确是人类活动的重要特征。可是，一旦考虑到人类文化创造形式的丰富多样性，传统的理性观便不足以包罗万象了。

毋庸置疑，人是文化的产物。若把全部文化活动比作"人性的圆圈"，那么，丰富多彩的文化活动形式，语言、神话、宗教、艺术、科学、历史等，则如"这圆圈上的一个个扇面"。需要强调：所有这些文化活动形式，实际上都是"文化创造的符号形式"。因此，我们应把古典的人性定义改写为"人是符号的动物"，从传统的理性哲学观转向一种新的文化哲学观。

> 文化哲学始于如下假设：人类文化世界并非零散事实的简单总和。它试图把这些事实作为一个系统、一个有机整体来加以理解。在此，我们感兴趣的是人类生活的广度，我们专注的是特殊现象的丰富性与多样性，我们欣赏的是以"多彩画法"或"复调音乐"表现出来的人性。①

正是出于上述构想，"神话—宗教"被卡西尔纳入文化哲学的批判视野，其立意可从以下两方面品味出来：

---

① 卡西尔：《人论》(*An Essay on Man*, Yale University Press, 1944)，第222页。

先从横向来看,神话—宗教研究可展现人类文化创造活动的丰富多样性。卡西尔认为,"神话—宗教"理应看做一种基本的文化活动、符号形式或思维方式。它跟语言、艺术、科学等比肩而立,相辅相成,共同构成了文化整体。

> 在所有的人类活动和人类文化形式中,我们所发现的是"多种功能的统一"。艺术给予我们直观的统一;科学给予我们思维的统一;宗教和神话则给予我们情感的统一。艺术为我们敞开了"生活形式"的世界;科学为我们揭示了规律与原则的世界;宗教和神话则起始于,人类意识到生命的普遍存在和根本同一。[1]

再从纵向来看,神话—宗教研究可揭示人类文化塑造人性、创造自由的历史进程。如前所述,人是文化的产物。因此,人类文化的演变过程实质上就是一个塑造人性、创造自由的历史进程。就全部人类文化活动而言,"神话—宗教"可谓最古老、最复杂、也最难认识的一种形式、符号或思维方式了。接着前述比喻说,假如作为一个整体的文化规定了"人性的圆圈",展现了"人类自我解放的历程",那么,"神话—宗教"就是"最早形成的一个人性扇面"了,它标示着"人类走向自我解放的第一站"。

---

[1] 卡西尔:《国家的神话》(*The Myth of the State*, Yale University Press, 1946),第37页。

这样一来,神话—宗教研究便有非同寻常的理论意义了。借用卡西尔的华丽文笔,此项研究是他的文化哲学观为人性画上的"头一笔色彩",谱出的"第一重音调"。接下来,我们看看这位独具匠心的思想家是如何着笔的。

从神话和语言着笔

在卡西尔那里,神话—宗教研究始于"神话与语言问题",该问题则来自对现代哲学的深刻反省。

从主流来看,现代西方哲学致力于理性批判,这种理性批判是以科学思维方式为依托的。在卡西尔看来,这个看似牢靠的逻辑支点,恰恰是值得推敲的。科学虽然是现有文化的最高成就,但也是迄今人类在理智发展过程中迈出的最后一步。质言之,科学并非人类文化历程的"起点",而是"终点"。

> 在科学世界出现以前,人就生活于客观世界了。甚至早在科学方法发现以前,人的经验也并非表现为一团乱麻似的感觉,而是有头绪、有组织的。也就是说,人的概念从一开始便有某种明确的结构。但是,那些最初用来把握世界统一性的概念,跟我们现有的科学概念既不属于同一个类型,也不处于同一个层次,而是神话的或语言的概念。①

---

① 卡西尔:《人论》(英文版),第208页。

那么,"神话的或语言的概念"是怎么形成的呢?这个问号之所以不可小看,是因为它涉及科学概念的源头或根子。因而,解开这个问号,既被卡西尔称为"神话—宗教研究的目标",又被看做"文化哲学的首要任务"。

勾画上述问号时,有一点值得注意:为什么卡西尔把神话概念和语言概念相提并论呢? 在他看来,这两种概念可归为一类,并加以比较;所以,远溯神话概念和语言概念的形成过程,就是考察二者在历史上是怎么吻合的,在本质上有什么联系;此项比较研究工作基于如下事实:从人类理智发展史来看,最早出现的神话概念和语言概念,实际上反映了同一类"理解形式",它的思路与我们现有的科学思维正好相反。

科学思维的显著特征是"推演",也就是,通过具体的事物,发现普遍的联系,追求"存在的整体"或"理智的同一"。相反,神话思维不但不能自由支配经验材料,反而被突然间直觉到的某事物所吸引所感染。因而,这种古老的思维方式总是驻足于直接的经验,眼前的东西如此博大,以致自我全身心地生活于这个唯一的对象,其他的事物则仿佛萎缩了甚至消失了。

> 所有的神话思维和神话法则的先决条件就在于,把力量倾注于唯一的一点。①

---

① 卡西尔:《语言与神话》(*Language and Myth*, Dover Publications Inc.,1953),第33页。

这就是神话—宗教的本来情景。卡西尔指出,我们在此情此景中发现的:不是具体事物的推演,而是直觉经验的终结;不是趋于整体的扩张,而是趋于集中的冲动;不是事物外延的分类,而是某物内涵的凝聚。以上结论可从宗教学和人类学那里得到佐证。

语言学家、宗教学家乌西诺(Usener)的研究表明,神祇观的演变过程大致经历了三个阶段:"瞬间神"(momentary gods)、"功能神"(functional gods)和"人格神"(personal gods)。从最初阶段来看,所谓的"瞬间神"大多形成于原始生活状态下的紧要关头,这时迫于特殊的需要,人们会把个别事物直接神化。因而,这种神化过程是瞬间实现的,甚至没有起码的"类概念",以致眼前的那个东西就是神本身。

即使在现存的原始部落那里,我们仍可找到上述神化过程的事例。据斯皮思(Spieth)考察,在南多哥依韦族人的生活中,如果某人跳进一条小河躲过了凶猛的野兽,或大家固守一座城堡抵御了敌人的进攻,他们事后就说,那条小溪或这座城堡能逢凶化吉。再看一则传说,依韦族人刚到德扎克城住下时,四处寻找水源,一位祖先走进山洞,见地面湿润举刀就砍,随即喷出一股血汪汪的水,于是这处山泉便成了家族神。概括此类现象,斯皮思指出,在当地人的生活里,不论某个事物或某种属性凶吉,一旦跟他们有重要关系,顷刻间便产生了某个鬼神。

又如,人类学家科德林顿提出了一个重要概念——"玛纳"(mana)。**玛纳**意指超自然的力量,它是美拉尼西亚人宗教观的基础。当地人相信,这种超自然的力量四处游荡,时而居于某物,时而见于某人,时而又从某物或某人转入他物或他人。因此,这是一种无所不在的、既可敬又可畏的神秘力量。后来,在世界各地现存的原始部落那里,人类学家又发现了大量类似的神祇概念,像阿尔昆金族人的"玛尼图"(manitu)、苏兹族人的"瓦肯达"(wakanda)、易洛魁族人的"奥兰达"(orenda)等。

虽然目前对上述概念没有达成共识,但至少可肯定,最早的神祇观还不包含任何人格因素,它们是从个别的直觉经验中创造出来的。因而,这种直觉性的符号创造形式可为我们提供"一把钥匙",打开"概念之谜"。接下来的难题是:概念具有恒久性,怎么能形成于动态的过程呢?感觉和情感带有模糊性或波动性,怎么能创造出语言的结构呢?

上述难题仍可从瞬间神的产生过程得到启发。卡西尔认为,瞬间神虽是顷刻的产物,形成于某种个别的或不复重现的境况,可它形成后便脱离了偶然的条件,获得了实体性。也就是说,一旦瞬间的恐惧或希望过后,那时产生的意象就单独存在了,变成了某种客观的、超人的力量,以后的崇拜则使它有了越来越确定的形式。所以,即使直觉经验逐渐淡化乃至消失后,瞬间神的意象还会长期存留于原始崇拜者的心间。

从功能来看,原始语言也是如此。和神祇观一样,最早的词语并非人们凭空造出来的,它们的意义来自个别的、实在的东西。如同瞬间神的形成过程,每当原始人处于紧要关头,若能通过词语来宣泄紧张情绪,那么,某种主观的内心刺激便转化为客观的语言形式了,从而使他们的语言活动发生一次次转折,乃至形成了一个日趋进步的客观过程。经年累月,日久天长,随着人类逐步拓展自主活动范围,语言世界也以同样的节奏建构起来了。

在上述形成发展过程中,语言概念与神话概念似乎总是并行不悖的。卡西尔指出,二者的走向主要取决于人类自主活动的线路,这在原始神话那里反映得尤为明显。"神话创造形式所反映的,并非事物的客观特征,而是人类实践的形式。"①在原始生活里,神祇的功能大多限于很小的范围,不仅各行各业信奉不同的神,甚至某项活动的诸多阶段也受制于不同的鬼神。原始人的活动范围就是这样被众神分而治之的。例如,在古罗马神话里,伐木活动便是由众神掌管的。伐木前,人们先要举行仪式,供奉森林女神狄亚(Dia);砍树时,再求狄佛伦达神(Deferenda);去树枝,祈求柯木林达神(Commolenda);截树干,祈求柯伊昆林达神(Coinquenda);烧树叶,还要求阿都林达神(Adolenda);等等。

在原始语言中,也可看到同样的情形。原始人往往不是用一个词来理解一项活动的,而是把该活动分为若干行为,再用不同的动词来一一指称。更能说明问题的是,语言和神话不但从一开始就相辅相成,一起孕育了最早的概念,而且后来也齐头并进,共同推动着概念的成熟。

---

① 《语言与神话》(英文版),第41页。

语言和神话都超出了瞬间的感官直觉,即使这种最初的桎梏被打破后,它们依然长期同行,难解难分。事实上,语言和神话的联系太密切了,以致我们根据经验材料无法断定,在走向一般性的法则和概念的途中,它们何者率先,何者只是亦步亦趋。①

探求文化寻根意识

语言跟神话之所以有上述重要联系,绝非偶然,而是根于神话思维形式。因此,卡西尔以语言为桥梁,横跨人类思维史的两端,探讨了神话思维与科学思维的功能差异。

一般而言,科学思维形式趋向于推演、综合、联系或整体,也就是,依据公式来综合现象,以发现"系统的联系"或"存在的整体"。因而,按照这种思维形式,词语不过是实现目的的手段,属于"观念化的记号或符号";至于词语所指的对象,并非"物质实体",而是"语言关系"。以上特点表明,科学思维方式的基本功能就在于,以语言概念为手段来实现"思维的普遍化或观念化"。

相反,神话思维形式则趋向于集中、凝聚、个别或实体。所以,神话概念的形成过程实际上就是将个别的事物实体化。在此过程中,除了眼前的事物,其他的东西仿佛"不存在"或"无意义",更没

---

① 《语言与神话》(英文版),第42页。

《六翼天使》，羊皮纸画，藏于法国巴黎的兵工厂图书馆。画中的每只翅膀都展示了一种神奇的美德，都是天使要向人间传递的。卡西尔的"神话—宗教研究"可使我们读懂这种古老的思维方式。

有"联系"和"整体"可言,所有的思维内容都被直译成"直觉对象的专有名称";这样一来,词语便不是工具或符号,而是同化于直觉对象了,以致"可命名的东西"就是"大写的实在"。由此可见,神话思维的基本功能就在于,通过语言概念来实现"思维的个别化或实体化"。

通过以上对比,获知神话思维的原始功能,其认识论意义非同寻常。卡西尔指出,从整个文化史来看,不但语言活动经历了神话—宗教思维形式的实体化过程,其他文化活动形式,不论理智的还是技术的,也脱胎于这样一种原始过程。

以技术领域为例,原始人拿起工具时,还没有自视为制造者,而是把一样样工具都看成"某种本来就有神奇力量的东西"。因而,在原始生活中,工具非但不受人的支配,反倒成了神或鬼。这就无怪乎,锄头、弓箭、鱼钩、长矛、斧子、锤子等,都曾成为原始人的崇拜对象,围绕着它们不知形成了多少神话传说或宗教仪式。例如,在依韦族人看来,锤子就是"大力神"。在古希腊神话里,崇拜工具或武器的事例可谓俯拾即是。譬如,《七将攻忒拜》里生动写道,帕耳忒诺派俄斯深信,他的利剑就是天兵天将。此类例证表明,工具或武器在早期人类的心目中是"天赐的",它们来自"文化英雄"。至于理智活动,也可如是观,因为理智工具和技术工具本来就没有明确的界线。

卡西尔之所以要把"神话—宗教思维的实体化过程"推而广之,就是因为他深信,该过程蕴含着一条辩证规律,可使我们把握人类文化活动或符号创造形式的来龙去脉。这条重要规律可表述如下：

> 没有哪一种符号形式一开始就表现为个别的、可单独识别的形式；相反，诸种符号形式无一不是从同一个母体——神话中派生出来的。对我们来说，所有的精神内容，无论多么真实地呈示着一个个独立而系统的领域和它们各自的"原则"，只有被还原于上述派生关系，它们才是切实可知的。诸如下列符号形式，理论的、实践的和审美的意识，语言的和道德的世界，群体的和国家的基本形式等，一开始都是和神话—宗教概念息息相关的。这种联系如此之重要，一旦诸种个别形式从原初的整体中显露出来，从此有别于尚无差异的背景而表现出具体的特性，它们就仿佛拔去了自己的根子，丧失了某些固有的本性。这些形式只是渐渐地表明：这种自我分离是自我发展的一部分；这种自我否定孕育着一种新的肯定的萌芽；正是这种自我分离才形成了一种新的联系的开端。①

说到这里，便可引出卡西尔赋予神话—宗教研究的深远立意了：远在人类文化活动初期，原始的神话概念就形成了一种特有的感知方式。这种方式虽然是质朴的、情感的、低于理性的，但就人类经验而言，它却是最原始的思维倾向，也是最基本的理解形式。因

---

① 《语言与神话》(英文版)，第44页。

而,从人类经验结构来看,神话—宗教所反映的原初情感,事实上处于比理性更深的层次,该层次可比作知觉和概念的"母体"或"发源地"。所以,文化哲学只有触及神话—宗教这一最原始的、最基本的经验层次,才有希望再现人类思维方式及其功能的由来。

由此可见,这位文化哲学开创者所探求的是"人类文化活动或符号创造形式寻根意识"。

新学科大写意

圈点与品味

刚领略过3位开拓者的尝试,再回顾起韦伯和马林诺夫斯基的探索,我们便有5个研究范例了。若把它们比较一下,有不少可圈点之处。

譬如,这5个范例都来自当代人文研究的前列学科,像文化人类学、宗教社会学、文化史学、历史哲学、文化哲学等。一般来说,前列学科最能反映理论动向,而其学术带头人的成果尤其值得重视。

又如,这5位思想家的人生信仰虽然不同,有无神论者,也有宗教徒,还有泛宗教论者,可他们却不约而同地相聚于宗教研究与文化研究的交叉点,把二者密切结合起来了。是否可作出判断:宗教研究与文化研究的交叉融合已并非人文领域的个别现象,或已成为趋势了呢?

最值得圈点的是,尽管这5位开拓者来自不同的学科,以不同的观点来探讨宗教与文化的关系问题,可这些学科和观点并非是不相干或排斥的,而是相关联或互补的。这就使他们的探索成果多方位地显示了同一研究主题的丰富内容和巨大潜力,或者说,交织出了一门新学科的宏伟蓝图。

那么,如何品味这幅蓝图呢?依笔者所见,"大问题"和"方法论"可谓人文研究的二要素。这里说的"大问题",是指那些恒久的或基本的问题,譬如,人是什么?历史是什么?文化是什么?何谓真?何谓善?何谓美?所谓的"方法论",不是泛指世界观,而是定位于"认识的或理解的范式"。就此而言,是否可这样认为:人文研究得以深化的主要标志在于,通过更新方法论来重新认识或理解大问题。如果这么说不无道理,我们就从方法论谈起。

方法论新立意

前述几位开拓者之所以相聚于宗教与文化的交叉点,描绘出了一门新学科的蓝图,首先是因为他们从学术取向上共同倡导着一种新的方法论观念。

这种方法论观念,目前只是初露萌芽。它在现有文献里尚无明确的提法,我们可称之为"**宗教—文化观**"。因为这种新观念的探索精神就在于,广泛借鉴当代人文科学的大量成果,尤其是对"宗教"与"文化"两个基本范畴的重新阐释,着意强调宗教与文化之间存在的那样一种由来已久、错综复杂的内在关系,以及此种关系对于全面而深刻地研讨宗教现象乃至整个文化的关键性意义。

　　就认识或理解范式而言,这也就是把宗教与文化的关系问题推到了首要位置,作为整个研究过程得以起始、展开与回归的"元问题"或"基本关系"。在这一"元问题"或"基本关系"里,所谓的"文化"与"宗教"已在很大程度上排除了以往众说纷纭、莫衷一是的杂多涵义,重新获得了一种基本的规定性:前者所涵盖的是"人类历史活动的整体",后者则指"一种基本的历史现象或文化形式"。这样一来,"宗教"与"文化"便构成了一对相互依存的"关系范畴"。

　　这对"关系范畴"在前述5位开拓者那里,既是一个新的认识起点,又形成了一个富有观念更新意义的理解和解释领域。为说明上述特点,我们可简要归纳一下,他们对"文化"和"宗教"两个范畴及其关系问题的把握。

> 文化实质上是由两大部分构成的——物质的和精神的,即业已形成的环境和业已改变的人类机体。文化的实在就存在于这两方面的关系之中,正如我们所见,片面强调其中的任何一方都势必导致社会学上的形而上学,即陷入无聊的臆想。①

　　按马林诺夫斯基的看法,在作为整体的文化中,文化要素、文化功能和文化制度三者间有不可忽视的关系。若想规定任一文化要

---

① 马林诺夫斯基:《文化》(*Culture*, Typewritten Manuscript, 北京大学图书馆藏),第130—131页。

素,只有将其纳入作为背景的文化制度,阐明它所处的地位,揭示它所起的功能,因为文化功能就是"文化要素的特征"和"文化需要的反映"。

所以,马林诺夫斯基主张,首先应把原始宗教看做一种基本的文化要素,然后将其纳入整个原始文化生活来展开具体的考察。他针对泰勒、缪勒、杜尔凯姆等人的观点指出,宗教决非超越于文化结构的抽象观念,而是一种相伴于"生命过程"、有特定功能的人类基本需要。这种需要既是生理的又是心理的,既是个体的又是社会的,归根到底是文化的。

韦伯和道森对文化的理解大体上一致,因为他们关注的是同一个问题,现代文化的起因。所以,这两位思想家都是把西方世界作为一个文化整体来加以历史探讨的。他们对宗教的看法也有明显的类似处,这主要表现在,都把宗教看成一种基本的文化特性,注重揭示宗教传统在现代文化形成过程中的重大影响。

但相比之下,道森的研究规划显然比韦伯复杂得多。韦伯十分谨慎地反复验证宗教经济伦理与世俗经济伦理的历史联系,而道森则尽可能地勾画着"一张错综复杂的历史关系网"——宗教与文化。通过考察宗教传统对政治、经济、学术、艺术等领域的深远影响,道森强调,宗教信仰作为一种文化氛围,对社会下层或平民百姓的影响尤为值得重视,因为这种潜移默化的影响可使我们触摸到历史积淀过程。尽管由于史料等方面的限制,道森感叹可提供的证据太少,但他的敏锐思路无疑为后继的探索者提示了一个很有价值、极富潜力的研究方向。

相对以上三人来说,汤因比可称得上集大成者。他的文明形态理论基于一种新的历史观,"历史就是文明或广义的文化"。因此,像传统的历史研究那样,单就国家而论历史,无法触及历史本性。人类历史是以文明为载体的,历史的意义寓于作为历史现象的文明社会;而宗教传统则是文明社会的生机源泉,是文明变迁的深层原因。于是,在汤因比的历史哲学体系中,马林诺夫斯基一带而过的宗教信仰与文化结构的关系问题被提上了研究日程;韦伯和道森所侧重考察的现代文化起源问题,也被融入了人类文明通史,经过梳理文明形态的演变过程而获得了前后关系。此外,像宗教信仰与文化类型、文化变迁、以及作为文化心理或文化潜意识的基本功能等问题,也在汤因比那里得到了初步的探讨。

最后,我们在卡西尔那里看到的是一种更深邃的方法论立意。卡西尔是一位力求文化批判意识的人本主义哲学家。正因如此,文化的本质问题在他的笔下显得格外醒目。他一再强调,所谓的文化哲学实质上就是"人学"。人是文化的主体,是一种"符号的动物"。因而,本义上的文化就是一个人性自我创造与人类自我解放的过程,就是一种符号创造活动;而宗教则是文化整体中的一种基本形式,人性创造中的一个重要侧面,人类自我解放过程中的一个必经阶段,符号思维过程中的一种原初形态。这样一来,"神话—宗教研究"便成了卡西尔进行"人性寻根"或"符号形式探源"的出发点。

启发性一二三

学术批评旨在议论日后探索的合理趋向。那么,作为一种新的方法论尝试,宗教—文化观可给我们带来哪些启发呢？择要而论,其启发性集中于以下两方面。

(1) 推陈出新,强化问题意识

这主要是就研究对象而言的。前面提到,宗教—文化观的特征在于:力主把宗教与文化的关系问题置于首位,作为整个研究过程得以起始、展开、回归的"元问题"或"基本关系"。这种意义上的宗教与文化的关系问题,显然为人文研究提供了一个新的解释意域,其学术价值首先在于:更新传统的宗教观,使我们充分意识到宗教现象及其问题的长期性、重要性和复杂性。

历史地看,尽管我们不好说,以往宗教研究中的诸多学派从未涉及宗教与文化的关系问题,更不能讲,它们根本就不重视宗教信仰在整个文化中的地位与作用,但就方法论观念而言,过去的宗教研究的确没把宗教与文化的关系问题摆在至关重要的逻辑位置,因而也就不可能充分阐释宗教现象的文化意蕴。不言而喻,这主要是由以往的人文研究水平造成的历史局限性,各个学派都难以摆脱。

宗教—文化观的萌发,则以现有人文研究成果为土壤,使作为研究对象的宗教获得了更深刻更具体的表达形式。与传统观念相比,所谓的宗教在上述新的解释意域中不再简单表现为抽象的精神信仰或意识形态,其诸多层面或向度的文化意蕴得以明朗化了,像传统的、习俗的、心理的、情感的、意志的、体验的、价值的、目的的、人性的……

就此而论,能否说作为一种历史传统乃至文化习俗的宗教是不存在的或不重要的呢?能否说占世界人口绝大多数的宗教徒的心理、情感、意志、体验等是虚幻的或愚昧的呢?能否说他们所追求的价值、目的和人性是没有意义的或虚无缥缈的呢?显然,对于诸如此类的问题,不宜作出武断的或简单的回答。相反,晚近宗教学的大量成果表明,宗教现象所固有的诸多层面或向度的文化意蕴,是值得重视、需要探讨、有待解释的。

进而言之,若以宗教与文化的关系问题作为出发点或解释意域,并意识到宗教现象的复杂文化意蕴,那么,以往研讨过的课题,像宗教与文化、宗教与民族、宗教与社会、宗教与政治、宗教与经济、宗教与法律、宗教与伦理、宗教与哲学、宗教与科学、宗教与文学、宗教与艺术等,便不能再孤立地或片面地议论下去了,而应一并纳入宗教与文化"这张错综复杂的历史关系网",重新加以全面的认识、理解和解释。

基于以上认识,我们可再进一步。如果能把宗教与文化的关系问题作为新的出发点或解释意域,一系列深层问题,像宗教与文化差异、宗教与文化形态、宗教与文化传统、宗教与文化心理或文化潜意识、宗教与文化传播、宗教与文化冲突、宗教与文化交流或跨文化对话等,也将被提到我们的研究日程上了。关于这些问题的研究,其意义显然不仅仅限于揭示宗教现象及其问题的复杂性了,而是把我们推向了当前文化研究里的热点、难点、交叉点和突破点。

(2) 兼容并包,注重人文底蕴

这主要是就研究方法及其目的而言的。如前所见,作为一种新的方法论倾向,宗教—文化观力求呼应人文研究的大趋势——日渐强化的交叉性或跨学科性。因而,当代人文领域的诸多新视角或成果,像人类学的、社会学的、心理学的、语言学的、神话学的、符号学的、文化学的等,被广泛引入宗教研究领域,促发并助长着宗教—文化观,也就成了一种必然现象。

从前述范例来看,以宗教—文化观为导向的理论探索,在研究方法上具有明显的多样性。这主要体现在两方面:(a) 多种研究方法的并存性,譬如,社会学的、心理学的、人类学的、神话学的、语言学的、文化史学的、历史哲学的、文化哲学的等;(b) 多种研究方法的交叉性,例如,一种方法为主其他方法为辅,运用不同的方法来分析不同的问题,或兼用几种方法来考察某个问题的不同方面等。

这就对传统的方法论观念提出了挑战:能否只用一种方法来穷尽错综复杂的宗教现象呢?通过反省这个问题,能否达成一点共识:所谓的研究方法是与研究对象互动的。研究方法的多样化是研究对象之复杂性的必然要求;或者说,研究对象的复杂性主要是靠多样化的研究方法揭示出来的。因此,若以宗教—文化观为导向,把宗教与文化的关系问题提升为整个研究过程的出发点乃至核心议题,既有利于集聚各人文学科的具体研究方法,很可能也有助于避免或平抑以往众理论流派在哲学方法论上的纷争、冲突或排斥。

不难理解,一旦将宗教现象纳入文化整体来加以认识,面对研究对象的多重复杂性——像宗教作为文化整体中的一种基本形式、一种历史现象、一种精神资源、一种价值观念、一种生活方式等,加上研究课题的多重复杂性——像宗教与文化差异、宗教与文化形态、宗教与文化心理或文化潜意识、宗教与文化传播、宗教与文化冲突、宗教与文化交流或跨文化对话等,再在具体研究方法上固执一端,或在哲学方法论上故步自封,便显得没有多少道理了。因此,就研究对象及其问题的复杂性而言,研究方法上的兼容并包姿态可谓一种逻辑的、客观的要求。因为只有这样,才可能开放观念,集思广益,充分揭示出宗教现象的方方面面;也只有先做到这一步,才可能回过头来深思哲学方法论问题。

不言而喻,人文研究以人为本,以传承文化为使命。若把宗教与文化的关系问题作为出发点或解释意域,似乎势必引发一种倾向——"宗教研究的世俗化",即立足于世俗文化来阐释宗教信仰的特性、地位、功能、本质以及人文意义。例如,马林诺夫斯基强调,所谓的宗教并不是超越于人类文化结构的;韦伯指出,现代世俗经济伦理与新教禁欲主义有不可漠视的历史联系;卡西尔则论证,神话—宗教是人性的"一个扇面",是人类自我解放的"一个阶段",是人类思维方式或符号创造活动的"母体"或"发源地"……前述5位开拓者那里,诸如此类的精辟论断不知有多少,感兴趣的读者应找来原著静心品味。

当然,对这几位思想家的具体论点尽可见仁见智,甚至持批判态度。但不可否认,"宗教研究的世俗化",是在晚近人文研究趋势的直接影响下形成的一种探索倾向,其主要合理性在于,广泛借助当代人文科学的新材料、新视角、新方法等,将貌似超凡脱俗的宗教现象置回于文化整体,以还其原有的文化根据、人文价值或人生意义。我们不应怀疑,任何一种宗教传统若有价值或意义,必定体现于人生和社会,并扎根于活生生的文化形态。既然文化创造活动是全部人类历史的载体,那么,作为一种历史现象或文化传统的宗教信仰,其特性、地位、功能和本质也只有放到文化整体及其历史进程当中,才可能得到客观的、具体的、全面的解释。

笔者的点评到此为止,但开拓者的魅力却不止于此,因为他们勾画出的那幅蓝图——宗教文化学,几乎把宗教研究的交叉性或综合性推到了现有人文意识的极致。就此而言,年轻的宗教学在人文天地里岂不有无限的纵横时空吗?

下 篇

问题聚焦

宗教学的历史可以说就是一部"问题史",一代一代睿智的学者们带着强烈的问题意识把人类对宗教现象的思考和认识不断地向纵深推进。

六

宗教与理智

科学与宗教的对立实质上就是"观察或知识"跟"权威或教义"的冲突,整个一部自然科学发展史就是知识不断征服教义、科学不断战胜宗教的历史。

——罗素

假如上帝很可能不存在,那么,你崇拜他或向他悔罪,便无任何意义。再假如现代论著里抛出了某些理性论证,也建议说,上帝很可能不存在,那么,便需要认真对待了。

——斯温伯恩

《七智者》,镶嵌画,藏于意大利那不勒斯的国家考古博物馆。

六 宗教与理智

人的精神世界大致由智(理智)、情(情感)、意(意志)三方面构成。一般说来,哪方面最重要呢?哲学家早就断言:人是一种理智的或理性的动物;也就是说,人能靠理智能力和理性知识来辨别是非、权衡利害、支配行为等。因而,首先试以理智或理性来认识判断宗教信仰,也就自然成了宗教思想史的逻辑起点。这条思路可称为理智论。理智论犹如"双刃剑",既可用来护教也能用来灭教。所以,无论在宗教信仰的辩护者还是批判者那里,都能找到思想大师级的理智论者。譬如,辩护者一方有奥古斯丁、托马斯·阿奎那、笛卡儿、黑格尔等;批判者的一边则有休谟、伏尔泰、狄德罗、费尔巴哈等。我们不从头说起,而是从当代学者里选出两位代表,先请他们陈述同一条思路的两种相反倾向——无神论的和有神论的,然后展开分析评论,找出疑难问题。

罗素

对大多数读者来说,罗素(Bertrand Russell,1872—1970)是个熟悉的名字。他是当代著名的数学家、逻辑学家,英美哲学主流——分析哲学的创始人之一。罗素有一本思想自传,叫《我的哲学的发展》,记录了他的探索历程。

我15岁便开始思考哲学问题了,这种兴趣来自两方面:一方面,我急于发现,对于任何可称为宗教信仰的东西,哲学是否

罗素可谓20世纪西方最有影响力的公共知识分子。

可提供辩护,不管多么笼统;另一方面,我想要自己相信,如果不在别的领域,至少在纯数学里,有些东西人是可以知道的。

起初,虽然是数学方面的问题主导着我的哲学思考,但在情绪上真正促使我投入哲学沉思的动力却主要来自宗教方面的问题,这就是对宗教教义的怀疑。①

从此以后,对宗教传统的怀疑批判,便成了这位"少年哲学家"的毕生任务,他思想成熟时期的宗教观主要见于两本书,《宗教与科学》和《为什么我不是基督教徒》。

新旧两种世界观

在罗素看来,宗教与科学乃是人类社会生活中长期冲突的两个方面,冲突双方所反映的是新旧两种世界观。宗教世界观源远流长,早在人类思想史初期就占据了重要地位。科学世界观的兴起则晚到 16 世纪,但后来者居上,从确立的那一天起就对人类思想和社会制度产生着日渐重大的影响。这两种世界观的根本对立主要表现在以下两方面。

(1) 两种方法论的根本对立

宗教教义都是从某一普遍原则演绎出来的。譬如,在基督教那里,其普遍原则就是相信上帝和《圣经》的绝对权威。按托马

---

① 参见罗素:《我的哲学的发展》,商务印书馆 1982 年版,第 7、22 页。

斯·阿奎那的解释,基督教所传播的真理完全可靠人的理性得以证明。"上帝存在"就是可证明的。既然作为造物主的上帝是全知全能的,他肯定让人具有足够的理解能力。也就是说,只要相信上帝存在,我们需要的任何知识都能从这个普遍原则推论出来。

科学方法则与宗教信仰完全相反。科学方法的出发点不是普遍的原则而是特殊的事实。因此,科学活动是一种依靠观察或根据实验的推理过程。首先,发现世界上的各种特殊事实,然后,从它们的相互联系中发现普遍规律。一言以蔽之,宗教信仰与科学方法的根本对立在于,前者充作出发点的普遍原则,在后者那里只表现为推论结果。

(2) 两种真理观的根本对立

宗教教义体系自称拥有永恒的、绝对的真理。例如,在中世纪经院哲学家看来,《圣经》、天主教教义和亚里士多德哲学都是毋庸置疑的。地球之外是否有人类,木星是否有卫星,自由落体的速度是否与质量成正比,诸如此类的问题根本无须观察或实验来回答,更容不得任何独立思考,只能依据《圣经》、教义或亚里士多德的权威解释。

与这种唯权威独尊的真理观相反,科学家历来就承认现有知识的暂时性,他们不断探索,不断发现,不断用新的成果来推动人类知识进步,使已有的理论日渐精确化。所以,科学真理观的精神就是抛弃"绝对真理",追求有实践意义的"技术真理"。总之,在真理问题上,科学家的态度决不取决于绝对权威,他们只相信经验证据,坚持那些经得起检验的学说。①

重读那本曾风行于英语国家的名著《宗教与科学》,罗素就是从上述观点出发,先把科学与宗教对立起来,再以科学史为线索来考察二者冲突的理智原因和历史结局的。该书的结论是:科学与宗教的对立实质上就是"观察或知识"跟"权威或教义"的冲突,整个一部自然科学发展史就是知识不断征服教义、科学不断战胜宗教的历史。

打开另一本名著《为什么我不是基督教徒》,可找到罗素对宗教本质的具体解释。宗教是什么呢?他以数学家与逻辑学家特有的简捷思路回答:

> 我关于宗教的观点就是卢克莱修的观点。我认为,宗教是由于恐惧产生的病症,是人类灾难深重的渊源。②

卢克莱修(Titus Lucretius Carus,约公元前99—前55)是古罗马的无神论哲学家,伊壁鸠鲁主义的代表人物。显然,罗素把自己的宗教观归根于卢克莱修,不想诠释古人,更无意做"卢克莱修第二",而是立足于当代知识水平,发扬光大卢克莱修所开创的无神论传统。这是引文里第一句话的意思。

---

① 以上观点详见罗素:《科学与宗教》,商务印书馆1982年版,第一章。
② 罗素:《为什么我不是基督教徒》,商务印书馆1982年版,第27页。

古罗马哲学家卢克莱修所开创的无神论传统成为罗素思想的源头。

第二句话的两个分句则点明了宗教信仰的认识论根源和社会历史作用。在罗素看来,作为一种社会历史现象,宗教之所以能吸引众多信徒,主要原因不在理智,而在一种特殊的情感,即人们对未知世界、神秘事物、艰难世事等的恐惧心理。

我认为宗教基本上或主要是以恐惧为基础的。这一部分是对于未知世界的恐怖,一部分是像我已说过的,希望在一切困难和纷争中有个老大哥以助一臂之力的愿望。恐惧是整个问题的基础——对神秘的事物,对失败,对死亡的恐惧。恐惧是残忍的根源,因此,残忍和宗教携手并进也便不足为奇了。①

总的来看,正是根据上述两部分观点——科学与宗教、宗教的本质,罗素对宗教传统进行了全面批判,着力点主要有两个:知识论批判和道德观批判。他本人把这两方面的批判称为"反对宗教的两种主要理由"。限于篇幅,下面只概述前一方面的批判,对后一方面有兴趣的读者,可查阅《为什么我不是基督教徒》。

清算基督教神学

罗素认为,无论哪一种宗教,对于其真实性的哲学思考均可归结于一个问题:上帝或神灵是否存在呢?作为西方学者,他就这个问题主要批判了基督教神学的基本论点。

论点(1):最初起因

这个论点也就是所谓的"第一因论证",它曾是一种最通俗、最流行的"上帝存在证明"。罗素回忆说,我年轻时就认真思考过世界万物有没有最初的起因,并在很长时间里相信正统神学的说法,上帝就是最初的起因。但18岁那年,穆勒的一段话令我发现了这

---

① 《为什么我不是基督教徒》,第25页。

个论点的谬误所在。穆勒在自传里写道,父亲教导我,有个难题是没法解答的:谁创造了我?因为人们接着要问:上帝又是谁创造的呢?① 这就是说,如果万物都有起因,上帝也不例外;如果某种东西没有起因,其可能性将被世界和上帝对分。

基督教神学所讲的最初起因,其实属于普遍的宗教成见。例如,印度教徒相信,世界被驮在一只大象背上,这只大象则被驮在一只巨龟背上;可谁能说清楚,那只巨龟又被驮在何物背上呢?最初起因论点的荒诞性,可借以上二例相互印证。时至今日,经过科学家和哲学家的大量研究,所谓的最初起因已毫无逻辑可言了。

论点(2):自然法则

这个论点是在18世纪特别是在经典物理学和宇宙进化论的影响下形成的。根据牛顿力学,行星是按万有引力定律而绕太阳运行的。于是,神学家便论证,自然法则必有其立法者,他就是上帝。

罗素指出,在牛顿生活的时代,人们还不了解万有引力定律的原因,这就使上述论点成了一种貌似深刻的解释。而在今天,爱因斯坦已为我们解开了万有引力之谜。同时,根据目前的科学认识,许多自然法则明显带有随机性。比如,原子的活动过程并不像我们原先想象的那样有严格的规律性,物理学家所描述的原子运动规律

---

① 《为什么我不是基督教徒》,第13页。

还只是随机事件的平均统计数。以上分析表明,自然法则在很大程度上反映的是不断变化中的自然科学的暂时结论。而正统神学的自然法则论点,主要谬误就在于把自然法则归因于上帝意志,从而将"自然法则"和"人为法则"混为一谈。

众所周知,人为法则是对人类行为方式的规定,可遵守也可违背;而自然法则是对事物运动方式的反映,是求实的、客观的。因此,神学推理没有可靠根据。如果说上帝创造了自然法则,为什么他仅仅创造了这些法则而不是相反呢?如果说上帝意志决定一切,为什么很多事物并无法则可言呢?换言之,即使我们承认神学推理,上帝自身能否摆脱自然法则呢?总之,无论如何,神学论点也是站不住脚的。

论点(3):事先计划

这个论点大致如下:世界之所以被造成现在的样子,就是为了适于人类生存;否则的话,人类就不会存在。譬如,兔子生有长长的耳朵,是为了让人易于捕捉;人生有高高的鼻梁,是为了能架眼镜。如此种种荒诞的说法,在历史上不知出现过多少。但从达尔文生活的年代起,人们开始接受了一个道理,生命不断适应环境,而不是上帝预先造好了环境。

如果略加思考的话,还会发现一个惊人的事实:竟有人相信,这个暂存的、残暴的世界是完美的,是由一位全知全能的上帝创造出来的。罗素指出,只要接受起码的科学规律,我们就该承认,地球上的生命现象,包括人类,都是一定发展阶段的产物,也将在一定的发展阶段消亡,这是整个太阳系生成演变的必然过程。从另一方面来看,如果像神学家说的那样,上帝是宇宙的创造者,我们就不免惊讶了:宇宙的出现已有千百万年了,难道这位全知全能的上帝竟创造不出比三K党和法西斯更好点的东西来吗?

论点(4):神明道德

该论点曾以多种形式流行于19世纪,罗素批判了两种主要的说法。第一种说法认为,若不存在上帝,人间便无是非。罗素指出,问题不在于"有无是非",而在于"是非标准"。如果说是非标准取决于上帝的话,那么,上帝本身就没有是非可言了,相信他的至善性也没有意义了;反之,只要相信上帝的至善性,那就不得不承认,是非标准不以上帝的意志为转移,因为只有这样才能判断上帝是否有至善性。

另一种说法认为,为了伸张正义,必需上帝存在。这种说法看似吐露了良好的愿望,愤恨邪恶现象,渴望正义之神,可一旦用科学态度来加以分析,荒诞之处便一目了然了。按现有的科学知识,这个世界只是整个宇宙的一小部分;因此,据或然性可作出判断,这个世界很可能是宇宙整体的一个样板,而其他组成部分很可能也像这个世界一样存在着邪恶现象。打个通俗的比方,我们打开一筐橘子时,要是发现上面一层烂了,一般可肯定,这是一筐烂橘子,而决不会认为,下面的橘子肯定是好的。神学家借口伸张正义来论证上帝存在,这岂不像比方里的后一个判断吗?

斯温伯恩

现任牛津大学教授斯温伯恩(Richard Swinburn, 1934—　)在基督教哲学界很受推崇,被称作"当代基督教的首席理性辩护士"。他综合自然科学、科学哲学、宗教哲学、语言哲学、特别是现代逻辑等领域的成果,重新论证了基督教神学的基本命题。他的系列代表作号称"一神论哲学三部曲":《一神论的一致性》《上帝的存在》和《信仰与理性》。

反省现代世界观

斯温伯恩之所以要用理性方法来重新论证宗教信仰,起因于他

被誉为"当代基督教的首席理性辩护士"的理查德·斯温伯恩。

对现代世界观的反思。尽管当代知识分子信奉不同的世界观,但他们的倾向都是"反宗教的",这突出表现为"唯物主义世界观"跟传统宗教世界观的激烈冲突。所谓的唯物主义世界观,就是指认同科学知识。因此,当代知识分子相信"进步","进步"则意味着遗弃宗教信仰,因为"道成肉身"之类的传统教义实属荒谬。

据斯温伯恩回忆,20世纪50年代,他在牛津大学读哲学时深感困惑的倒不是唯物主义与宗教信仰的冲突,而是教会当局不认真对待这场冲突。牧师们在教堂里虔诚布道,讲解经文,可他们讲的东西和现代科学、伦理学、哲学没有一点儿联系。为什么要相信《圣经》呢?难道道德真理不纯属主观意见吗?为什么要从根本上假设上帝存在呢?对于此类难题,传道士只能简单回答:宗教就是"信仰",他们解释不了:为什么要信基督教而不是相反的世界观呢?

> 教会对于现代知识的懒惰、冷漠态度令我惊讶;尽管1954年联合王国人口中仍有多达20%的人进教堂,可我认为,除非基督教能更好地适应知识分子的世界观,事情便不会按教会的态度继续下去。①

但更值得反省的是,前述"懒惰、冷漠态度"的背后还隐藏着某种神学观,即认为"理性"无助于确立信仰。当代最有名的系统神

---

① 斯温伯恩:"一个自然神学家的使命",克拉克主编:《作为信仰者的哲学家——11位思想界带头人的精神历程》(*Philosophers Who Believe——the Spiritual Journeys of 11 Leading Thinkers*, Inter Varsity Press, 1993),第180页。

学家都来自德语世界,他们在哲学上继承的是欧洲大陆传统,诸如黑格尔、尼采、海德格尔、萨特等人的思想。这些欧洲哲学家的一个明显特点就是"论证草率",倾向于粗线条地描绘宇宙而不作精确的说明或透彻的证实。因而,他们主张的是"一种适于文学的而不是科学的哲学"。在接受上述哲学传统的过程中,当代神学家深受克尔凯戈尔的影响,认为信仰是"非理性的"。正因有感于此,斯温伯恩强调:

> 假如上帝很可能不存在,那么,你崇拜他或向他悔罪,便无任何意义。再假如现代论著里抛出了某些理性论证,也建议说,上帝很可能不存在,那么,便需要认真对待了,并指出这些论证的荒谬之处。因为忽视它们就是侮辱上帝,上帝给了我们理性,让我们在理论科学或实践科学中用于良好的效果。可遗憾的是,20世纪50年代流行的系统神学却没有对策来处理此类问题。①

上述看法使斯温伯恩转向了对当代英美哲学主流——逻辑实证主义的反思,其结果主要体现于两方面:一方面,他不同意逻辑实证主义的证实原则,特别是反对该学派否定形而上学、伦理学和神学的倾向;另一方面,他从逻辑实证主义那里得到了启发,这就是高

---

① 《作为信仰者的哲学家——11位思想界带头人的精神历程》(英文版),第181页。

度重视现代科学知识,以精确的分析来弥补欧洲大陆哲学的"草率论证",用科学的理性来证明基督教的基本信念,让传统的自然神学在理智上重新赢得人们的敬重。

为此,斯温伯恩提出了六种"后验性的论证":宇宙论论证、目的论论证、意识论论证、道德论论证、根据奇迹启示所作的论证、根据宗教经验所作的论证。下面就以典型的设计论论证为例,看看斯温伯恩是如何立论的。不过,为便于读者理解,我们将避开专业性很强的符号化表述。

新版设计论论证

斯温伯恩翻新设计论论证,是以科学解释的本质及其局限性为着眼点的。设计论论证的主要特征在于,从"自然秩序"来展开论证,即假定自然界的秩序性是与某些"最普遍的定律或法则"相一致的。问题在于,那些最普遍的定律或法则到底是什么呢?这是科学知识还不能准确解答的。就目前所知,科学可依据某种"较普遍的定律"来解释某些"狭义的规律或定律",但无法解释"为什么会存在最普遍的自然定律",因为按照科学假说,现已发现的那些较普遍的定律都不能解释其自身的作用。从上述问题入手,斯温伯恩主要提出了如下论点。

(1)"简单解释"(the simple explanation)的必要性

从无穷的时空来看,确有必要对物体与定律的一致性作出简单的解释。定律并非事物,而是独立于物体的。如果说所有的物体都符合定律,也就是认为,它们具有完全相同的活动方式。譬如说,行星的运动符合开普勒定律,就是指所有的行星每时每刻都具有该定律所陈述的运动特征。因此,对于物体在任何时空条件下都具有的活动特征,即物体与自然定律的一致性,理应就其共同来源作出某种简单解释。

斯温伯恩说明,我所关注的问题是:自然定律和自然事物得以存在的根本原因何在呢?宇宙及其自然定律可谓无所不在,以致易于令人忽视。可一般人没料到,"宇宙根本就不会出现"或"一直处于混沌无序状态",都是很有可能性的。所以说,宇宙及其秩序性的存在足以让人惊讶,也确实超出了科学的解释能力。这种解释的局限性并非暂时现象,不能归因于 20 世纪科学的落后,而是科学解释的本质使然,因为科学的解释终止于"某种终极的自然定律和物质结构"。

(2) 一神论解释的可行性

作为一种假设,一神论能对宇宙的秩序性作出"简单解释",即认为质子和电子的有序活动方式来自于上帝。按有关假设,上帝肯定有力量做到这一点,问题在于:他为什么要作出这样的选择呢?斯温伯恩解释说,秩序性不仅使宇宙美好,更重要的是,可使人类学会控制与改变宇宙。因为对人类来说,只有存在简明的自然定律,才能预期事物的因果关系;假如不能预期,也就无法改变事物。例如,只有知道"种瓜得瓜、种豆得豆",以及播种、除草、浇灌等,才有可能发展农业;而且只有存在着易于把握的自然规律,才有可能获得农业知识。所幸的是,现存的人类作为"渺小的创造者",通过自由选择而分有了上帝创造宇宙的活动。因此,"自然定律来自上帝",这种简单解释便成了一种合理期待;否则的话,很难预期宇宙会展现出如此惊人的秩序性。

(3)进化论解释的不成熟性

设计论论证流行于 18 世纪到 19 世纪初。那时人们觉得,动植物的结构难以思议。譬如,动物都能捕捉适于各自消化器官的食物,还能逃避天敌,它们的生理结构酷似复杂的机器,肯定是由某位设计大师组装起来的,同时还为它们设计了繁殖的能力。1859 年,达尔文进化论的提出突然中止了这种流行的护教论论证,从此作为设计师的上帝似乎显得多余了。

但斯温伯恩指出,进化论观点对设计论论证的否定是不成熟的,因为我们可深究下述问题:为什么会存在进化法则呢?毫无疑问,这是因为进化法则遵循物理现象的基本定律。然而,为什么物理定律会导致进化法则呢?为什么一开始就存在原始的有机物呢?打破沙锅问到底:为什么原始物质从一开始就适于进化过程呢?

就上述问题而论,有两种不同的选择:承认无法作出解释,或通过假设来作解释。首先,问题不在于,为什么存在"自然定律"或"物质能量"(因为二者分别是设计论论证和宇宙论论证的前提);关键在于,为什么这二者有一个明显特征,就像早已上紧了的发条一样,势必导致植物、动物和人类的出现。其次,既然科学的解释有其终止之处,要么将上述特征看成"终极的、非理性的事实",要么则应超出科学解释的局限性,靠一神论假设来作出合理的解释。

晚近的科学研究很重视宇宙的高度协调性。宇宙大爆炸阶段,物质能量必须具备一定的密度和衰变速度;哪怕其密度和速度增减百万分之一,也会影响到宇宙能否具备生命进化的原始条件。比方说,如果总物质能量的衰变过程略快一点儿,便不会形成银河、星系或行星,以及适于生命的自然环境;如果衰变过程临近边沿时放慢的话,那么,宇宙早在形成生命前便自行崩溃了。同样,要能形成生命现象,诸多自然定律必须在很有限的范围内维持其恒量。

因此,如果以为诸多定律和最初条件只是偶然具备了某种产生生命的特征,这是极不可能的。上帝能给予物质和定律这种特征。如果我们能表明上帝有理由这么做,那么,就会支持这样一个假设:他这么做过。至此可再次得到的理由(除了宇宙的美感),也就是以前得到的那种理由——为什么上帝的选择会产生一个在根本上有秩序的宇宙,为什么进化过程所产生的有感觉的、肉体化的存在者、尤其是人类都有创造价值,而人类自身又能对所应存在的世界种类作出有知识根据的选择。①

理智论两面观

罗素功过三七开

罗素无愧为当代无神论的理智论楷模。世纪之交,他被《时代》周刊列入"20世纪最有影响的20位思想家"(据笔者印象,其中哲学家只有他和维特根斯坦);其实几十年前就有人断言,"没有任何哲学家对20世纪的理智生活给予了比罗素所给予的更加有益的影响。"②

因而,若写一部当代社会思想史,很多章节都不会落下罗素的名字。他活跃于社会思想领域长达半个多世纪,留下了大量针砭时弊、传播知识、倡导变革的论著,这部分言论起码占其著作总量的三

---

① 《作为信仰者的哲学家》(英文版),第196页。
② 怀特:《分析的时代——20世纪的哲学家》,商务印书馆1984年版,第197页。

分之二,几乎论及现代社会生活的所有问题,诸如教育、道德、婚姻、女权、种族、宗教、政治、战争、和平、环保、科技发展、生活方式、社会改革等;他荣获过"世界和平奖"和"诺贝尔文学奖";他被誉为当代最有影响的评论家、最有感染力的演说家、英语散文家大师,甚至多产的畅销书作家。艾耶尔评论道,罗素"喜欢自比伏尔泰",他愈到后来愈热衷用自己的才智和热忱去抨击迷信、愚昧、虚伪以及非正义现象。① 这为我们理解罗素的宗教观提供了一条历史线索。

伏尔泰(François-Marie de Voltaire,1694—1778)是法国启蒙运动的斗士,又被推举为整个欧洲启蒙运动的领袖。众所周知,17 到 19 世纪初相继兴起于欧洲各地的启蒙运动有两大目标:一是冲击宗教蒙昧主义,树立理性与科学的权威;二是推翻封建专制主义,建立自由、民主、平等与法制的社会。启蒙思想家之所以将"宗教批判"跟"政治批判"相提并论甚至摆到首位,就是因为在当时的文化背景下,传统的宗教势力仍是禁锢人民思想、阻碍社会进步的主要原因。

到罗素生活的时代,尽管社会制度改变了,科技也有了长足发展,但在他看来,启蒙思想家提出的宗教批判任务还没有完成,负有历史使命的知识分子理应继承这一未竟的事业。罗素在宗教观上之所以能成为启蒙思想的发扬光大者,归因于他的哲学观。

---

① 参见艾耶尔:《二十世纪哲学》,上海译文出版社 1987 年版,第 48 页。

在混乱纷纭的各种对立的狂热见解当中，少数起协调统一作用的力量中有一个就是科学的实事求是；我所说的科学的实事求是，是指把我们的信念建立在人所可能做到的不带个人色彩、免除地域性及气质性偏见的观察和推论之上的习惯。我隶属的哲学派别一向坚持把这种美德引入哲学，创始了一种能使哲学富于成果的有力方法，这些乃是此派的主要功绩。在实践这种哲学方法当中所养成的细心求实的习惯，可以推广到人的全部活动范围，结果在凡是有这种习惯存在的地方都使狂热减弱，而同情与相互了解的能力则随之增强。哲学放弃了一部分武断的浮夸奢求，却仍继续提示启发一种生活方式。[1]

罗素就是以这段话来结束其名著《西方哲学史》的。从这段结语里，细心的读者可找到他对几个主要问题的回答，像科学方法的精神是什么，为什么要否定传统的宗教信仰，科学、哲学与现代生活方式有什么关系等。关于这段话，著名的宗教学家麦奎利有如下评论：

无论我们可以怎样给他贴标签，罗素哲学就本质而言，在观点上是科学的，在精神上是世俗的。既然科学不为信仰上帝或信仰永生提供支持，那么这些信仰就必须被作为较早时代的

---

[1] 罗素：《西方哲学史》，下卷，商务印书馆1982年版，第397页。

不成熟思想的残余而抛弃,但是给我们以补偿的,是科学本身向我们提供的前景;如果能够正确地引导科学的力量的话,在科学的精神中,罗素看到了人类的主要的希望。①

综合以上分析,我们可从以下两方面来评价罗素的宗教观。

首先,**罗素的宗教观属于一个思想时代**。他所主张的理智论与启蒙精神一脉相传。因此,就整体而言,罗素的宗教批判有不可漠视的历史合理性,这就是继承发扬了科学的理性主义精神,通过回顾科学史,对启蒙运动以降的宗教批判思潮作出了划时代意义的总结。要想评说以罗素为代表的当代理智论,这是首先应重视的大背景。

其次,**罗素的宗教观既有功绩又有缺陷**。就方法论倾向而言,罗素所主张的理智论可称为"科学的理性观"。如果不否认罗素的宗教批判有历史的合理性,那么,这种科学的理性观功不可没。任何一个思想时代至少要有两种力量——革新的和守成的,对这两股基本力量的评价,自然离不开特定的历史阶段和文化背景。自近代自然科学和世俗哲学兴起以来,科学理性观所扮演的历史角色就是革新者。可以说,在当时的背景下,若不以科学理性观来猛烈抨击因袭守旧的宗教势力,便不会出现思想解放、科技发展、社会变革等蔚为壮观的历史场面。

---

① 麦奎利:《二十世纪宗教思想》,上海人民出版社1989年版,第285页。

《托马斯·阿奎那》(局部),戈佐利画,藏于法国巴黎的罗浮宫。画中站在左右两侧的是亚里士多德和柏拉图,这让现代人感受到:在托马斯生活的时代"信仰高于理性",而我们和罗素已生活在"理性高于信仰"的时代。

然而,如果宗教信仰作为一种历史或文化传统,跟人类社会的过去、现在与未来有错综复杂的源流关系,那么,罗素所代表的理智论批判态度是否过于简单化了,是否流露出科学理性观的偏颇性或极端化呢?这种疑虑的根据在于:罗素把科学知识作为唯一标准,把宗教哲学批判简化为"自然科学判断"——符合自然科学知识或成就的即为真,否则为假。这显然表明科学理性观的历史合理性在罗素那里被夸大了,被推向了"唯自然科学主义"。可印证这一点的还有罗素对价值或道德问题的武断认识。按他的推论,凡知识必来自(自然)科学方法,凡(自然)科学无法发现的必是不可认识的;所谓的价值问题就是如此,因而根本不存在道德知识。[①]

若非就人论人,可提出一个大问题:现代文化有哪些主要特征呢?这么大的问题自然有不同的见解。但有一点不致引起异议,这就是现代生活已离不开科技了,物质生活是这样,精神活动也如此,像我们的语言、概念和思想,甚至包括个人的心理、经验与情感。通过评说罗素所代表的理智论,是否可使我们反省一下:面对传统的宗教信仰,以科技为显著特征的现代文化氛围、特别是科学思维方式会不会或直接或潜移默化地左右着我们的判断呢?

---

① 详见罗素:《宗教与科学》,第九章。

传统思路行得通?

"一个自然神学家的使命",这是斯温伯恩思想自传的标题,也是这位牛津资深教授的自勉。目前,他的名望虽没法跟故去的罗素相比,但作为"现任首席理性护教士",他推出的新版神学论证却可跟罗素相抗衡了。如果说罗素以"几十年前的科学知识"清算了传统神学的基本论点,那么,斯温伯恩则借新近的成果把它们重新演算了一遍。

用"演算"来形容斯温伯恩的有神论论证,一点儿也不夸张。英美同行说过,此公是个奇才,要跟他商榷,先得进修最新的科学知识、特别是逻辑理论。读过他的书再和他一起开会,笔者确有同感——他所用的知识证据和逻辑语言"太前沿"了,没几个同行能吃透拿准。但笔者认为,如果从方法论上来看,此公不但不前卫,而且很保守,因为他所矢志的事业可谓"一项复古工作",即复兴中世纪过后一直受冷落的自然神学思路。这样来看的话,商讨斯温伯恩的研究成果时,那些最新的证据和前卫的逻辑便显得不那么重要了,关键倒在于,传统的自然神学思路能否行得通呢?

就上述关键问题,我们可请一位同行专家来作学术评议,他就是汉斯·昆(Hans Küng, 1928—)。为什么要请他呢?汉斯·昆可称"双重意义上的斯温伯恩同行":既活跃于神学领域又闻名于宗教哲学界;既致力于理论革新又倾心于理智护教。所以,他的评议很有参考价值。

翻开大部头的《论基督徒》,汉斯·昆和斯温伯恩一样,首先反省的也是现代世界观对传统基督教的严峻挑战。他指出,从19世纪到20世纪初,众多思想家一再宣告"宗教终结了",他们盼望着科学彻底取代宗教的那一天。可今天看来,这只是一种设想或推测,不但没有得到证实,而且在方法论上盲目信赖科学或理性。然而,上述预测的落空以及对科学与理性的怀疑,并不等于对宗教或上帝的证实。"关于上帝的问题是一个开放的问题"。① 因此,宗教信仰不仅不能回避理性检验,而且必须阐明信仰内容与现实生活的联系。这就重新提出了理性与信仰的关系问题。

理性与信仰是一道历史遗留下来的难题。它使人们至今仍无法摆脱这样一种困境:如果能证实宗教信仰,那么,是否还需信仰呢?反之,假如无法证实的话,那么,如何理解信仰呢?为表明上述逻辑困境,汉斯·昆分析了两种主要的神学思路及其缺陷。

(1) 辩证神学

这条思路所强调的是"上帝的不可证实性"。上帝是主动的,通过圣经启示而向人显现,使人有可能获得认识。若无作为恩典的启示,有罪的人根本无法认识上帝。因此,只有上帝才能证实上帝,而对人来说上帝则是不可证实的。

以上解释思路来自宗教改革家路德的神学思想,当代的代表人物主要是巴特、布尔特曼以及福音神学的追随者。在路德看来,"理

---

① 汉斯·昆:《论基督徒》(上),生活·读书·新知三联书店1995年版,第53页。

性犹如妓女",在信仰上诱使人倒向怀疑主义。以巴特为代表的辩证神学则进一步强调人与上帝之间的"无限距离"。从人到上帝无路可通;可从上帝到人却有通道,这就是上帝对人的恩典与启示,即只有这种辩证的启示才能消除"无限距离"。这种辩证神学观念所反对的就是罗马天主教的那种传统的"自然神学",还有施莱尔马赫所倡导的那种"人类中心论的新教神学"。

(2) 自然神学

与上述思路相反,自然神学强调的则是"上帝的可证实性"。只有首先借助理性认识上帝,才能树立信仰。理性对信仰的证实来自于现实世界,因为理性对现存世界的反省可清楚地证明:上帝是万事万物的原因和目的。

这条思路可追溯到中世纪经院哲学的集大成者托马斯·阿奎那。它所谋求的是一条中间路线,既不像理性主义者那样拒绝一切"超自然的事物",把信仰约减为"理性",也不像笃信主义者那样拒绝一切"关于上帝的自然知识",将理性缩减成"信仰"。尽管上帝与人明显不同,但二者有类似性,这就使理性能进行一种"类比的论证"。

(3) 主要缺陷

以上两条思路都有回避不了的问题。先来看前者,难道信仰问题不能探讨吗?难道"信仰上帝"无法证实吗?难道有了信仰就不得不抛弃理性、牺牲理解吗?

信仰不应该是盲目的,而应是负责的。人不应该受到精神上的强制,而应该在理性上深信不疑,这样他才能够作出可加以辩解的信仰决定。

信仰不应该脱离现实,而应该联系现实。人不应该不加检验地获得信仰。人的陈述应该通过与现实的接触,在人和社会现今经验范围之内加以证实和检验,因而得到现实具体经验的容纳。①

同样,后者也存在严重问题。首先,能用证据来证实上帝吗?能像处理科技问题那样来对待信仰问题,或用逻辑推理来证实上帝存在吗?其次,能用上述方法来证实的东西还是"上帝"吗?最后,人的理性有这么大的能力吗?康德对"纯粹理性"的限制不是已被广泛认可了吗?人的理性能力不是仍局限于经验范围,任何超验的尝试不是仍被看成不合理的吗?康德哲学对本体论、宇宙论、目的论等传统论证方式的批判,不是早就把"上帝存在证明"从我们手里夺走了吗?

从以往的经验看,对于上帝的存在来说是不存在可能具有普遍说服力的纯理性证明方法的……关于上帝的种种证实事实上也不会对每个人都有强制力。不存在被普遍接受的一项证实。②

---

① 《论基督徒》(上),第55页。
② 同上书,第58页。

"双刃剑"是否慎用?

前面以罗素和斯温伯恩为典型,分头评述了两种相反的理智论倾向。如果把它们放在一起思考,可发现一个关键问题:前者用科学知识来否定宗教信仰,后者则反其道而用之,那么,如何解释科学与宗教的关系呢?

这的确是个关键问题。可以说,在我们所生活的科学时代,提起宗教,便触及这个问题;若不回答,就没法讨论下去。因而,长期以来科学与宗教的关系问题一直是人文领域的争论焦点。概括起来,主要有三种不同的观点:**对立论**、**相关论**和**分离论**。评介过罗素和斯温伯恩,前两种观点不必多谈了。下面,我们看看分离论的代表人物蒂利希有什么话要说。

蒂利希指出,自科学时代以来,越来越多的人之所以疏远了宗教传统,主要是因为从理智上、特别是科学知识的角度曲解了信仰的意义,即把"信仰"看做一种证据不足的"知识行为"(an act of knowledge)。

> 信仰与知识之间的斗争,几乎都根源于对信仰的误解,即把信仰理解为某种只有低级证据而依赖宗教权威的知识。①

---

① 蒂利希:《信仰的动力》(*Dynamics of Faith*, Happer & Row, Publishers, 1957),第33页。

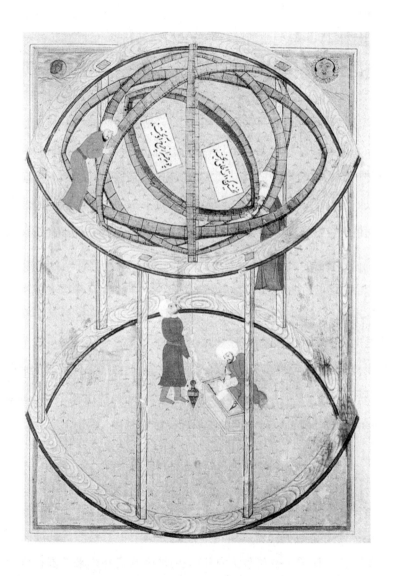

伊斯兰天文学家制作的天球，16世纪突厥文手稿插图，藏于伊斯坦布尔大学图书馆。

因此，要想避免或消除科学知识与宗教信仰的激烈冲突，首先需要澄清两点：科学和宗教各是什么？二者追求的真理又有什么区别？

科学旨在说明宇宙的结构和联系，方法是实验的与计量的。科学命题的真理性就在于，能准确地描述现实事物的结构法则，而且这种描述经得起实验的反复证实。所以，凡是科学真理都有不确定性，即有待充实、修正或深化，因为人类对宇宙的认识和描述是没有止境的。这种不确定性不但不会贬低科学论断的真理价值，反而可使科学家避免教条主义或绝对主义。

因而，如果像历史上的不少宗教思想家那样，借口科学论断的不确定性，为给宗教信仰保留地盘而拒斥科学真理，这无疑会在方法论上陷入穷途末路，因为这种做法随着科学的不断发展只能节节让步，乃至走投无路。蒂利希强调，宗教信仰之所以不同于科学研究，原因就在于，二者所寻求的真理不属于"同一个意域"（the same dimension of meaning）。所以，我们理应区别对待，分而治之。

> 科学无权干预信仰，信仰也无权干预科学。一个意域是不能干预另一个意域的。①

如果上述判断能被大家接受，那么，科学与宗教的长期冲突便需要重新解释了。蒂利希认为，以往的冲突其实并非来自真正意

---

① 蒂利希：《信仰的动力》（英文版），第81—82页。

上的科学和宗教,而是"一种宗教观"与"一种科学观"的冲突,因为冲突双方都没有清醒地意识到各自的"有效意域"。

例如,现代天文学一出现,便遭到了某些基督教神学家的激烈反对甚至残酷压制。这些人只知道神学体系里使用了"亚里士多德—托勒密的天文学语言",而没有认识到这种用法是"象征性",其宗教含义不同于天文学命题。

又如,某些现代物理学家倾向于还原论,把整个实在彻底约简为物质微粒的机械运动,以致从根本上否认了生命与精神的实在性。这种观点难免跟宗教信仰发生冲突,因为它不属于科学论断而是在表达信念了。

> 科学只能与科学相冲突,信仰只能与信仰相冲突;保持为科学的科学不可能跟保持为信仰的信仰发生冲突。这对其他科学研究领域来说也是如此,比如,生物学和心理学。①

最能说明问题的是那场沸沸扬扬、旷日持久的进化论之争。从历史背景来看,到底是哪些人争执不休呢?一方是某些基督教团体的神学家,另一方则是某些偏执进化论的学者。为什么双方难免争斗呢?蒂利希指出,前者拘泥于"圣经的字面意义",误把创世传说看成科学描述,这不但歪曲了宗教信仰,而且在方法论上干预了科学研究;后者则把人类仅仅看做低等生命形式进化的产物,以致忽

---

① 蒂利希:《信仰的动力》(英文版),第82—83页。

视了人与动物的区别,否定了人性,这种解释显然不是"一般科学"而是"一种信仰"了。

蒂利希是一位富于反省精神的神学家。他厉言相告神学家和宗教徒:宗教真理与科学真理是有根本区别的,切忌用科学发现来证实信仰。这方面的教训太多了。譬如,量子论和测不准原理一出来,马上就有人用来证明创世论、神迹说、自由观等。

> 如果用这种方式利用物理学理论,神学便混淆了科学与信仰的范围。信仰的真理是不能用物理学、生物学或心理学的晚近发现来证实的,正如它不能被这些东西所否定一样。①

蒂利希还是一位富于批判精神的宗教哲学家。对于他的具体论点,尽可见仁见智,但对他提出的问题却不可漠视或低估。如果科学和宗教确有本质区别的话,那么,无论罗素的支持者还是斯温伯恩的同路人,在动用理智论这只利器前,最好三思一下蒂利希的"分离论忠告"。

---

① 蒂利希:《信仰的动力》(英文版),第85页。

宗教与情感

　　宗教的本质既不是思维也不是行动,而是直觉和感受。它希望直观宇宙,它想虔诚地聆听宇宙自身的展现与行动之音,它渴望在孩子般的宁静与柔顺中被宇宙的直接影响所抓住所充满。

——施莱尔马赫

　　宗教情感或许有时犹如一阵和缓的潮汐连绵而来,使一种深切崇拜的宁静心情充满整个精神。它也许过后又变成了一种更稳定的、更持久的心灵状态,这种状态可以说是连续不断地、令人激动地使心灵得以激励,产生共鸣,直到最后平息,心灵恢复其"世俗的"、非宗教的日常经验状态。它也许骤然间伴随着痉挛,挟带着惊厥从心灵深处爆发出来,或许还会带来强烈的刺激,叫人欣喜若狂,心醉神迷,以致出神入化。它有其野蛮的、恶魔般的形式,能沦落为一种近乎狰狞的恐怖与战栗。它有其原始的、野性的前身和早期表现形态,另一方面它又可能发展成某种美丽的、纯洁的与辉煌的东西。它也许会变成作为被造物的谦卑,面对某种不可表达的神秘而沉默、震颤、哑然无语。

——奥托

岛子:《灵泉活水》,纸本水墨,"首届中国宗教艺术展"(北京大学宗教文化研究院、北京大学图书馆主办,2014)特邀作品。

七　宗教与情感

从宗教思想史的逻辑轨迹来看,情感论是作为理智论的反对者或修正者出现的。该理论旨在表明:宗教的本质和意义并不体现于理智的活动和成果,而在于这样一种独特的情感:通过直觉"无限者"或体验"神圣者"而唤起的那种"绝对的或无条件的依存感"。

若想把握情感论的主旨要义,至少了解两个关键人物:施莱尔马赫(Friedrich Schleiermacher,1768—1834)和奥托(Rudolf Otto,1869—1937)。前一位是首倡者,可把我们引回理论起点;后一位则是传承者,他的阐释成果还没人能超过。

施莱尔马赫

在同时代的德国同胞心目中,施莱尔马赫是一位"叱咤风云的知识精英"。他学识广博,性情奔放,仗义执言,精力过人,活跃于宗教界、哲学界、教育界、艺术界和政界等。从后人的眼光来看,这位

施莱尔马赫(Friedrich Schleiermacher,1768—1834),现代新教神学之父,现代解释学的先行者,宗教情感论的首倡者。

才华横溢的思想家至少在三方面有不可取代的地位:"现代新教神学之父""现代解释学的先行者"和"宗教情感论的首倡者"。

所以,在晚近的宗教研究里,只要研讨宗教与情感的关系问题,还得从生活于一百多年前的施莱尔马赫说起。他所倡导的情感论之所以深受后人重视,就是因为该理论力图更新以往的宗教观,把信仰者和研究者的目光从"理性主义时代"引向"浪漫主义时代"。

废止流行观念

施莱尔马赫投身于学术活动时,西方思想界占主导地位的是机械论的世界观。当时由于物理学、数学、天文学、地质学等学科的长足发展,传统的宗教信仰在社会上特别是知识界遭到冷落。因而,施莱尔马赫力图阐发一种新的宗教观,以向同时代人——那些有文化的、受科学熏陶的人表明:他们对宗教的认识深受某些肤浅观念的误导,因而他们所批判或蔑视的那些东西,并非宗教信仰的核心或本质内容。正因如此,施莱尔马赫为其处女作起名为:《论宗教:对有文化的蔑视宗教者的讲话》。

宗教是什么呢?或者说,宗教信仰的本质何在呢?在施莱尔马赫看来,要想重新思考这个问题,首先必须放弃两种传统的观点。第一种是"理论的(形而上学的)观点",它把宗教等同于最高知识,看做"一种思想方式、一种信仰、一种独特的沉思世界方式";另一种则是"实践的(道德的)观点",它把宗教视同于道德实践,看成"一种行动方式、一种独特的愿望和爱心、一种特殊的行为和品质"。为什么会形成上述观点呢?主要原因在于,宗教、形而上学和道德三者的对象相同。

> 如果登上形而上学和道德的最高处,你们会发现,二者的对象和宗教一样,这就是宇宙以及人性和宇宙的关系。长久以来,这种相似性为五花八门的偏见提供了基础;因此,形而上学和道德便在很多场合侵入了宗教领域;同时很多属于宗教的东西也以不当的形式隐藏到形而上学和道德里了。但只因为这一点,你们就相信宗教和形而上学或道德一样吗?我知道,直觉所告诉你们的答案正好相反,而且这种答案也来自你们的见解;因为你们从未承认宗教的步伐会像形而上学那么坚定,你们也忘不了使劲地观察宗教史上留下的邪恶污点。如果有上

述差别的话,那么,就必须不顾共同的主题,而在某种意义上把宗教从形而上学和道德那里分离出来。①

那么,在什么意义上才能把宗教跟形而上学和道德分离开来呢?施莱尔马赫回答,就在于三者处理同一主题的方式和目的不同。

先来看形而上学,它做的事情大致如下:对宇宙进行分类,分成这个存在和那个存在,探求现存事物的诸多原因,通过勾勒世界本身的实在性和规律性来推演出现实事物的必然性。因而,在这个领域里,宗教决不能冒进,像假设实质,确认本质,迷恋推理,寻求最后的原因,宣称永恒的真理等。

再来看道德实践,它从人性以及人类和宇宙的关系那里发展出了一种责任体系,靠终极的权威来颁布命令,要求人们必须做什么,不能干什么。显然,这种事情也是宗教决不能干的。

说到这里,施莱尔马赫动情地指出,可问题在于,你们大伙儿所说的宗教似乎就是由形而上学和道德实践的碎片拼凑起来的;其实,这就是作为常识的宗教观;我已就此提出了怀疑,现在到了废止此种流行观念的时候了!

为了拥有属于自己的领域,宗教提出的全部诉求如下:放弃那些属于其他领域的东西,并将以往强加于本领域的东西如数奉还。宗教不想模仿形而上学,按照本质来规定和解释宇

---

① 施莱尔马赫:《论宗教:对有文化的蔑视宗教者的讲话》(On Religion: Speeches to Its Cultured Despisers, Cambridge University Press,1996),第 19 页。

宙；它也不愿如同道德,依靠自由的力量,或通过某群人的神圣自由选择,来推动宇宙发展乃至完善。宗教的本质既不是思维也不是行动,而是直觉和情感。它希望直观宇宙,专心聆听宇宙自身的显现和活动,渴望像孩子一样被宇宙的直接影响所抓住所充实。因此,从构成其本质和表征其作用的所有因素来看,宗教都是跟形而上学和道德相反的。形而上学和道德在整个宇宙中所看到的只是人性,人性是一切关系的中心、一切事物的条件和一切变化的原因；宗教的着眼点则是人性,也就是一切个体的、有限的形式,它想看到的就是无限、无限的痕迹和显现。①

绝对的依存感

施莱尔马赫一生的宗教思想主要留在两本名著里,一本就是刚提过的青年时代著作《论宗教》(1799),另一本是完成于壮年时期的《基督教信仰》(1821—1822)。以往的研究者一般认为,情感论的核心命题——宗教的本质就在于**"绝对的依存感"**(the feeling of absolute dependence),是在后一本书里提出来的。实际上,如果不拘泥于文字形式,该命题的基本内容早在前一本书里就表达出来了。

如前所见,施莱尔马赫指出,宗教的本质并非"思维"或"行动",而在于"直觉和情感"。他接着提醒读者:

---

① 《论宗教:对有文化的蔑视宗教者的讲话》(英文版),第22—23页。

我请你们熟悉这个概念:对宇宙的直觉(intuition of the universe)。它是我整个讲演的关键;它是最高的、最普遍的宗教公式,你们基于它就能发现各处的宗教,你们根据它便可确定宗教的本质和界限。①

那么,何谓"直觉宇宙"? 为什么这种直觉如此重要呢? 施莱尔马赫的解释可概括为下述几点。

首先,从直觉与对象的关系来看,所有的直觉都发自"被直觉者"的作用,也就是说,先有直觉对象的独立活动,作为直觉者的人才能作出符合人性的把握、理解和表达。举个简单例子,如果光线没有作用于感官,你便无所直觉感受;但你所直觉感受到的只是"光的作用",并非"光的本质",你所知道或相信的那种本质是远远超出直觉范围的。宗教的实情也是如此。宇宙处于不断的活动过程,每时每刻都显现于我们。大千世界丰富多彩,而宇宙就像万事万物的母亲,它所孕育产生的各种形式、每个生命以及一切事情,都是作用于我们的"同一项活动"。因此,所谓的宗教就是这样一种直觉感受:所有"个别的事物"都是"整体的部分",一切"有限的东西"都是"无限的表象"。

其次,就直觉和思维的区别而言,直觉总是保持为"直接的感觉",把某物看成个别的、分离的;思维则属于"抽象的思想",把个别事物联系起来,纳入某个整体。宗教的实情也是如此。信仰者总是止

---

① 《论宗教:对有文化的蔑视宗教者的讲话》(英文版),第24页。

步于"关于现存事物和宇宙活动的经验",停留于"个人的直觉和情感"。

最后,从直觉和情感的关系来看,各种直觉就本性而言都是跟某种情感相联系的。施莱尔马赫强调,要描绘出"宗教的全景",这一点是不能拉下的……

分析到这里,我们就不必引用施莱尔马赫关于"宇宙直觉和宗教情感"的大量解释了,因为他在前面已提示读者:"对宇宙的直觉"所唤起的就是"对无限的情感"(the feeling of the Infinite),或用传统宗教语言来说,就是"**虔诚**"。

> 当世界精神威严地昭示于我们时,当我们听到它的活动声响,感到它的活动法则是那么博大精深,以致我们面对永恒的、不可见的东西而满怀崇敬,还有什么比这种心情更自然吗?一旦我们直觉到宇宙,再回过头来用那种眼光打量自身,我们比起宇宙来简直渺小到了极点,以致因有限的人生而深感谦卑,还有什么比这种感受更恰当呢?①

通过简要的文本释读,我们大致论证了前述说法:情感论的核心命题早在《论宗教》里就基本表达清楚了;否则的话,该书就不配"情感论的奠基作"或"一种新宗教观的标志"了。当然,"绝对的依存感"这个概念是在《基督教信仰》里明确化的。作为各种宗教现象的本质规定性,它的明确表述见于如下论断:

---

① 《论宗教:对有文化的蔑视宗教者的讲话》(英文版),第45页。

历史上出现的各种宗教交流形式,虽有分明的界限,但在两方面相互联系起来了,一是作为不同的发展阶段,二是作为不同的信仰种类。

虔诚虽有不同形式,但在所有的宗教感情那里都表达了一种依存性,这就是有限的万事万物依存于最高的、无限的存在(one Supreme and Infinite Being)。①

虔诚的藏民,张志刚摄于青海省隆务寺。

---

① 施莱尔马赫:《基督教信仰》(The Christian Faith, T. & T. Clark, 1986),第31,34页。

奥托

施莱尔马赫倡导的宗教观影响了一代又一代的学者。在众多追随者里,现代著名的宗教现象学家奥托被公认为"当代最有影响的施莱尔马赫阐释者"。施莱尔马赫的名著《论宗教》再版时,奥托对其学术贡献是这样评价的:

> 作者想表明的是,人并非完全限于知识与行为,人与其环境——世界、存在、人类、事件——的关系,也并非穷尽于对环境的纯知觉或影响。他力图证实,假若一个人是以一种深切的感情,像直觉和情感,来经验周围世界的;又假如一个人由于感受到世界的永恒本质而被深深打动,以致激起诸种情感,像虔

鲁道夫·奥托(Rudolf Otto, 1869—1937),宗教学家、哲学家、基督教神学家。生于德国,先后在哥廷根、布雷斯劳和马堡大学担任教授。

诚、畏惧、崇敬,那么,这样一种情感状态便比知识和行为还要有价值得多。而这也正是那些有文化的人必须从头学起的。①

为"无理性"开路

和施莱尔马赫一样,奥托反对在宗教或神学研究中过于强调理性方法的倾向。他认为,正是这种在以往研究中占主导地位的学术倾向,使人们形成了理智的偏见,认识不到宗教信仰的本来面目,即非理性的、情感的特质。在成名作《神圣者的观念》里,奥托开宗明义:

> 我在本书里冒昧描写的对象,可称为"无理性的"或"超理性的"("nonrational" or "suprarational")②,它处于神性之本质的深层。我一点儿不想以此来助长我们时代的一种趋向,即那种过分的、幻想的"非理性主义",而是想介入该倾向以其不健康形式引起的争端。在今天,"非理性"(the "irrational")是

---

① 奥托:《施莱尔马赫〈论宗教〉引论》(Introduction, *On Religion*, Harper & Row, Publishers, 1958),第19页。

② "无理性"是奥托论著里的一个关键词。为转达该词的方法论含义,《神圣者的观念》的英译者哈维(John W. Harvey)特意选用了 the nonrational,以区别于 the irrational 的原意,即"否定理性"。哈维觉得,the nonrational 一词仍不够理想,虽然可用来弱化 the irrational 的意思,但在词义上还不足以消除强烈的否定色彩。按奥托本人的理解,"理性"和"无理性"是神性本质的两个方面或两种因素,二者犹如经纬,缺一不可。"理性"是神性本质的一部分,可并不等于全部;而"无理性"既不是"反理性"也不是"高于理性"的。因此,如下所述,奥托注重描述"无理性因素",旨在纠正传统理性观在神性问题上的偏颇性。

这样一些人所宠爱的主题:他们懒得思想,或急于逃避艰难的责任——澄清其观念并将其信念建立在始终如一的思想基础上。作者认识到了"无理性的"(the nonrational)对形而上学的至关重要性,故在本书里作一种严肃尝试,以对存在于"概念"失效之处的"情感"进行更准确的分析,并引进一种术语,使我们在不得不运用"象征"(symbols)时不再显得不严格或不明确。①

奥托指出,各种有神论、特别是基督教有一个明显的特征,这就是都用精神、理性、目的、善良意志、无上力量、统一、人格等属性来表达神性。此类神性构成了诸多明确的"神"或"上帝"概念,而这些概念对理智来说是可把握的,对思想来说是可分析的、甚至是可定义的。

某个在概念上能被如此思想的对象便可称为"理性的"。于是,用上述属性来描述的神性之本质便是理性之本质;而某种认识到并坚持这样一种上帝观点的宗教就是"理性的"宗教。②

---

① 奥托:《神圣者的观念》(*The Idea of the Holy*, Oxford University Press, 1950),英文第一版"序"。
② 《神圣者的观念》(英文版),第1页。

米开朗琪罗为西斯廷教堂所作的壁画中的上帝(God the Father)的形象堪称西方基督教中神圣者(the Holy)的典型形象。

然而,当我们认同以上看法时必须警觉到一种失误,即对宗教作出错误的、片面的解释,以为靠前述种种"理性的属性"便可穷尽对神性之本质的认识。这种失误并非反常的,而是由一连串原因自然促成的,诸如传统的语言、术语和观念,由布道和神学所传授的讨论宗教主题的方式,甚至包括圣经文本本身。在所有这些原因的影响下,"理性的因素"占据了突出位置,而其他非理性的因素似乎压根儿就不存在。上述失误可归结为语言的性质。因为各种语言都是由词汇构成的,都意欲转达观念或概念;而它们所转达的观念或概念越明确,该语言便会得到越高的评价。这就使宗教真理的表达在语言上不可避免地强调神或上帝的"理性属性"。

更值得注意的是,上述失误尽管是自然形成的,但必须认真对待。前述种种"理性的属性"是为彻底表达神性观念而提出来的,可事实上它们所表达的却是"某个无理性或超理性的主体"(a nonrational or suprarational Subject)。就该主体而言,此类理性的属性是"本质的",但同时又属于"假想的本质";也就是说,我们不得不用它们来断定某主体的属性,可该主体的深层本质又是根本无法靠它们来领会的,这里要求的毋宁说是另一种完全不同的领会方式。

我们在这里第一次碰到了理性主义与更深奥的宗教之间的悬殊差别。①

那么,理性主义与宗教信仰的差异何在呢? 奥托先从理性主义的基本特征谈起。所谓的理性主义并不像一般人断定的那样,是对"奇迹"的否定。这种看法显然不对,至少是肤浅的。按传统理论,奇迹是指神或上帝偶尔打破了自然的因果链条,而神或上帝就是自然的主宰。可以说,这种传统理论是在尽其自身最大能力来符合理性。因此,理性主义者一般都在上述意义上默认奇迹的可能性,甚

---

① 《神圣者的观念》(英文版),第2页。

至对传统奇迹观的形成有过贡献;而反理性主义者往往不关心奇迹问题的争论。奥托强调,就宗教生活的精神态度和情感内容而言,理性主义体现出来的是另一种独特的性质,这种性质的形成取决于对如下问题的回答:在我们的神或上帝观念里,是"理性"压倒乃至完全排斥"无理性",还是"无理性"本身超越于"理性"呢?

如果这样来看的话,我们就会发现,正统观念本身历来就是理性主义的"生身父母"。这并非指正统观念仅仅专注于教理和教义,而是说正统观念根本没法在教理教义的结构里恰当地对待"无理性的因素"。

> 宗教中的无理性因素活跃于宗教经验的内心,就保持其活力而言,正统的基督教显然没有认识到无理性因素的价值,正是这一失误使其片面地对上帝观念作出了唯智论和理性论的解释。[①]

为"神圣者"正名

以往的批评者认为,施莱尔马赫的宗教观有一个明显的缺陷,这就是他对宗教信仰的解释主观性较强,着重指出了宗教信仰与情感经验的联系,可对宗教情感的对象却没有作明确的描述或论证。

[①] 《神圣者的观念》(英文版),第3页。

奥托想解决的便是这个问题,他要揭示的就是宗教情感的普遍对象——古往今来一切宗教信仰的"质的共性"。为此,奥托提出了"神圣者"(the Holy)的概念,对这个关键概念作了大量解释,主要有以下几点。

(1) 澄清"神圣者"的本义

"'神圣'——'神圣者'——是宗教领域特有的一个解释与评价的范畴。"①可事实上,"神圣的"(holy or sacred)一词往往是在派生的意义上被广泛使用的。西方思想家大多用"神圣的"来意指某种绝对的道德属性,即"至善的"。譬如,在康德哲学里,那种出于义务而绝对服从道德律的意志,便被称为"神圣的意志"。这种习惯用法不仅不准确,而且完全不符"神圣的"的本来意义。

因此,有必要新造一个特殊的词来取代"神圣的",以删除该词习惯用法中的"道德要素"和"理性外表"。这个新词就是"神秘的"或"既敬畏又向往的"(numinous),其语义来自拉丁文"神秘"或"神性"(numen)。奥托指出,他要探讨的就是这样一个独特的或没有歧义的范畴,就是我们用这个范畴来考察宗教信仰时可普遍发现的那种"神秘的"或"既敬畏又向往的"情感。

(2) 关于"令人战栗的神秘感"的描述

就本质而言,"神圣者"或"神秘者"及其引起的精神状态是独特的,不可还原为其他任何东西。因而,若对它们加以研讨,是无法

---

① 《神圣者的观念》(英文版),第5页。

定义的;唯一可行的分析方法就是借助某些相似的情感进行比较或类比,并运用隐喻和象征来给以表述。

奥托指出,在所有强烈而真诚的宗教情感中有一种最深切、最基本的因素,它对信仰者有极大的影响,能以一种近乎神魂颠倒的力量占据整个精神世界。为发现这种因素,我们可尽力带着"想象的直觉"去追究类似的情形:我们周围的那些信徒的生活状况;当某人的虔诚情感迸发时表现出的那种精神状态;举行各种宗教仪式时的那种历久不衰、井然有序的庄重场面,以及萦绕于古老的宗教遗址、寺庙教堂间的那种特殊气氛等。一旦设法进入如此种种情形,我们都会面对某种东西,这种东西只能适当地描述为"令人战栗的神秘"(mysterium tremendum)。对此,奥托有这样一段经典的描述:

> 此类情感或许有时犹如一阵和缓的潮汐连绵而来,使一种深切崇拜的宁静心情充满整个精神。它也许过后又变成了一种更稳定的、更持久的心灵状态,这种状态可以说是连续不断地、令人激动地使心灵得以激励,产生共鸣,直到最后平息,心灵恢复其"世俗的"、非宗教的日常经验状态。它也许骤然间伴随着痉挛,挟带着惊厥从心灵深处爆发出来,或许还会带来强烈的刺激,叫人欣喜若狂,心醉神迷,以致出神入化。它有其野蛮的、恶魔般的形式,能沦落为一种近乎狰狞的恐怖与战栗。它有其原始的、野性的前身和早期表现形态,另一方面它又可能发展

成某种美丽的、纯洁的与辉煌的东西。它也许会变成作为被造物的谦卑,面对某种不可表达的神秘而沉默、震颤、哑然无语。①

(3) 对"令人战栗的"一词的分析

上述种种情感经验,显然有其特定的对象。奥托的分析是从"令人战栗的"(tremendum)入手的。所谓"令人战栗的"主要喻指如下三种情感因素或情感类型:

或许奥托对"神圣感"的描述尚存不足,尚未充分重视东方宗教传统的丰厚资源。《慈祥的佛像》,张志刚摄于青海省吾屯上寺。

---

① 《神圣者的观念》(英文版),第12页。

（a）畏惧感。"令人战栗的"首先是指一种"恐惧"。但这里讲的恐惧完全不同于自然的或本能意义上的"害怕"，而是在类比的意义上喻示一种很特殊的情感反映。古希伯来文里的'haqdish'（大意是说：从心里把某物看做神圣的）一词可作为例子。"从心里把某物看做神圣的"，是以畏惧感为特征的，以"神秘者"为评价尺度的。

（b）崇高感。"令人战栗的"能使人感到"力量""威力"或"绝对的强大"。因此，"令人战栗的"可描述为"令人战栗的崇高"。若把"崇高"理解为某种与自我对立的对象，信仰者便会感到，自我虽然"存在"却无异于"虚无"。这就是宗教徒特有的那种"谦卑感"的"原材料"。

（c）活力感。由于语言障碍，只能把这种情感因素叫做神秘对象具有的"活力"。这种活力可在"神谴或天罚"等说法中明显感受到；同时可借诸多象征性说法来表达，像"意志""力量""生命力""能动性""原动力"等。

(4) 对"神秘"一词的分析

所谓的**神秘**就是指一种与我们相异的"秘密"或"奥秘"，是我们不能理解的、无法说明的。所以，就宗教意义来说，"神秘的"就是指"全然相异的"；作为宗教情感对象的"神秘者"，就意味着"全然相异者"(the Wholly Other)了。

情感论得失谈

和施莱尔马赫一样,我们仍生活于"理性的时代"。所以,任何抬高情感的学说,难免遭到理性精神的批评质疑甚至轻视唾弃。情感论的遭遇从一开始就是如此。德国古典哲学泰斗黑格尔曾和施莱尔马赫同时任教于柏林大学,他对这位同事的理论嗤之以鼻:如果说宗教信仰可归因于"绝对的依赖感",任何一条狗岂不都能成为出色的基督徒吗?尽管后人意识到黑格尔的说法太过分了,不属学术评论而是恶意攻击,但的确少见"情感论的同情者"。因而,为避免轻率的蔑视或非议,我们先要慎思一下:情感论有没有不可忽视的合理性呢?

把情感提上议程

作为人生信念特别是生活方式,宗教显然饱含情感因素。虽然研究者早就觉察这一点了,可从来没人像施莱尔马赫那样高度重视宗教情感问题,把它从方法论上提到了宗教研究的议程。

如前所述,施莱尔马赫的情感论主要是针对两种传统观点而来的:一种是"理论的(形而上的)观点",也就是理智论;另一种是"实践的(伦理的)观点",也就是道德论。在现代宗教哲学史上,这两种观点能否成立一直是诸多理性主义学派的争论焦点。例如,笛卡儿、佩利等人用科学语言来证明上帝存在;自休谟到康德的不可知论则从根本上质疑此类论证;以狄德罗挂帅的法国百科全书派对宗教道德发起了猛攻;康德则在实践理性领域为上帝保留了地盘……

施莱尔马赫却认为,这样一些理性化的论争未能触及宗教的本质。所以,他要从头说起,提醒"有文化的人"、特别是那些善用理性原则来比照宗教现象的哲学家:宗教信仰另有一套ABC,既不取决于"最高知识"也不寄生于"道德行为",而是发自人类的"无限情怀",属于精神的"根本需求"——"无限的、绝对的依存感"。

上述看法跟施莱尔马赫的人生信念密切相关。他曾把自己的信念概括如下:

> 我相信,人性是无限的,它在披上性别的外衣前就存在了。
> 我相信,活着不是为了服从或虚度光阴,而是为了存在和有所成就;我相信,意志和教育的力量能使我接近无限……
> 激情和品德,艺术的价值和科学的魅力,友谊和爱国,过去的伟大和未来的崇高,这些都是我所相信的。

以上信仰告白显然不会出自"守旧者"或"复古者"之口。正如一位难得的理论知音所言,施莱尔马赫想要解决问题是:一个人能否既有"现代精神"又有"宗教信仰"呢?他所倡导的宗教观使两极相遇了,一是作为个体的现代人,另一就是"宇宙"或"无限"。于是,宗教便有了不同以往的意义。

不再像中世纪甚至宗教改革时期那样,属于一种远离世界的、超自然的东西;

也不像在自然神论和启蒙运动中那样,成为一种隐于世界的、形而上的东西;

毋宁说,按照现代人的理解,就是亲近、直观和感受无限,让无限注入有限……①

奥托与施莱尔马赫的思想联系,主要表现为方法论观念上的连续性。他对情感论思路的继承经历了一个"从解释到提升"的过程。该过程大致分为下述两个阶段。

前一阶段的标志是奥托的处女作,《自然主义世界观与宗教世界观》(德文版1904年,英译本易名为《宗教与自然主义》,1909年)。该书旨在阐明"人类精神的自主性"和"自然主义世界观的不充分性",所以只靠自然主义的科学方法远远不能解释清楚人类的复杂经验、特别是宗教经验。奥托研究专家哈维(John W. Harvey)评论道,书中的论辩是有说服力的,表明作者精通19世纪的科学观及其内在倾向,像机械论、新达尔文主义等,但该书还没提出独到的创见。②

奥托的成名作《神圣者的观念》是后一阶段的标志。作者的创

---

① 施莱尔马赫的信念和汉斯·昆的评价,参见汉斯·昆:《基督教大思想家》,社会科学出版社2001年版,第159、160—163页。
② 上述评价参见《神圣者的观念》(英文版),"第二版译者序"。

见主要体现于两点:首先,严格区分了"理性"和"无理性"。作者的开场白(第一章)不过4页,却充分表达了这样一种质疑:各种传统的有神论、特别是基督教神学一直想靠"理性的概念"来穷尽"神或上帝的属性",问题在于,难道神或上帝不是"无理性或超理性的"吗?宗教信仰之所以和理性主义的宗教观有悬殊差别,就是因为前者比后者深奥得多。这种质疑犹如一石双鸟,一方面挑明了有神论者的理性方法过于肤浅,另一方面则暗示着无神论者的相应批判也落空了。

其次,为宗教信仰的共相——"神圣者"正名。据哈维的推测,《神圣者的观念》写于1917年,1910—1911年的东方之旅对奥托的创见有关键性作用。在此期间,他前往北非、埃及、巴勒斯坦、印度、中国、日本等地,广泛考察了不同文化背景下的宗教现象,以求思索两个基本问题:各种宗教经验的独特对象是什么?不同宗教信仰的共性又在哪里呢?① 正是通过广泛考察和比较研究,奥托提出了"神圣者"这个关键范畴。他据此而对"宗教情感特质"所做的描述,不但进一步验证了施莱尔马赫的方法论思路,排除了传统观点

---

① 参见上书,"第二版译者序"。哈维还提到,在这次东方之旅前,奥托到过欧洲多国;后来又两次前往近东和印度(1925年和1927—1928年)。显然,这些考察对奥托形成与发展其理论有不可忽视的影响。更重要的是,对东方宗教的深厚学养,使奥托的比较宗教学眼界大开,而不像施莱尔马赫那样只局限于西方宗教背景。事实上,东西方宗教比较已成为他后期的研究重点,主要著作有:《东西方神秘主义》(1926)、《印度神思宗教与基督教》(1930)。另外,奥托还致力于印度宗教经典的翻译,写过关于《薄伽梵歌》的论著。

加给宗教信仰的二重次要的或派生的含义,即"理性的"和"道德的",而且以宗教现象学这种更客观的研究态度,把"情感性的宗教经验"推向了宗教学的前沿,使其至今仍是一个方兴未艾的研讨热点。

逻辑上的质疑

从施莱尔马赫到奥托,情感论者在探索道路上似乎已走了很远。可回过头来看,他们的大量探索并没根本解决施莱尔马赫留下的理论矛盾。施莱尔马赫从一开始就力图克服"纯理性的宗教观",从情感的角度来揭示信仰的本质。按他的结论,只有那种"对无限的绝对依存感"才是信仰的根源,而哲学沉思或神学论证不过是宗教情感的派生物。这意味着:没有情感性的宗教经验,便谈不上信仰,更没有神学或宗教哲学可言;换言之,宗教经验不但可唤起信仰,而且足以确证信仰。矛盾就这样产生了:如果宗教经验真有这么重要的认识论意义,可事先却断定宗教经验是非理性、超理性或无理性的,那么,其"根源意义"和"证实作用"从何谈起呢?

上述矛盾会引发很多争论。一个最直接的问题就是:宗教经验能否给以概念描述,或者说,能否排除概念因素呢?显然,这个问题带有双关性,既涉及宗教经验可否研讨,又关系到能否不靠理性来证实信仰。

施莱尔马赫留下的矛盾也就是奥托所要解决的难题。他首先认为,宗教经验虽是一种复杂的情结,但仍可用概念来描述;问题在于,这种描述所用的概念并非"真正的、理智的'概念'",只能看做'解说性的概念替代物'"。① 他进一步解释,我们可把"理智概念的替代物"称为"表意符号"(ideograms),此类符号只是一些不完善的比拟说法,因为它们是为了描述终极经验而从日常经验里找来的。

上述解释无非想在概念问题上区分"适于描述的"和"不适于描述的"。可这种解释本身承认,起码有些概念是能用来描述宗教经验的,因而,我们可借助概念来把握宗教经验,或者说,作为复杂情结的宗教经验也包含某些理智的内容。这就使奥托的解释暗含两种可能性:要么沿着上述思路一直走下去,到头来背叛情感论;要么仍无法解决施莱尔马赫留下的逻辑矛盾。但无论如何,这两种可能性实际上面临同一处"两难境地":如果坚持认为宗教经验是非理智的、不可言喻的,那么,它就无法证实宗教信仰;反之,一旦承认宗教经验包含这样或那样的理智成分,那么,它便不能拒绝概念描述,也不可能回避理性批判了。

从以上分析可进一步提出问题:宗教经验是否真的具有"非认识性"或"不可言喻性"呢? 在不少批评者看来,施莱尔马赫及其后学所主张的情感论,其实一直在误解宗教经验的本质。就宗教活动而言,所谓的情感并不比信念或行为更基本、更深刻;相反,信念和行为表明,情感依赖于认识或概念。关于这一点,当代宗教经验专家普劳德富特(Wayne Proudfoot,1939—   )明确指出:

---

① 参见奥托:《神圣者的观念》(英文版),第19页。

古千:《意在敦煌》,"首届中国宗教艺术展"(北京大学宗教文化研究院、北京大学图书馆主办,2014)特邀作品。

所谓的宗教情感,起码某些部分是由概念和判断构成的。当我们说,某个概念是某种情感的构成因素时,就是指若跟那个概念无关,这种情感便无法得以说明……

要想说明某种情感,必须解释这种情感的性质、对象,以及主体证实这种情感的那些理性根据。于是,我们便能看到,这些根据含有主体的某些信念,而这些信念涉及的就是他的情感状态得以产生的诸种原因。①

---

① 参见普劳德富特:《宗教经验》(*Religious Experience*, University of California Press, 1985),第89、108页。

历史性的评价

前述批评属于逻辑分析,下面再来谈谈历史反思。我们以两位著名学者所作的反思为例,他们的着眼点分别侧重于哲学史和神学史。把这两条线索综合起来,或许能使我们更全面更深入地评价情感论。

(1) 哲学史的反思

为什么施莱尔马赫等人要克服传统的理性方法,转而主张情感论的宗教观呢?当今最有影响的历史神学家潘能伯格(Wolfhart Pannenberg,1928—),从西方哲学史的重大转折中找到了理论原因。他指出,到了现代,在休谟等哲学家的影响下,研讨信仰与理性关系问题的背景发生了根本变化。这时,"提问的主动权"从"信仰"一方转移到了"理性"手中。

基督教启示的来源,也就是《圣经》的权威性,能否无矛盾地被理性所接受,这已不再是问题了。现代的问题反倒是,继表明了以权威为基础的信仰是非理性的,理性还能否在根本上为基督教信仰留有任何容身之地呢?[1]

在休谟看来,基督教信仰似乎神圣得不得了,可其根据在于"权威"而不是"理性"。所以,要揭露基督教的荒谬性,稳妥的方法就

---

[1] 潘能伯格:《神学基本问题》(*Basic Questions in Theology*, Collected Essays, Volume II, Fortress Press, 1971),第50—51页。

是找出其信念所缺乏的理性根据。他在名著《人类理解研究》里指出，神迹是基督教信仰的依托，既然我们能证明神迹是非理性的，那么，所谓的信仰便不过是神迹在信徒身上的延续了，就是令人颠倒所有的理解原则，一门心思地相信那些跟常理或经验完全矛盾的东西。这样一来，宗教信仰的非理性根据便被现代哲学家当作笑柄了。

休谟哲学对宗教信仰的严厉批判，促使人们意识到"权威"与"理性"势不两立。正是为了消解这种令人绝望的对立，康德、施莱尔马赫等人试图克服理性方法的局限性，从"伦理"或"宗教经验"来重新探讨信仰的本质。他们认为，宗教信仰的权威性，只有作为伦理或宗教经验的表达形式，或被此类经验所证实，才是可接受的。

就上述背景而言，把施莱尔马赫和康德联系起来，可使我们把握情感论的来龙去脉。从施莱尔马赫到奥托，尽管情感论者一向反对康德所提倡的道德论，但潘能伯格认为，这两条思路实际上"貌离神合"，都想为信仰寻求新的"权威性根据"。因此，无论康德还是施莱尔马赫，不仅没能消除信仰与理性的对立，反而将宗教信仰和宗教研究推到了"主观领域"。为什么这么说呢？潘能伯格的主要理由如下：

首先，问题的关键在于，宗教经验有时主要表现为情感，有时则更多地涉及意识，其自主性是跟"理论理性"对立的；其次，认为宗教经验或伦理经验独立于理论理性，这种看法很成问题，因为此类经验的内容总是以理论意识为媒介的，所谓的独立性不过是部分意义上的;最后,无论从哲学史还是神学史来看,理性与信仰始终处于"一种不可消除的紧张关系",可康德、施莱尔马赫等人却把这场重大争论完全转移到了"自我理解的主观范围";某种宗教是否有普遍意义,需要给以理性证明,譬如,若对基督教信仰情有独钟,必须拿出"知识性的证据";如果拿不出此类证据来,反而求助于所谓的宗教经验,那么,只能限于个人经验,把宗教信仰变成主观现象。

这样来理解的话,再诉诸于经验,无论如何都将使信仰变成某种自我拯救的事情,或从外表判断为某种精神病——"文化不适应症"(uneasiness toward culture)的表现。这样一种主观性的宗教观之所以在我们的社会找到了位置,只是因为实证主义科学对人的理解忽视了人的立场,这就为主观趣味留下了可占据的真空,不过主观趣味却没有任何普遍意义上的约束力。①

(2) 神学史的反思

前面提到,施莱尔马赫被奉为"现代新教神学之父"。那么,他所倡导的情感论对神学发展有什么影响呢?在笔者见到的大量评论里,要数新正统神学家巴特(Karl Barth,1886—1968)的批评意见最严厉也最有影响了。关于巴特其人其思想,后面的"宗教与对话"一章里有专门介绍。这里预先说明,他的新正统神学思想就是

---

① 《神学基本问题》(英文版),第53页。

从反省施莱尔马赫的宗教观开始的。

巴特指出,19世纪神学有一个明显的起点,这就是施莱尔马赫的名著《论宗教:对有文化的蔑视宗教者的讲话》,因为该书的出版标志着新神学与传统观念的决裂。因而,整个19世纪的神学思潮是以自由派为主流的。该学派深信,神学或宗教研究必须对外开放,面向世界,适应于当代社会及其学术观念。这种信念必然导致如下假设:要想维护信仰和神学,只能靠某种新观念来重新解释人、宇宙和上帝的关系,因为只有这样才能博得普遍认同。

就上述信念和假设而言,19世纪的神学家继承了20世纪基督教启蒙运动的精神,即主张任何人接受信仰都不应迫于外在的或内在的压力。因而,自由派神学家把目光转向了同时代人所认同的"标准世界观",力求说明这种世界观所构成的信仰条件,更准确些说,试图从中找到一个参照点,以令人信服地自愿接受宗教信仰,至少证明有这样一种信仰的可能性。

从信仰的立场来看,自由派神学家的尝试不能不说是"一种特殊的冒险",巴特进一步指出,因为要想达到以上目的,他们便不得不构造某种特殊的世界观,而且还不得不肯定其合理性;所以,对他们来说,便当的做法就是把某种流行的哲学思潮充作神学研究的前提。正因如此,19世纪的神学家无不自认为"专职的哲学家"。这么多宗教哲学家都忙于构造某种普遍的本体论、认识论或伦理学,以证明人生来就有信仰的本性或潜能。总的看来,他们的努力主要是围绕下面两个问题展开的。

（a）关于"信仰的潜能"。施莱尔马赫认为，人就本性而言注定有一种"对无限的感知和体验"。对这种观点，自认为精通宗教哲学的 19 世纪神学家们做了大量论证。巴特反问道：19 世纪的人想从神学家那里学到此类知识吗？他们承认此类知识能充实自己的世界观吗？他们是否真想利用"信仰的潜能"呢？施莱尔马赫对"知识分子"发表的演说的确令人印象深刻，论证了人类精神生活结构中的宗教根源，可他本人及其追随者的激情言论并没打动广大知识分子，至于对觉醒中的劳动阶层就更谈不上影响了。

如果说上述结果不能用来指责施莱尔马赫等人的研究特长的话，那么，一旦反省他们的研究倾向，问题就严重了。这方面的问题就在于，是否存在所谓的"一般性宗教"呢？

（b）关于"一般的宗教"。作为当代最强硬的基督教护教家，巴特尖锐地指出，即使可以假设某种"普遍的世界观"是合理的，基督教信仰能否成为论争的对象呢？有什么证据表明，接受某种世界观便能使基督教信仰得到普遍认同呢？即便承认人生来就有宗教倾向，基督教信仰能否被称为"一种宗教"呢？19 世纪的神学家就是这么错误地作出假设并得出答案的。①

巴特提出上述强烈批评，不仅要把神学家从"19 世纪的百年迷梦"中惊醒过来，而且想封杀"摇篮"中的宗教学，因为在他看来 19

---

① 巴特的以上评价，详见"19 世纪的福音神学"（"Evangelical Theology in 19th Century"，*The Humanity of God*，John Knox Press，1974）。该文原是巴特晚年发表的一次长篇讲演——"百年变迁"，收入论文集《上帝的人性》时易名为"19 世纪的福音神学"。

世纪的欧洲神学家和宗教学家是"方法论上的同路人",二者都试图从人的角度来重新思考宗教信仰,而施莱尔马赫便是始作俑者之一。

既然如此,我们在这里考虑这位宗教学反对者的批评意见又有什么意义呢?笔者以为,至少有两点是值得考虑的:首先,**宗教研究确是一个复杂且敏感的领域**,任何关于宗教本质问题的探索不但步履维艰,而且要承受各方面的、特别是信仰者的质疑,巴特对施莱尔马赫的否定便是典型的例子;其次,尽管宗教研究领域里的理论交锋难免注入信仰成分,但理应**持以尊重对方、商讨学术的态度**,就此而言,巴特对施莱尔马赫的批评也是一个范例。诚如汉斯·昆所言,最可信的赞扬往往来自理论对头,对施莱尔马赫的最后评价应留给巴特来说:

> 他没开创一个学派,而是开创了一个时代。
>
> 我们面对的是一位英雄,是神学中难以得到的那种英雄。任何人如果没注意到(或从未屈服于)这位人物发出的和仍在放射的光芒,都可以可敬地越过他而采纳其他的、也许是更好的方式。但是请别对施莱尔马赫作哪怕是十分轻微的指责。任何人在此如果不曾爱过,而且如果不会一再地爱的话,也就不会恨。[①]

[①] 巴特:《19世纪的新教神学》,转引自汉斯·昆:《基督教大思想家》,第151、182页。

八

宗教与意志

  是的,你非赌注不可。你早已委身,就别无选择。然而,你将赌定哪一面呢……我们可对两种情况加以估量:若赌赢了,你并没有失去什么,还有什么可犹豫的,就赌定上帝存在吧!

——帕斯卡尔

  宗教首先是作为一种价值重大的选择而呈现于我们面前的。若选择信仰,我们从现在起就该获得某种无法估量的好处;若拒绝信仰,则全然丧失。其次,宗教还是一种有强制性的选择,这是和其好处相伴共存的。我们不可能靠保持怀疑,等待更多的证据来避免这场争端,因为如果通过这种方式,我们虽然能在宗教并非真实的情形下避免谬误;可在宗教是真实的情形下,我们也将丧失好处,这一点如同我们实际选择了不信上帝一样毋庸置疑。

——詹姆斯

米广江:《宁(平安)》,竖看为中文"宁",横看为阿文"平安",字内精细处是用阿文抄写的《古兰经》相关内容。

意志论和情感论一样,也力图克服传统的理性方法的有限性或局限性;不同在于,它强调的是"意志抉择"在信仰生活中的决定性意义。意志论又被称为"意志论论证",因为它力求取代传统的理智论者所做的有神论证明,像本体论论证、宇宙论论证、目的论论证等,转而从意志的角度来论证信仰之选择的必要性和合理性。大致说来,这条论证思路萌发于帕斯卡尔的"打赌说",成熟于詹姆斯的"风险论"。

　　在晚近的文献里,意志论还被归于**"实用主义的信仰观"**,因为这种论证形式一开始就以"功利性"来强化信仰之选择的必要性与合理性,从帕斯卡尔讲的"与你利害关系最小"到詹姆斯说的"给我们带来最大的好处",其功利或实用色彩越来越浓厚。当然,这种定性主要是就詹姆斯的实用主义真理观而言的。但为了廓清思路和线索,我们先得从生活于几百年前的帕斯卡尔说起,然后把评述重点放在詹姆斯的论证结果。

帕斯卡尔

乍看起来,在信仰问题上主张"打赌说"有点儿不严肃。所以,有必要先了解帕斯卡尔其人。帕斯卡尔(Blaise Pascal, 1623—1662)是著名的数学家、物理学家、古典主义散文大师、基督教哲学家。这位才子只度过了 39 个春秋,可他的短暂一生极富传奇色彩,11 岁就写出了一篇声学论文,16 岁完成了"圆锥曲线论",18 岁开始设计手摇计算器……

帕斯卡尔的一生充满戏剧性与矛盾性,既是杰出的科学家又是虔诚的宗教徒,既有清醒的理智又有神秘的情感,既因不满传统的

帕斯卡尔像。

经院神学而注重理性的哲学思考,又试图用"信仰意志"来证明"上帝存在"。俗话说:文如其人。帕斯卡尔的"打赌说"可谓其一生的生动写照。

无限与虚无

"打赌说"见于名著《思想录》。该书的第 233 条专门讨论"无限与虚无的关系问题",通过这个重要哲学问题的讨论,帕斯卡尔试图证明:就人类理智而言,我们完全有可能知道某物、包括无限物的存在,可同时对其本质却一无所知。

例如,数学所要研究的"数"肯定不是有限的;换言之,"无限大的数"存在无疑。然而,我们并不知道这个"无限大的数"到底是什么。据现有的知识,这个"无限大的数"既不是奇数也不是偶数,尽

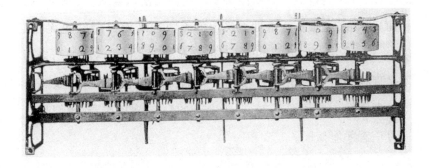

帕斯卡尔所设计的手摇计算器,藏于法国的克莱蒙费朗博物馆。

管已知的"数"不外这两类,可我们通过不断增加一个个数量单位并不能改变这个"无限大的数"的本质。所以说,我们只知道"无限大的数"肯定存在,但无法借助有限的数量递增关系来推知它的本质。

同理可证,信仰者知道上帝存在,却不可能靠理性来认识上帝是什么,其本质究竟如何?在帕斯卡尔看来,正如一个有限的数并不能给"无限大的数"增加任何东西,我们的理智在无限的上帝面前也是这样,我们的正义在神圣的正义面前更是如此。因为不论在什么情况下,一旦有限面对或融入无限,均将化解为"纯粹的虚无"。

但和数学知识相比,关于上帝的认识还有更复杂或更困难的一面。帕斯卡尔指出,我们在数学上完全可知道"无限"的存在而不了解其本质如何,因为这种意义上的无限有"广延"而无"限度";也就是说,人类自身具有的广延性能使我们认识到此种无限的存在,可人类自身的有限性又使得我们无法认识其"无限度"的一面。然而,上帝作为信仰意义上的无限却既无"广延"也无"限度"。因此,我们所说的"知道上帝存在"实际上是信仰的结果而不是理性的结论。如果仅凭理智,我们肯定对上帝的存在及其本质一无所知。这便意味着:对于上帝的存在及其本质,我们只有通过信念才能认同。

为信仰赌注

帕斯卡尔认为,以上分析表明:以往围绕"上帝是否存在"进行的大量逻辑论争,不论是信仰者的各种证明还是反对者的诸多否证,事实上都属于贸然的尝试或虚妄的企图。既然作为无限存在的上帝,超越于人类理性认识的有限范围,那么,谁又能找出任何理由来否定宗教徒的信仰,指责他们无法为上帝存在提供理性根据呢?

但上述反驳并不意味着批评者的意见是无须重视的。正像批评者指出的那样,即便"上帝的不可证实性"可使信徒免除理性批评,但不能成为信仰的唯一理由。这样一来,如何回答"上帝是否存在"这个根本问题,对每个信徒来说便成了一场严峻的人生选择,因为该问题犹如"从无限之尽头向我们抛来的一枚硬币",究竟赌注"正面"还是看好"反面",凭借理智既无法作出决断也不能证实对错。关于这场人生信仰赌注,帕斯卡尔是这样看的:

> 是的,你非赌注不可。你早已委身,就别无选择。然而,你将赌定哪一面呢?让我们来看一下:既然非得作出一种抉择,只有看看哪一种抉择与你的利害关系最小。你有两样东西可输:真与善;你又有两样东西可赌:你的理智和意志,你的知识与福祉;同时你的本性又在躲避两样东西:谬误与邪恶。既然你非做抉择不可,你的理智所面对的已不再是选择这一面而不是那一面。这一点是我们早已明确了的。那么,就你的福祉而

言又将如何呢?让我们估量一下赌注正面,即相信上帝存在所包含的得与失吧。我们可对两种情况加以估量:若赌赢了,你将获得一切;若赌输了,你并没有失去什么。还有什么可犹豫的,就赌定上帝存在吧!①

帕斯卡尔接着作了一个更复杂的假定,强化了信仰选择问题的严肃性与神圣性。他向读者提出了这样一个问题:假若还存在着一种来世的或永恒的生命与福祉,你又将如何看待这场意义非凡的人生赌注呢?这场人生赌注实际上是不可避免的。一旦你不得不进行抉择而又舍不得以自己今生今世的一切作抵押,那将是很不明智的,因为尽管在数之不尽的机遇中可能只有一种结局是你所盼望的,可它将带给你的却是一种永恒的生命、一种无限的福祉。也就是说,你的抵押是相当有限的,而你的收益则是无法估量的。更何况就输局与赢局二者的机遇而言,后者诚然为一,可前者也并非无穷之多。

既然如此,既然你不得不作出赌注,若你仍舍不得以自己的生命为代价去赢得无限的收益,那你必定是欠缺理智的,因为这无异于吝惜一种分文不值的损失。②

---

① 帕斯卡尔:《思想录》(*Pensees*,Penguin Books Ltd,1966),第 152 页。
② 《思想录》(英文版),第 153 页。

詹姆斯

詹姆斯不是个陌生的名字了,我们在上篇里介绍了他的宗教经验研究。接下来要评述的"信仰风险论",则更能体现出这位当代美国哲学泰斗的思想本色——实用主义的真理观。实用主义并非詹姆斯独创,他是跟皮尔士(Charles Sanders Peirce, 1839—1914)、杜威(John Dewey, 1859—1952)一起分享"创始人"称号的。但和另两位创始人相比,詹姆斯更注重现实生活里的价值问题,更倾向于为平民百姓著书立说,以启发他们独立地思索人生意义,自由地选择生活道路。所以,实用主义哲学观的通俗化或大众化主要归功于詹姆斯。

詹姆斯认同帕斯卡尔的基本观点:就以往关于"上帝存在与否"的逻辑争论而言,论争双方都没能拿出确凿的事实或证据来。但生活于现代世俗文化背景下的詹姆斯,对传统理性方法的反省显得更慎重也更现实了。他并不像帕斯卡尔那样一口断定,任何理性的证明或否证都属于"贸然的尝试"或"虚妄的企图",而是首先强调"理性证据的不充分性";也就是说,"上帝存在"虽不乏理性证据,但现有的证据尚不足以确证"上帝存在"。他甚至小心争辩道,目前正反两方面的理性证据势均力敌,并将长期处于均衡状态,以致我们无法作出理性的判断和选择。

因而，在现有理性证据不足的情况下，"信仰之选择"只能看成一场充满风险的人生赌注。为重估这场人生赌注的风险与价值，詹姆斯从实用主义观念出发，对"信仰之选择"做了较全面的分析。

论信仰选择

任何推荐给我们信仰的东西，都可称为"假设"（hypothesis）；所谓"信仰之选择"就是指在两种假设之间作出"决断"（decision）。事实上，我们一生可能面临诸多类型的"信仰之选择"。譬如，就特定的境遇或具体的人来说，有些选择可能意义不大，而有些选择却能决定一生；有些选择是没有出路的，而有些选择则是有生命力的，有现实可能性的；有些选择完全可以回避，但有一些选择具有强制性，令我们不得不作出抉择，因为这时连拒绝本身也属于选择，即一种相反的或否定意义上的选择。总括以上看法，詹姆斯提出了一个新概念，叫做"真正的选择"（genuine option）。

> 选择可能是多种多样的。它们可划分为：(a) 有生命力的或僵死的；(b) 有强制性的或可回避的；(c) 价值重大的或无足轻重的。就我们的目的而论，如果某一选择属于那种有强制性、有生命力而且还有重大价值的，我们便称之为真正的选择。①

---

① 詹姆斯：《信仰的意志及其他》（*The Will to Believe and Other Essays*, Longmans, Green and Co., Inc., 1897），第3页。

例如，基督教一神论就是这样一种真正的选择。"你是否信仰上帝"，这种选择首先描绘出了一种现实的可能性；同时我们对这一选择无法保持中立态度，因为若不相信上帝的存在，便意味着拒绝神圣的启示；最后，这种选择本身将给我们一生带来的得与失是无法估量的。

又如，对一个阿拉伯人来说，即使他不是"马赫迪"①的追随者，马赫迪也不失为一种真正的选择；可马赫迪这个概念对西方读者来说却很难产生共鸣，这主要是因为从西方人的情感本性来看马赫迪的说法是缺乏生命力的。

在选择与证据的关系问题上，詹姆斯承认，假若我们已掌握充分的理性证据，当然应该相信事实，以证据作为选择的基础。可问题在于，我们的理性认识往往不可能为"信仰之选择"提供可靠的证据。因此，有必要区分下述两种情况：

（a）对于那些并非"真正的选择"，如果证据不足或正反两方面的证据势均力敌，我们可暂缓判断，继续求证。

（b）但面对那些"真正的选择"，比如"是否相信上帝存在"，我们既不能中止选择也不能等候证据，因为从理性的角度来看，否定上帝存在的证据绝不会少于相信上帝存在的理由，这两类证据的抗

---

① 马赫迪（Mahdi）的观念约形成于 8 世纪，当时在伊斯兰教哈里发国家中，由于对现实的不满出现了一股期盼救世主的宗教思潮。"马赫迪"一词的阿拉伯语原意指"由真主安拉引上正道的人"，起初主要是指那些具有先知天赋、有能力解救大众苦难，树立人间正义的宗教领袖，后来逐渐引申为伊斯兰教徒所期盼的救世主。

衡状态是长期逻辑论战的结果,恐怕再过很久也难以改观。

那么,身处这种境况应当如何选择呢?詹姆斯建议,这时就应把信仰之选择的权力交给我们的情感,即凭借人的"情感本性"(passional nature)来抉择应当信仰什么,哪一种选择会给我们的一生带来最大的益处。作为一位极重现实的哲学家,詹姆斯坦诚相告:

> 简言之,我所维护的是这样一个论点:我们的情感本性不仅有权而且必须从诸多命题中断定一种选择,因为只要是一种真正的选择,其本质便决定了我们不可能以理智的根据来作出决断;因为在这种情形下,如果说:"无须决断,尽可让问题悬而不决",这和作出肯定或否定的回答一样,其本身就是一种情感的决断,而且同样也带有丧失真理的危险。

论信仰意志

当然,詹姆斯清醒意识到,上述关于信仰选择的看法难免遭到质疑。比如,有些哲学家坚持,若无充足的理性证据,便不可能从道义上确立任何信仰。在詹姆斯看来,这种批评意见诚然表达了一种谨慎态度,可如果被这种态度困惑,以致缩手缩脚,总是不肯作出任何没有十分把握的选择,无疑会使我们丧失许多真实的东西。

应当承认,人类的理解能力毕竟有限,况且就人类理智力所能及的认识范围而言,这个世界上还有太多的事物有待于发现或探讨。因而,我们理应正视所谓的失误或谬误,切不可因畏惧心理而裹足不前。

回到信仰问题上,假若某种真正的选择最终能给我们带来最大的益处,那就不该由于惧怕可能出现的失误而情愿放弃无法估量的终极价值,而是应当靠"信仰的意志"(will to believe)大胆地选择信仰。

总而言之,信仰之选择犹如一场价值重大的人生赌注,而带有赌注性的信仰生活无疑是充满风险的。詹姆斯建议,读者可通过反省怀疑论来重估这场人生赌注的价值。他的建议集中反映在下面这段颇有影响的论述里:

> 宗教首先是作为一种价值重大的选择而呈现于我们面前的。若选择信仰,我们从现在起就该获得某种无法估量的好处;若拒绝信仰,则全然丧失。其次,宗教还是一种有强制性的选择,这是和其好处相伴共存的。我们不可能靠保持怀疑、等待更多的证据来避免这场争端,因为如果通过这种方式,我们虽然能在宗教并非真实的情形下避免谬误;可在宗教是真实的情形下,我们也将丧失好处,这一点如同我们实际选择了不信上帝一样毋庸置疑。打个比方,怀疑论者就好像一个想求婚的小伙子,只因无法完全确信那姑娘娶回家后能不能证明自己是个天仙,他就该没完没了地迟疑不决。难道他并未放弃那姑娘可能是个天仙的盼头,不是和他放弃这种盼头而娶了另一个姑娘同样也算一种决断吗?因此,怀疑论并非逃避信仰之选择的办法;它也是一种冒有特定风险的选择。与其冒险步入谬误,倒不如冒险丧失真理——这就是你们的信仰否决者主张的立

苦读与静思中的僧侣与修女,信仰意志的典型人物。

场。这种否决者投下的赌注实际上并不少于信仰者;他把赌注押在反对宗教假设的一边,正如信仰者赌定的是反对其立场的宗教假设。因而,若把怀疑论作为一种责任加以宣扬,认为我们必须固守此责任直至发现宗教假设的"充足证据",这无异于对我们说:面对宗教假设时,向我们对"它可能错"的恐惧投降,要比向"它可能真"的期望投降更明智一些、更可靠一些。所以说,拒斥一切情感并不是理智;唯有以某种情感为基础来建立理智的法则,这才算是理智。若真是这样,凭什么来保证这种情感就是最高的智慧呢?若以欺骗换取欺骗,那还有什么东西可以证明:由于欺骗而受骗较之由于恐惧而受骗竟会如此糟糕呢?至少我看不出来这有什么证据;所以说,一旦我自己付出的赌注意义重大,令我有权选择自己所应承受的那份风险时,我就会拒绝这位怀疑主义的科学家的要求,决不仿效他所主张的选择方式。假若宗教是真实的而它所需要的证据仍然不足,我并不希望用怀疑论这只"灭火器"来窒息我的本性(因为我的本性令我感到怀疑论毕竟和这种事情有关),从而使自己丧失人生中唯一的一次机遇去投身于赌赢的一方。当然,这机遇取决于我是否心甘情愿地承受风险,我出于情感需要而以宗教信仰看待这个世界是否有预见性、是否正确,并能否如此这般行动。①

---

① 詹姆斯:《信仰的意志及其他》(英文版),第17页。

论实用主义

詹姆斯一再申明,实用主义是作为方法论上的一条中间路线提出来的,旨在调和现代哲学思维里两种对立的方法——理性主义与经验主义。这么重大的话题在他的笔下竟是从一个通俗的说法扯起的:"哲学史在极大程度上是人类几种气质冲突的历史"。[①] "气质上的差异"可造成广泛影响。例如,在礼仪上有拘泥者和随意者;政治上有独裁主义者和无政府主义者;文学上有学院派和现实派;艺术上有古典主义者和浪漫主义者。同样,在哲学上则有理性主义者和经验主义者。

"经验主义者"是喜爱各种各样原始事实的人,"理性主义者"是信仰抽象的和永久的原则的人。任何人既不能够离开事实也不能够离开原则而生活一小时,所以其差别不过是着重在哪一方面罢了;然而,由于各人的着重点不同,彼此之间就产生了许多非常尖锐的嫌恶感,我们将会觉得,用"经验主义者"的气质和"理性主义者"的气质来表示人们宇宙观的差别是非常方便的。这两个名词使得这个对比显得简单而有力量。[②]

为表明上述**"两种哲学气质"**的结构和对立,詹姆斯图解如下:

[①] 詹姆斯:《信仰的意志及其他》(英文版),第 26—27 页。
[②] 詹姆斯:《实用主义》,商务印书馆 1979 年版,第 7 页。

柔性的	刚性的
理性主义的（根据原则而行）	经验主义的（根据事实而行）
理智主义的	感觉主义的
唯心主义的	唯物主义的
乐观主义的	悲观主义的
有宗教信仰的	无宗教信仰的
意志自由论的	宿命论的
一元论的	多元论的
武断论的	怀疑论的

那么，上述"两种哲学气质"有什么缺陷非得克服呢？詹姆斯首先提示读者，历史上从未有过这么多人倾向于经验主义，可以说我们一出生就深受科学的影响。150多年来，科学的进步似乎把物质宇宙扩大了，而人的重要性却被缩小了，结果使人们的"自然主义或实证主义感觉"空前发达。人不再是自然界的立法者，而是"吸收者和适应者"；人只能记录并服从那些"无情的或没有人性的真理"；人的"幻想和勇气"丧失了；各种理想仿佛都成了"生理学意义上的惰性的副产品"……总之，这是"一个唯物主义的宇宙"。"要是你求助于最注重事实的地方，你会发现全部刚性计划正在进行，而'科学与宗教之间的冲突'正达到高峰。"①

---

① 《实用主义》，第8页。

反之，如果人们转向宗教，求助于"柔性的哲学"，则会发现理性主义有更大的缺陷。在英语世界，现行的宗教哲学可分为两大阵营：激进派和守旧派。激进派以英国的黑格尔学派所主张的先验唯心主义为代表，其哲学观是泛神论的。该派虽对新教牧师有很大影响，可显然已失去了有神论传统的锋芒。传统的有神论现存于守旧派，以苏格兰学派的天主教经院哲学为代表，但它早已陷入了一步步退却妥协的境地，这一方面是因为黑格尔学派和其他绝对论者的侵害，另一方面则遭到了进化论者和不可知论者的冲击。

因此，假如你在宗教信仰上倾向于"柔性的哲学"——理性主义，那就不得不在上述两个宗教哲学派别间作出选择了。问题在于，激进派所主张的绝对论，是以"绝对的思想或精神"来构造宇宙的，但从"绝对精神"推论不出任何实际的、特殊的事物；而守旧派认同的"上帝"，则和"绝对精神"一样贫乏，他高高在上地生活于抽象的世界。以上比较可得出这样的结论：

> 绝对论倒还有一定的开阔景象和一定的威势，平常的有神论则更淡而无味了；但是二者都同样是遥远和空虚的。你所需要的哲学是这样一种哲学：它不但要能运用你的智慧的抽象能力，还要能与这有限的人生的实际世界有某种肯定的关联。①

---

① 《实用主义》，第11页。

由此可见,理性主义的重大缺陷在于脱离实际,抽象空洞。詹姆斯回忆道,记得一两年前,有个学生交来一篇论文。文章开头就说,我一走进哲学课堂,就觉得不得不跟另一个世界打交道了。我在教室外经验到的世界一言难尽,杂乱、纷繁、污浊、痛苦、烦扰;可哲学教授所讲的世界,却是单纯、洁净、高尚的,现实生活里的矛盾现象统统不见了。所以,哲学好像一座古典式的、用大理石建在山顶上的神殿,它的轮廓是用理性原则划出来的,各部分则是靠逻辑必然性粘起来的,太庄严太圣洁了。

詹姆斯就此大发感慨,我没把这篇论文留下来太遗憾了!这个学生告诉我们:理性主义的哲学体系不但不能解释现实世界,反倒是一座逃避事实的古雅圣殿。我们可以承认,理性主义哲学具有"高尚而纯洁的气质",能满足沉思默想者的强烈渴望,让他们大谈"高洁的东西"。然而,一旦目睹具体的事实,正视我们这个纷乱而暴虐的大千世界,恐怕就谈不上"高尚或纯洁"了。如果一种哲学只讲高洁的东西,那么,它便永远满足不了经验主义者的要求。正因如此,科学家们情愿不要"幽灵似的形而上学",实践者们则听从"原野的呼唤",视哲学如尘埃。

更令人恐惧的是理性主义者从纯洁却虚假的哲学体系那里得到的那种满足感。以莱布尼兹(Gottfried Wilhelm Leibniz, 1646—1716)的《神正论》为例。这本名著用优雅的文笔论证道:就各种可能存在的世界而言,上帝为人类安排的居所当属最好的星球,因为要是知道天国有多大的话,那么,我们便可得知这个星球有多好了,这个世界上的恶与善相比,几乎等于零。由此可见,理性主义者从来就对现实世界抱有浅薄的乐观态度。

在这一点上,现今的理性主义者并不比前辈深刻。他们仍坚持认为,这种或那种"绝对的根据"是十全十美的,现实世界的不完善性则是假象,是相对的或有限的事物所造成的。例如,绝对唯心主义的代表人物罗伊斯(Josiah Roye)说,现世秩序里的罪恶现象,乃是永恒秩序的必要条件;新黑格尔主义的代表人物布拉德利(Francis Herbert Bradley)则讲,正因为饱含差异或矛盾,"绝对精神"才显得愈发丰富了。让我们来看当代著名作家斯威夫特(M. I. Swift)的有力反驳。

在《人类的屈服》里,斯威夫特摘录了大量关于社会丑恶现象的新闻报道,用来揭露"所谓的西方文明世界"。例如,有位小职员科克里,因生病3周前就被解雇了,一家8人断了口粮,不得不在冰天雪地里拖着虚弱的身子到处求职,可夜归时不但没找到工作,反倒在门上撞见了勒令搬家的告示,只好在绝望中服毒自杀了。斯威夫特讥讽道,诸如此类的新闻常见于报端,它们记录的基本事实足以编成一部《现代文明百科全书》了。难道这些事实还证实不了理性主义哲学及其宗教观的虚假性和欺骗性吗?难道天真无邪、饱食终日的罗伊斯、布拉德利等人还会认为,科克里之类小人物的苦难境遇能使"实在"或"绝对"更丰富多彩吗?

斯威夫特是个无政府主义者。虽然詹姆斯引用他的材料和观点,但并不苟同他的立场或信念,因为斯威夫特只是"实用于"实用主义者詹姆斯的目的,这就是借他的犀利笔触来揭露理性主义哲学及其宗教观的弊端,以推出自己的实用主义主张。

那么,为什么要主张实用主义呢? 我们把詹姆斯的主要论点辑录如下,作为本节的总结:

> 经验主义的哲学宗教性不够,而宗教哲学又经验性不足。
>
> 你需要一个结合两种东西的哲学体系,既要有对于事实的科学的忠诚并且愿意考虑事实,简言之,就是适应和调和的精神;还要有对于人类价值的古老的信心和随之产生的自发性,不论这种信心是具有宗教的风格还是具有浪漫主义的风格。这就是你的难题:你发现你所求得的结果的两部分无可挽救地分开了。你发现经验主义带有非人本主义和非宗教的色彩;要不然,你发现理性主义的哲学,它的确可以自称为具有宗教性质,但同具体的事实和快乐与痛苦,毫无实际接触。
>
> 正是在这一点上我自己的解决方法开始出现了。我提出这个名称古怪的实用主义作为可以满足两种要求的哲学。它既能像理性主义一样,含有宗教性,但同时又像经验主义一样,能保持和事实最密切的关系。[①]

[①] 以上论点依次见《实用主义》,第 11、13—14、20 页。

意志论众口说

詹姆斯的意志论论证简明扼要,但涉及的问题很复杂,引起的争论也很激烈。生活中的对头最能揭短,理论上也是如此。就理论倾向而言,意志论旨在克服理性方法的有限性或局限性。所以,我们先来看看理智论者罗素的尖锐批评,再来围绕争论焦点归纳其他学者的分析评价,最后试从文化背景来"理解詹姆斯其人其影响"。

"功利者的宗教观"

罗素的名著《西方哲学史》里有一章,专就詹姆斯的思想、特别是宗教观作了评介。他的评介大体分为两部分,一是"彻底的经验论",一为"实用主义和信仰意志"。读过这两部分评论,可令人感到强烈的反差。

"彻底的经验论"是詹姆斯晚年提出的重要主张,最早见于"'意识'存在吗?"一文(1904)。他根据"意识流"概念指出,所谓"直接的或纯粹的经验",对人来说就是指"原初的、混沌的经验";此类经验并没有把思想与事物、意识与对象或主体与客体区分开来;也就是说,主体与客体的区别,来自人们对此类经验的反省。

罗素评价说,仅凭上述见解,詹姆斯就配在哲学家中占有崇高地位。然而,他对詹姆斯的宗教观却一贬到底。

(1) 批驳"信仰意志"

所谓的信仰意志理论有一个显著特点：以"理性证据的不充分性"和"理性选择的不可能性"为前提，转而从意志的角度来论证信仰之选择的合理性。在此论证里，对怀疑论的否定又是不可或缺的一环。

为什么要否定怀疑论呢？按照詹姆斯的说法，"求实"是治学者的道德义务，这种义务主要包括两个训条："相信真理"和"避免错误"；假如这两个训条同等重要而又必须选择的话，那最好还是选择前者，因为这有一半"相信真理"的机会；反之，如果像怀疑论者那样只盯住后者，我们便完全失去机会了。

罗素反唇相讥，如果认真对待上述学说的话，恐怕只能导致某种古怪的行为准则。譬如，碰到一个生人，自己就会暗自猜测：他是不是叫艾本尼泽·威尔克思·史密斯呢？如果承认自己不知道，我肯定没有关于此人姓名的真信念；反之，假如相信他就叫这个名字，我倒有可能具有真观念了。这样一来，遵循詹姆斯主张的积极求实态度，如果我几年来一直想碰到这位先生，那么，直到有了确凿的反证前，我只好相信所有的陌生人都叫史密斯了。

上述例子表明，詹姆斯忽视了信仰选择与盖然性的关系。可事实上，我们考虑任何问题时几乎都涉及这样或那样的盖然性。例如，你是一个中国人，跟儒教、佛教和基督教都有接触，那么，起码可考虑以下几种情形：(a) 逻辑法则可使你排除这三者都是真理；(b) 假设佛教和基督教对分"真理的可能性"，且已知二者不可能同时为真,那么,属于真理的只有一个,儒教则被排除了;(c)假设三者均分可能性,那么,任何一种宗教不是真理的几率则大于属于真理的机会。因此,一旦考虑到盖然性,詹姆斯的原理便垮台了。

依我看来求实的训条并不是詹姆斯认为的那种训条,我以为它是:"对任何一个值得你去考虑的假说,恰恰寄予证据所保证的那种程度的信任。"而如果这假说相当重要,更有进一步探寻其他证据的义务。这是明白的常识,和法庭上的程序是一致的,但是和詹姆斯所介绍的程序完全不同。①

从思想史来看,詹姆斯的信仰意志理论虽有新意,但基本上仍是"萨瓦牧师的态度"。何谓"萨瓦牧师的态度"呢?这要从罗素对一位历史名人的批判谈起,他就是大名鼎鼎的法国启蒙思想家、哲学家、文学家、社会政治思想家卢梭(Jean-Jacques Rousseau, 1712—1778)。

自柏拉图以来,有神论的哲学家一般是用逻辑的或理智的证据来支持宗教信仰的。现代新教徒则大多轻视此类"老式的证明",开始将信仰之基础移至"人性的某一方面",像敬畏情绪、神秘情感、是非心、渴望感等。这种新辩护方式的始作俑者就是卢梭。《爱弥儿》第四卷里有一段插话,"一个萨瓦牧师的信仰自白",这其实就是卢梭本人的宗教信条声明。他借萨瓦牧师之口声称:要有道

---

① 罗素:《西方哲学史》,下卷,第 374 页。

德,只须放弃理性而顺从情感。罗素批评道:

> 排斥理性而支持感情,在我认为不是进步。实际上,只要理性似乎还站在宗教信仰的一边,谁也不想到这一招。在卢梭当时的环境里,像伏尔泰所主张的那种理性是和宗教对立的,所以,要轰走理性!①

罗素甚至厌恶地说,我宁要本体论证明、宇宙论证明等老货色,也不喜欢卢梭所张扬的那种没有逻辑、滥用感情的做法。因为老式的议论至少是正儿八经的,如果属实便能证明,反之则容许批评,让人论证其不确实性;而卢梭的"内心神学"则免去了议论,是任何人也驳斥不了的。所以,假如非得在阿奎那和卢梭中间选一个的话,我会毫不犹豫地选择圣徒托马斯·阿奎那。

(2) 剖析实用主义

就詹姆斯的思想体系而言,"信仰意志"属于一种过渡性的理论,其结果则是实用主义的真理观。詹姆斯十分关心宗教和道德问题。按照他的真理观,任何有利于道德与幸福的信念或假说,都是值得提倡的"真理"。罗素指出,这种实用主义的真理观对理智来说是很难接受的。

先从詹姆斯的真理概念来看,如果说凡有良好效果的信念就是"真理"的话,那么,我们事先必须知道两点:(a) 什么是好的?

---

① 罗素:《西方哲学史》,下卷,第 235 页。

(b) 其效果是什么？然后才能知道,什么是真的？可这样一来,其结果的复杂性就变得很难想象了。

例如,要想知道哥伦布是否于1492年横渡了大西洋,你先该打听一下:这个信念有什么效果呢？此效果和其他信念有什么不同呢？譬如,有人相信此次航行结束于1491年,有人则以为1493年更可信。——搞清楚这些已够麻烦了,可更困难的是,怎么从道德角度来权衡多种效果呢？你也许说,"相信1492年的效果最好",能在考场上得高分；而那些分数低的竞争者却认为,你的高分在道德上是可悲的！但麻烦不止于此,你还须自以为是,"我对效果的估计,无论在道德上还是事实上都是真的"。可根据詹姆斯的逻辑,"估计是真的"等于说"效果是好的"；如果估计是真的,效果必须是好的……如此循环,没完没了,这种逻辑显然行不通。

此外还可发现一个难点,这就是"真理"与"事实"的关系问题。仍用上面的例子,如果我说"有哥伦布这个人",人人都会同意这是真的,因为确有这么一个有血有肉的人生活于450年前。也就是说,上述说法之所以真实,并非由于"信念的效果",而是在于"此人的原因"。可按照詹姆斯的真理定义,"上帝存在"只要在广义上有令人满意的效果,那就足够了,便足以称为"真理"了。他关心的只是"上帝信念"及其效果,即对住在地球这颗小行星上的人类有什么好处,而作为宇宙造物主的上帝完全被置之脑后了。

正是在这一点上,詹姆斯的宗教观跟正统的宗教观发生根本分歧了。詹姆斯是把宗教当作一种人间现象来关心的,而对宗教的对象却不感兴趣。他希望人们生活得幸福,如果"上帝存在"能达到此类效果,那就让大家相信好了。

显然,上述观点得不到宗教徒的认同。对虔诚的信徒来说,上帝是现实存在的,其可信程度就像罗斯福、丘吉尔或希特勒的存在一样。因此,具有良好效果的是真诚的信仰,而决非被詹姆斯削弱过了的、软弱无力的替代品。易言之,詹姆斯说,"如果信上帝,你就会幸福";正统的宗教徒则宁愿讲,"我信上帝,故我有福"。

> 詹姆斯的学说企图在怀疑主义的基础上建造一个信仰的上层建筑,这件事和所有此种企图一样,有赖于谬误。就詹姆斯来说,谬误是由于打算忽视一切超人类的事实而生的。贝克莱派的唯心主义配合上怀疑主义,促使他以信仰神来代替神,装作好像这同样也行得通。然而这不过是近代大部分哲学所特有的主观主义病狂的一种罢了。①

这里几乎汇总了罗素对詹姆斯宗教观的全部批评。整个看来,前一部分批评或许显得有些武断,但对实用主义真理观的剖析却不能不说切中了要害——"功利性"和"主观性"。下面展开的深入评论,综合了多位学者的批评意见。

---

① 罗素:《西方哲学史》,下卷,第377页。

"随意者的许可证"

从詹姆斯的论证思路来看,如果说"理性证据的不充分性"和"理性选择的不可能性"是出发点或大前提的话,那么,"最大的好处"或"满意的效果"等说法便如同不可或缺的"小前提"了,它们所起的作用无异于诱使人们选择信仰、并确认其必要性与合理性的"保票"。

像这样一种带有浓厚功利色彩的论证,最令人怀疑之处莫过于:能否引导人们走向神圣的信仰呢?大多数批评者认为,所谓的意志论既不可能为信仰对象提供有力的证据,更不可能确证宗教信仰的必要性与合理性,因为它丧失了宗教信仰所固有的超越感和神圣性。

任何一种真正的宗教信仰都意味着"**无条件地委身或献身**",即超越于世俗的价值观而全身心地寻求"无限的真理或终极的实在"。可在帕斯卡尔和詹姆斯那里,如此神圣的信仰选择却变成了"一场人生赌注"甚至"一笔有条件的、带风险的市场交易",能否下注或成交主要取决于当事人再三权衡利益的结果。这样一来,若想成为一个合格的信仰者,就不仅需要具备"赌徒"的素质了,还要扮演好"工于算计的现代商人"的角色。

以上指责或许有些夸张帕斯卡尔和詹姆斯的原始论点了,但意志论论证的功利色彩的确相当浓厚。詹姆斯打过一个比方:有一位吝啬的绅士,他在社交场合从未对人表示过友好,可他却苛求别人善待自己,因为按他的处世原则,如果没有充分的证据或回报,决不可取信于任何人,也不能作出丁点儿让步。不难料想,这位绅士不可能赢得别人的好感,更得不到社会的回报。同样的道理,假若上帝是有人格的,而你却纠缠于一团乱麻似的逻辑证据,在逻辑不明朗或证据不确凿的条件下,便不肯相信上帝的存在以及信仰的好处,那么,你无疑会被上帝拒绝,永远失去与上帝交往的机会。不必多说,像这种大谈回报或好处的比方,读后很难令人对宗教信仰肃然起敬,更不可能激发超脱感和神圣感了。

问题看来确像罗素挑明的那样,意志论的功利性必然导致真理观的实用化。关于二者的理论联系,当代美国哲学家怀特(Morton White)做过更清楚也较客观的分析解释。在詹姆斯那里,"实用主义"一词是用来热情地纪念穆勒的①,他力求在真理观上仿效穆勒关于正当道德行为的论证方式。詹姆斯的论证可概括为三句话:真实的东西就是应信仰的;应信仰的东西则是对信仰者最有好处的;所以,真实的东西就是对信仰者最有好处的。

詹姆斯把这一切说得太赤裸裸了,致使反对意见纷至沓来,而那些反对意见又是和整个19世纪对功利主义的强烈批判密切相关的。在詹姆斯的论证里,第二个前提引起了一个老问题:到底对谁有好处呢?他有时以特有的直白口吻回答:对个人!但在别的场合

---

① 穆勒,又译密尔(John Stuart Mill,1806—1873),是著名的英国逻辑学家、哲学家、政治经济学家和社会活动家,被公认为英国经验论的一代传人,实证主义和功利主义的重要代表。怀特这里的说法,应当是指詹姆斯在《实用主义》扉页上的献辞:"纪念约翰·斯图尔特·穆勒。我是从他那里,最早懂得了实用主义思想的开朗性;要是他还世的话,我极愿把他当做我们的领导者。"

又争辩道,我并非主张把"真理"交给"个人的趣味"。以上暧昧的说法正好反映了功利主义伦理学的特点。这就难怪另一位实用主义创始人皮尔士也对詹姆斯的说法大为不满了,他曾在一封信中埋怨道:如果"功利"的意思只限于个人的话,那还算什么功利呢?真理是公众的。①

"个人的功利性"似与"极端的主观性"有不解之缘。对于实用主义真理观在信仰选择上可诱发的主观性弊端,当代著名宗教哲学家希克的评论可谓一针见血:詹姆斯的意志论论证仿佛给那些希望通过思考而选择信仰的人出具了"一张随心所欲的许可证"。

> 一个论证过程若会导致这种结果,那就很难说它是为了发现真理而构想出来的。对我们来说,它相当于一种怂恿,诱使我们自冒风险去相信我们所喜好的任何东西。然而,如果我们的目的并不在于相信那些必定为自己所喜好的东西,而在于相信真实的东西,詹姆斯的那张通用的许可证对我们来说就派不上什么用场了。②

从帕斯卡尔到詹姆斯,意志论者为克服理性证明方法的有限性或局限性已付出了几代人的努力。然而,假如前述种种批评指责不无道理的话,我们只能这么判断:意志论者要走的路还很长,"选择

---

① 以上分析解释,参见怀特:《分析的时代》,第159—160页。
② 希克:《宗教哲学》(*Philosophy of Religion*, the 3th edition, Prentice-Hall, Inc., 1983),第65页。

宗教信仰的必要性与合理性"仍有待于论证。

"美国人的哲学家"

尖锐的批评往往易于"攻其一点,不及其余"。不知罗素、希克等人的言辞是否也难免此类积习。但可以肯定,过分地谈论"效果"或"好处",确使詹姆斯的意志论论证给人留下异常突出的"功利性"和"主观性"印象。那么,詹姆斯为什么要提倡这样一种实用主义的宗教观呢?从文化背景作些分析,或许可帮助我们"理解詹姆斯",也有助于客观地反省意志论者的得失。

罗素说,詹姆斯晚年成为公认的美国哲学领袖,这是当之无愧的。[①] 尽管罗素没作具体解释,但该说法可给读者一个提示:詹姆斯所代表的实用主义,属于当时美国文化背景下的主流哲学。就实用主义与美国文化的关系而言,笔者见到的文献里要数《理想的冲突》一书所作的描述最形象贴切了。该书作者是闻名于美国高校的伦理学教授宾克莱(Luther J. Binkley)。他的背景与身份显然为有关描述提供了有利条件。

《理想的冲突》全书有一个着眼点,这就是以"相对主义"为特征的 20 世纪西方道德思潮。谈到实用主义,宾克莱教授先向读者描绘了"美国人"的形象。美国人常被称为注重实际的人民。他们想把事情做成,倾心实际行动。这个主意行得通吗?有没有"用处"

[①] 参见罗素:《西方哲学史》,下卷,第 368 页。

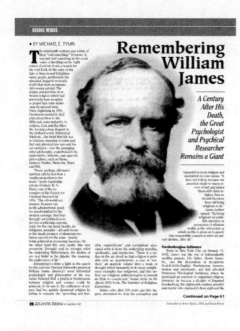

2010 年 7 月 Atlantis Rising Magazine 上威廉·詹姆斯的纪念专版。

或"兑现价值"呢？能否达到实际效果呢？此类问号可反映出他们在现代技术社会里对实际问题的切实考虑。他们的生活并不取决于崇高的人生理想或终极意义，而是下一步必须解决的具体问题。

这就不难理解了。20 世纪初，詹姆斯等人倡导的实用主义之所以能成为主流思潮甚至大众哲学运动，就在于它给注重实际的美国人提供了一种理论依据、一种令人心悦的行动方案①。当然更要

---

① 怀特更生动地说，每位读者拿起一本美国哲学史，如果能从开头一直读到詹姆斯，都会大松一口气的。参见《分析的时代》，第 155 页。

紧的是,实用主义哲学家接受了社会科学的诸多发现,承认任何价值都有文化意义上的相对性。因此,从实用主义与美国文化的关系来看,詹姆斯其人简直就像"一个主张自由企业的哲学家、一个个人主义的哲学家、一个敢于冒险的哲学家、一个重视实用性的哲学家……一个进步和变化中的美国的哲学家。"①

为诠释詹姆斯其人其思想,宾克莱教授作了大量描述,我们可从中概括出如下几个特点:

首先,他致力于把哲学引向个人生活。詹姆斯深信,哲学并不是有闲阶级独享的,而是为每个人服务的;哲学思考的主要功用也不是单纯地、客观地追求绝对真理,而是让每个人找到生活的目的和意义。"哲学不能烤面包,但离开它的指引,没有人能活下去。"因此,对个人心理学的兴趣流露于詹姆斯的全部著作,他探讨的主要哲学问题就是:个人怎样解决道德或信仰上的选择难题。

其次,他在方法论上走向了经验主义的极端。詹姆斯对传统的哲学方法深感不满,既不相信唯理论,更不赞同怀疑论,而是自称坚定地站在经验主义一边。可实际上,实用主义在他那里成了一种极端的经验主义方法,其应用范围并不限于科学事实,而是要处理任何人的一切经验,这在他的宗教研究里表现得尤为明显。他相信,

---

① 参见宾克莱:《理想的冲突——西方社会中变化着的价值观念》,商务印书馆1984年版,第20页。

个人的情感对宗教信仰来说再重要不过了,即使连神秘主义者也享有不可剥夺的发言权。

最后,他在道德或信仰问题上鼓励个体的自由选择。既然信仰主要是个人生活的行动指南,那么,每个人便可对各种信仰作出自己的判断和选择了,而判断标准就是能否给你带来满意的效果。在这一点上,詹姆斯捕捉住了美国社会的开放精神——人人均有自由选择生活方式的神圣权力。他毫不犹豫地断言,如果一种信仰对你的生活不起作用的话,它就是不真实的;不过,你所拒绝的那些信仰,很可能被别人接受。

其实,上述这一切不用别人分析批评,詹姆斯自己早就用一个著名的比喻坦白清楚了。这个比喻叫"旅馆的走廊"。

> 实用主义在我们的各种理论中就像旅馆里的一条走廊,许多房间的门都和它通着。在一间房里,你会看见一个人在写无神论著作;在隔壁的一间房里,另外一个人在跪着祈求信仰与力量;在第三间房里,一个化学家在考查物体的特性;在第四间房里,有人在思索唯心主义形而上学的体系;在第五间房里,有人在证明形而上学的不可能性。但是,那条走廊却是属于他们大家的,如果他们要找一个进出个人房间的可行的通道的话,那就非经过那条走廊不可。①

---

① 詹姆斯:《实用主义》,第30—31页。

就现代文化背景下的"信仰者众生相"而言，还有比这个比喻更直白的描述吗？它可使我们承认：詹姆斯的思想并非"美国人的"，而是属于"现代人的"。如果你反对他的理论，应"理解他"；假如你赞成他的主张，则要"小心他"！

九

宗教与终极

宗教,就该词最宽泛、最基本的意义而论,就是终极关切。

作为终极关切的宗教是赋予文化意义的本体,而文化则是宗教的基本关切表达自身的形式总和。简言之,宗教是文化的本体,文化是宗教的形式。

——蒂利希

由女皇武则天下令修建的龙门石窟主像——毗卢舍那大佛。

"终极关切"或"终极关怀",可谓当今人文领域的"流行词",但多数用者不一定清楚它的来由和底蕴。在这一章,我们来尝试一条简要的述评线索:从蒂利希的"终极关切说"到斯马特的"超观念形态论",最后收笔于点评,诸如文化背景、学术宗旨、理论动态等。

蒂利希

前面的章节多次提过这位享誉人文学界的当代德国思想家。以笔者所见,"终极关切"当属他的"学术专利",虽然不好说这个词是他最早使用的,但内涵的确是他深刻阐发的,并经再三论证而广受重视以至流行起来。

终极关切说是蒂利希的思想精髓,也是他对人文研究的最大贡献。那么,他为什么要提出该学说呢?该学说怎么会有这么大影响呢?蒂利希的下述议论,或许可使读者有所感悟:

蒂利希（Paul Tillich, 1886—1965），当代最有影响力的新教神学家、宗教哲学家。

在大众化的宗教用语里，很难找到一个词像"信仰"那样，更容易引起误会、曲解和疑问了。如果说"信仰"对人有"疗效"的话，那么，今天首先需要治愈的倒是"信仰"了，因为这个概念目前给人带来的主要不是"健康"而是"疾病"，它造成了一系列精神混乱，诸如怀疑、盲从、理智的冲突、情感的丧失等。所以，有人建议遗弃"信仰"一词，但这种建议很难行得通，因为"信仰"不光受传统的强有力维护，而且没有别的词能表达"信仰"所意指的那种实在了。解决问题的办法只有一个：消除以往的曲解或混淆，重新阐释"信仰"的真正含义。①

---

① 参见蒂利希：《信仰的动力》（*Dynamics of Faith*, Happer & Row, Publishers, 1957），"序"。

信仰到底是什么?

所谓的"**信仰**",就是指某种"**终极关切**"(ultimate concern)的状态。这句话可看做终极关切说的第一个基本命题。

蒂利希解释道,人和其他动物一样,关心很多事物,首先关心的莫过于那些构成生存条件的东西了,像食物和住处。但不同的是,人还有很多精神上的关切,比如,认识的、审美的、社会的、政治的等。就人的精神关切而言,有些是紧迫的甚至是至关重要的,它们对个人或社群的生活来说便可被称为"终极"。

> 如果某种至关重要的关切自称为终极,它便要求接受者完全委身,而且它应许完全实现,即使其他所有的主张不能不从属于它,或以它的名义被拒绝。①

以《旧约》里表达的信仰为例,这种信仰所关切的内容是"正义之神",因为此神对每个人或全民族来说都是正义的化身,所以被叫做"普世之神""宇宙之神"。这种意义上的神就是每个虔诚的犹太人的终极关切,《旧约》里的最大戒命正是以他的名义颁布的:"你要尽心、尽性、尽力爱耶和华你的神。"②蒂利希指出,这些话可看做"终极关切"的词源,它们明确道出了信仰的特征,即要求信仰者完

---

① 参见蒂利希:《信仰的动力》(英文版),第1页。
② 参见《旧约·申命记》,6:5。

全委身。为使这种委身的本质具体化,《旧约》里既充满了命令,也充满了相关的应许和威胁。

对《旧约》时代的人来说,信仰就是对耶和华、对他所体现的要求、威胁和应许的一种终极的、无条件的关切状态。①

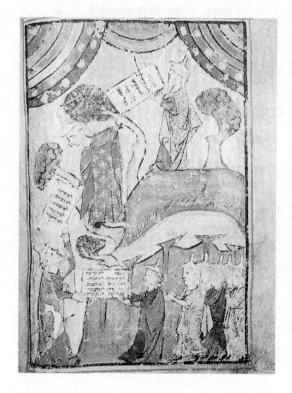

《西奈山上授十诫》,德文版《摩西五书》(约 1300)插图,藏于耶路撒冷的以色列博物馆。耶和华先把刻有"十诫"的石牌授予摩西,摩西又把石牌传给以色列人。

---

① 蒂利希:《信仰的动力》(英文版),第 3 页。

作为终极关切的信仰，就是指全部人格所付诸的行为。这是终极关切说的第二个基本命题，旨在强调"信仰状态的整体性与统一性"。

蒂利希指出，信仰包括了人格生活的所有因素，发生于人格生活的核心区域。因而，信仰是人类精神的核心行为。这种意义上的信仰，并不是指人类精神的一种特殊行为，也不是诸多因素及其功能的总和，而是超越于各种特殊的因素、功能及其总和的，可它本身又对人类精神的各个部分有决定性的影响。

信仰作为整体性的人格行为，关乎人格生活的复杂动因。对此，蒂利希主要结合分析心理学的晚近发展，历数了人格动因的"多极性"及其内在关系。

（1）意识与无意识

这在分析心理学看来是首要的一极。无意识是人格结构的基本因素之一，若无它的参与，作为人格行为的信仰显然是不可想象的。蒂利希指出，一方面，无意识因素总是显现着并在很大程度上决定着信仰的内容，但另一方面，信仰是一种有意识的行为，人格的核心内容又是超越于无意识的。因此，无意识因素只有被纳入人格的核心内容，才能参与信仰行为。如果让无意识因素来决定整个精神状态的话，只能产生"强制性的信仰"，而不是"自由的信仰"。

（2）自我与超我

弗洛伊德学派的这两个概念，对理解信仰也很重要。但是，弗洛伊德对"超我"的解释却很难令人同意。按他的解释，信仰的象征旨在表达"超我"，具体些说，就是关于"父亲形象"的表达。这样一来，弗洛伊德便用自然主义观点否定了规范或原则。蒂利希批评道，如果不把正确原则作为基础，"超我"只能变成"暴君"；也就是说，只有"超我"体现了实在的规范或原则，信仰才能得以肯定。

说到这里，涉及一个重要问题：信仰与理性的关系。人格的理性结构表现于语言、认识、道德、审美等方面。综合这些方面，尽管我们可形成广义的理性概念，但决不能"把人的本质等同于精神意义上的理性"。

> 正如信仰并非一种无意识的行为，它也不是人的任何一种理性功能的行为，但信仰是一种超越行为，超越了人本身的理性因素与非理性因素。①

蒂利希认为，信仰与理性的关系主要体现在两方面：一方面，理性是信仰的前提，因为只有有理性的人才能抱有终极关切，任何诋毁理性的信仰也就是毁灭人性，毁灭其自身；另一方面，信仰是理性的超越，因为人的理性认识能力毕竟是有限的，但同时人也意识到了其自身潜在的无限性，这种超越意识表现出来就是终极的关切。

---

① 《信仰的动力》（英文版），第6页。

理性是信仰的先决条件，信仰则是理性的实现。作为终极关切状态的信仰就是出神入化的理性。信仰的本性与理性的本性之间并无冲突；它们是互为包容的。①

(3) 认知与情感、意志

作为理性活动及其成果的认知，显然不同于情感和意志。所以，这两类因素对理解信仰来说也构成了紧张的一极。首先，凡是信仰都包含认知因素，但这并非来自某种独立的认识过程，而是跟整个信仰行为不可分割的，因为信仰不光意味着委身，也需要接受知识；其次，信仰也不能归因于某种独立的"信仰意志"，意志虽是信仰不可或缺的因素之一，可使个人肯定终极关切，但毕竟不是信仰的原因或本质；再次，信仰也并非来自某种强烈的情感，信仰的确包含情感因素，但仅凭情感无法形成信仰。

总而言之，我们应把信仰理解为所有的人格因素的统一，而以往的诸多曲解就在于没意识到这种统一性，误把信仰归结于这种或那种特殊的因素及其功能。

(4) 主体与客体

"关切"总是意味着同一种关系的两个方面，"主体"与"客体"。就信仰行为而言，主体性就是终极关切，或用经典术语 the fides qua creditur；客体性是指终极本身，或用经典术语 the fides quae creditur。这两方面既有差异又有联系。凡是信仰必有内容。因此，只有投身

---

① 《信仰的动力》(英文版)，第77页。

信仰才能获得信仰内容,任何关于神圣事物的说法,只要脱离终极关切状态便是没有意义的。

蒂利希指出,主体与客体的差异之所以能克服,主要得助于这样一些观念,"终极""无条件""无限"和"绝对"等,因为此类观念所揭示的就是"神性"的成分。用象征性的说法,这就是神秘主义者讲的:"关于上帝的知识"就是"上帝自己的知识";也就是《哥林多前书》里保罗说的:我将要知道的如同上帝知道我的。这是一种"同一的经验"。用抽象的哲学语言来说,通常意义上的主客体结构在终极经验中消失了。

> 信仰行为就是此种行为的来源,这种行为里所呈现的就是超越于主体与客体的分裂。信仰行为既显现为主体与客体,又超越了二者。①

宗教到底在哪里?

蒂利希回答:"宗教是人类精神的一个方面。"②也就是说,如果我们从一个特殊的角度来看待人类精神活动的话,那么,人类精神本身就表现为宗教,这个特殊的视角就是指人类精神生活的深层。因此,所谓的**宗教信仰**并非人类精神的一种特殊功能,而是其所有

---

① 《信仰的动力》(英文版),第 11 页。
② 蒂利希:《文化神学》(*Theology of Culture*, Oxford University Press, 1959),第 5 页。

特殊功能的根基。上述论断对理解宗教的本性有重要意义,有必要展开分析。

首先必须意识到,宗教信仰不是人类精神的一种特殊功能。历史告诉我们,宗教千百年来曾经从一种精神功能转向另一种精神功能,结果却几经转向几经挫折。这说明宗教在历史上始终处于寻觅家园、争夺地盘的状态。

例如,宗教一度转向道德功能,敲开了道德领域的大门。道德是宗教的"至亲",不好拒绝宗教,可宗教在道德领域是作为一个"穷亲戚"被收留下来的,条件是为"主人"服务。这就是说,只有当宗教屈从于道德,有助于教化出虔诚而善良的公民、官吏、武士、乃至丈夫和儿童时,才会被道德领域接纳。反之,每当宗教提出自己的主张,要么被迫闭嘴,要么则被当作道德肌体上的"毒瘤"惨遭割除。

又如,宗教也曾为认识功能所吸引,十分关注认识论问题。但在认识领域,宗教仅仅是认识的一种特殊方式,属于神秘化的直觉或神话般的想象。这无异于认识的配角,况且还是一个"临时工"。后来的情况表明,一旦认识功能被科学成就所强化,马上就会断绝与宗教的关系,把宗教赶出自己的地盘。

此外,宗教还曾转向审美功能和情感功能。然而,或是因为不甘消融于艺术,或是不愿降低为主观情感,宗教也没能驻足于这两个领域。

由此可见,走遍了人类精神生活领域,宗教信仰依然没有家园,没有领地。正是在这种情形下,宗教才猛然顿悟,根本就不必寻找什么家园,更不必争夺地盘,因为自己本来就深深扎根于人类精神活动的一切特殊功能。"宗教是整个人类精神的底层"。①

那么,"**整个人类精神的底层**"是指什么呢?蒂利希回答,就是指宗教信仰所探究的是人类精神生活中终极的、无限的、无条件的方面。

宗教,就该词最宽泛、最基本的意义而论,就是终极关切。②

这样一来,蒂利希便重新确立了宗教信仰在整个人类精神生活中的重要地位。他论证道,人类精神的所有基本功能、一切创造活动无不深藏着终极关切。

譬如,道德领域里的**终极关切**,明显地表现为"道德要求的无条件性"。因此,如果有人以道德功能为名拒斥宗教信仰,就是以宗教的名义来反对宗教。

又如,终极关切在认识领域里也是一目了然的,这就是一代代思想家对"终极存在"的不懈追问。所以,如果有人以认识功能为名拒斥宗教信仰,还是以宗教的名义来反对宗教。

再如,审美领域中的终极关切则强烈地体现为"无限的渴望",文学家和艺术家想方设法来描述或表现"终极的意义"。假如有人想以审美功能来拒斥宗教信仰,仍是以宗教的名义反对宗教。

---

① 《文化神学》(英文版),第7页。
② 同上书,第7—8页。

总之,这种在一切人类精神活动领域中反映出来的终极关切状态,其本身就是宗教性的。

宗教是人类精神生活的本体、基础和根基。人类精神中的宗教方面就是指此而言的。①

斯马特

斯马特(Ninian Smart,1927—2001)是当代著名的比较宗教史家、宗教哲学家和宗教现象学家。就"终极关切"研究而言,他可看

尼尼安·斯马特

---

① 《文化神学》(英文版),第8页。

做"蒂利希思路"的推进者。首先,他认同蒂利希的着眼点,也从宗教与文化的内在关系来探讨"终极性的宗教经验";其次,他力图拓宽视野,把该问题的研讨引向了东西方宗教传统比较。

扭转"西方的眼光"

不同的文化形态必然导致不同的宗教现象。斯马特强调,这一点尚未引起宗教学界的足够重视。在宗教学的故乡欧洲,大多数学者的眼界仍限于西方文化传统,主要以西方神学和哲学的概念来解释世界宗教现象。因而,他很重视"宗教术语学",致力于探讨东西方文化差异所产生的信仰表述问题,以期用"跨文化的"或"超观念形态的"(beyond ideology)目光来关注"焦点"(focus)——不同的宗教传统竞相揭示的"终极经验"。上述思路的形成,要从斯马特的求学经历说起。

斯马特早年就读伦敦大学,专攻宗教哲学和宗教史学,从刘易斯教授(H. D. Lewis)那里受益匪浅。刘易斯是宗教经验研究专家,他兼收并蓄施莱尔马赫、奥托、布伯(Martin Buber)等人的思想观点,可称为"直觉主义的集大成者"。斯马特评价道,从施莱尔马赫到刘易斯,直觉主义者把自然神学与启示神学融合起来了,有力地推动了宗教经验研究。这主要反映在两方面:一是,当传统的自然神学体系崩溃之时,为宗教信仰提供了新的根据;其二,揭示了宗教信仰的灵感动因,对神圣启示作出了新的解释。

耆那教的终极体验。耆那宇宙观对世界的拟人化呈现：世界的中心在身体中央，下面金字塔状的是六层地狱，上面是天界以及那里的居住者。额头上的月牙表示那里居住着完美的存在者（Siddha，"悉达"）。

道教仙境：神仙与长生。

当然，上述进展既软化了理性，也软化了信仰，但同时也为信仰提供了一条辩护思路，可用来抗争怀疑论。所以，就经典与传统而言，直觉主义倾向很适合开明的态度。①

但在肯定上述学术进展的同时，斯马特指出，施莱尔马赫以来的直觉主义观点，主要是以西方神学和哲学的眼光来研讨宗教经验问题的，即使奥托的成果也不例外。尽管奥托对比较宗教研究很有兴趣，但仍像施莱尔马赫等人一样，把"某种普遍的、本质的情感"强加于所有的宗教现象。因而，要想令人信服地阐释"宗教经验的本质"，首先必须放宽眼界，把目光转向世界宗教现象，特别是西方学者尚未深入了解的东方宗教传统。

斯马特对印度佛教很有研究。他认为，东西方宗教传统在终极经验上的差异，可通过比较佛教上座部与基督教得到明显的反映。

西方宗教传统所揭示的终极经验，主要是"唯一神论"的，也就是相信，上帝是"唯一的"、是"有位格的"。这在基督教那里反映得特别明显。道成肉身的耶稣基督，既是上帝，也是一个实实在在的人。

可在佛教上座部那里，终极的东西并不被看做造物主，也不是崇拜或祈祷的对象。诚然，上座部也讲佛法，这主要是受大乘佛教的影响，但就任何严格的意义而论，我们都不能把佛陀理解为崇拜

---

① 斯马特："我们的终极经验"（"Our Experience of the Ultimate", *Religious Studies*, 20, No.1, March 1984, Cambridge University Press, pp.19—26）。

的对象,因为他是那么的超脱,既超脱于此岸也超脱于彼岸。

由此来看,我们有理由将宗教经验分门别类。譬如,分为两种类型:"**既敬畏又向往的经验**"(the numinous experience)和"**神秘的经验**"(the mystical experience)。斯马特解释,前一类终极经验典型地反映了"位格感"(a sense of a Person),即深感"相异者的此在";这里说的"此在",无论指这个世界上的还是梦幻意义上的,都会令经验者强烈地感受到"力量"和"奥秘",以致达到出神入化的程度。虽然"神秘的经验"有时包含上述成分,但并非一定如此;这类经验犹如"纯意识",大多是"无意象的""非二元化的""空的""明慧的"。

以上分类有助于阐明东西方宗教传统在终极经验上的差异性。大体说来,"既敬畏又向往的经验"所产生的是一种"权能化的上帝观"。例如,对基督徒来说,虽然上帝的权能是神秘的,可他的存在及其神圣性是无疑的,从他那里既可得到"圣爱"又能遭到"神谴"。这样一来,奥托等人强调的那一类宗教经验,便可置于"崇拜背景"作出解释了。基督徒之所以崇拜上帝,对他怀有既敬畏又向往的复杂情感,就是对"权能"与"神圣"的自然反应;反过来说,此类经验所表达的就是,面对"相异者"而深感"人的渺小和非神圣"。"神秘的经验"所形成的则是一种"无意象的超脱观",像"空""一""无德之梵"(又译"无属性的梵")等;其信仰背景也不同于前一类经验,主要表现为冥想,感到"个人之无明""烦恼之断除"等。

《末日审判》,藏于梵蒂冈博物馆。

《观音》,古干画,赵朴初题字。

终极是"超焦点的"

根据上述分析,斯马特试对晚近宗教哲学研究中一大难题作出新的解释,这就是"终极经验的表述问题"。各种宗教都有终极经验。顾名思义,所谓的终极只有一个。那么,能否说不同的宗教传统所经验到的是同一个终极呢?或者说,终极本身是神秘莫测的,有关的经验只能被最低限度地描述出来呢?关于上述难题,有两种不同的观点。

在希克看来,所谓的终极可假设为"本体 X"(noumenal X),宗教经验则属于"现象意义上的领悟",因为各种宗教经验的形成与表达都跟各自的宗教传统密切相关。他在《神有很多名字》里指出,所谓的"神",既有"位格的"一面也有"无位格的"一面;关于前一方面的经验,主要反映于一神论传统,后一方面的经验则在非一神论传统里占主导地位。①

按照刘易斯的观点,"终极"就是指"上帝"。尽管这种意义上的终极在有些宗教经验里显得十分神秘,采取了最低限度的描述方式,像佛教经验里的佛陀,但仔细推敲佛典的话,有关佛陀的经验其实就是对"上帝"(终极)的渴望。

正是为了扬弃上述两种观点,斯马特提出了第三种立场即超观念形态论。他首先指出,虽然基督教位格论者有理由站在他的立场

---

① 关于希克的观点,我们将在下一章"宗教与对话"里具体讨论。

上来看待其他的宗教徒,换言之,任何一种宗教都不可能不对其他的宗教持有自己的观点,然而,一旦考虑到别人的立场和观点,你又作何感想评论呢?譬如,非一神论者只是把"你的上帝"看成"人的投射"——能达到最高道德境界的圣人。所以,我们理应接受下述判断:

> 佛教与基督教是两种互补的传统,为"超验的 X"提供了两种可选择的观点,二者可互为滋补、相互批评。①

斯马特进一步指出,终极是什么呢？这实际上就是追问康德所说的"物自体"。所以,问题的关键仍在于,如何解释"现象"和"本体"的关系。显然,不同的宗教经验及其实践有不同的"现象焦点"(the phenomenal Focus)和"本体焦点"(the noumenal Focus)。为调解它们因"本体焦点"而产生的分歧,可提出一个新概念——"超焦点的"(transfocal)。这个概念可使我们意识到,就任何宗教传统而言,信仰者的经验都是有所定向的,即朝向某种最能体现"信念焦点"的东西,像基督徒所信仰的"上帝",或佛教徒所追求的"境界",这种焦点本身则显现于有关的经验、意识和仪式等。因而,就各种宗教传统而言,所谓的本体就是指那种藏在不同的"显现焦点"背后的东西。

本节一开头就交代过,斯马特既精通宗教哲学又擅长宗教现象

---

① 斯马特:"我们的终极经验"。

学。所以,对一般读者来说,或许他的概念论证太专业化了,但他的理论新意还是不难把握的:从终极经验来看,尽管不同的宗教有不同的立场,但终极的东西却是"超宗派的";以基督教为典型的西方宗教经验和以佛教为代表的东方宗教经验,不妨看做两种基本的、互补的类型;二者虽有矛盾,但各有见地,如果加以比较和批评,无疑将深化终极问题的研讨。

建构"最大的平台"

"平台"是个形象的概念,可用来表明那些顶尖的人文学者的工作性质。一般说来,顶尖的学者总是富有使命感的,他们之所以抓住重大的或根本的问题,致力于从观念上推陈出新,就是想为同行提供"通用型的学术平台"。就"宗教的本质"问题而言,我们能否这样以为:终极关切说不但想要更新以往的理论特别是方法论观念,而且力图提供"一个空前大的研讨平台"。

要了解某种新学说,最好的办法莫过于回访原创者了。所以,我们接下来主要通过考察蒂利希的原初设想来试做几方面的评论。

从一神论到终极观

前面的评介可使人明显感到,蒂利希的终极关切说阐发了一种新的宗教观。他本人把这种新观念称为"关于宗教的生存概念"

(the existential concept of religion),其核心论点和立论过程可概括如下:

(a)就最宽泛、最基本的意义而言,所谓的宗教信仰实质上就是被某种终极关切所把握的生存状态;

(b)凡是终极关切或宗教信仰,其对象不外是那种属于并且理应属于人类精神的"终极存在",所谓的"神""上帝"或其他神圣者无非是"终极存在"的名称或象征;

(c)终极关切除其不言而喻的终极性外,还是无限的、无条件的、整体性的;

(d)终极关切并非某种特殊的精神功能,而是整个人类精神生活的底层或本体;

(e)所以说,作为终极关切的宗教信仰无所不在、不可或缺。

除旧才能布新。"关于宗教的生存概念"要克服的是"关于宗教的纯粹理论概念"。这种旧观念的缺陷在于,仅仅或偏重从理论的角度来认识宗教信仰,误认为各种宗教就是崇拜某位叫"神"或"上帝"的最高存在者。蒂利希耐人寻味地指出,这就是目前仍占主导地位的宗教观,虽然这种宗教观来自传统的一神论,但不要以为它只属于宗教徒和神学家,现代人和科学家的观点其实也受其摆布。关于这一点,《文化神学》里有这样一段生动的描述:

在当代文化背景下,一旦有人就宗教说点儿什么,马上就会遭到两方面的诘难。一方面,正统的神学家会问:你是否把宗教看成人类精神的产物呢?如果你的回答是肯定的,这些神学家便会掉头而去。因为按他们的看法,宗教信仰决非人类精神的产物,而是圣灵的恩赐。另一方面,世俗的科学家则问:你是否把宗教看成人类精神的本性呢?如果你也作出肯定的回答,他们同样掉头而去。因为他们认为,宗教信仰只不过是人类精神的一时寄托,是一定历史阶段的暂存现象,而在科技如此昌盛的今天早已失去立足之地了。

上述两种相反的提问方式显示出了当今社会集体意识的严重分裂。蒂利希接着评论道,这是一种精神分裂症似的分裂,它迫使人们对宗教信仰作出了简单的肯定或否定,从而严重地威胁着现代人的精神自由。事实上,以上两方面的诘难,都是对宗教信仰的武断拒斥。若加比较就会发现一种怪诞现象:这两种意见虽各持一端,却共有一种陈旧观念,即把宗教信仰界定为人与某种神圣存在者之间的关系,尽管对于神灵存在与否,它们的观点相反。正是这样一种简单化的宗教观,使人们丧失了理解宗教信仰的可能性。

为什么这么说呢?蒂利希巧借"精神"(spirit)一词的歧义性,道出了传统一神论的弊端。宗教本来就是存在与信仰相分裂、也就是人的生存现状与人性相疏离的产物。这无非是说,宗教信仰属于人类的"精神"(spirit),而神或上帝就是指人类精神的本原;可传统的一神论却本末倒置,把宗教信仰看成"圣灵"(Spirit)的恩赐,把神或上帝当作"超然的存在"或"最高的在者"。于是,宗教信仰变成了"绝对命令",神或上帝则成了"绝对主宰"。这样的宗教或上帝怎能不远离现实生活,遭到大多数人的拒斥呢?难道尼采想要"杀死的"不就是这种意义上的神或上帝吗?

由此可见,蒂利希之所以破旧立新,从一神论转向终极观,就是想把宗教信仰从"理论的象牙塔"拉回到"生存的大市场",促使现代人重新反省其本质、地位和意义。这种反省有多么重要呢?蒂利希不止一次地用莎士比亚剧作中的名言回答:这不仅关系到个人"生存还是毁灭",对整个文化也是如此!让我们接着来看他的分析论证。

从终极观到文化观

在蒂利希看来,若想描述当代文化的基本特征,非得从两种剧烈冲突的精神运动入手,这就是占统治地位的"工业社会精神"和处于抗争状态的"生存主义精神"。

自十八九世纪以来,工业社会精神便一直主导着整个西方社会,而现代文化的生活式样及其困境危机,就是这种精神片面发展的结果。从本质来看,工业社会精神是自然主义世界观的直接反映。这种世界观在排斥宗教传统、抛弃神或上帝的同时,也随之丧失了存在的深度,疏离了人类的本性,结果使人蜕变为他所创造的现实世界的一部分或一种东西,犹如"宇宙机器"上的一只齿轮,要想不被碾碎,就得跟着运转。正是这样一种机械效应将现代人推入了可悲的生存困境,没有任何真正意义上的终极关切或终极目的。

那么,如何才能克服现代文化的弊端,消除存在与非存在、人性与非人性的矛盾呢?蒂利希认为,如果我们不否认所谓的宗教信仰就是终极关切的话,那就必须弥合宗教与文化之间的悲剧性分裂,重新发现人类文化的终极意义。

作为终极关切的宗教是赋予文化意义的本体,而文化则是宗教的基本关切表达自身的形式总和。简言之,宗教是文化的本体,文化是宗教的形式。①

要是这样理解宗教与文化的相互关系,便可杜绝把二者割裂开来的二元化倾向。事实上,各种宗教行为,不论制度化的宗教还是心灵里的活动,都是以文化为表现形式的;换个角度说,各种文化产物,不论来自人类精神的理论功能或是实践功能,无一不在表达着终极关切。总而言之,人类文化活动或精神生活的所有功能里都深含着某种终极关切,其总体表现形式就是"文化的式样"。

追究到以上观点,我们便可明确"终极关切说"倡导者的理论旨趣了。蒂利希兴趣广泛,观念开放,勤于笔耕,留下了大量名著,如《历史的解释》《新教的时代》《存在的勇气》《权利的哲学》《信仰的动力》《文化神学》《系统神学》《道德与超越》《世界的处境》《宗教的未来》《政治期望》等。就宗教研究而言,他的思想特色浓缩于《文化神学》。他回顾道,我的"兴趣中心"始终不离一个重要问题——宗教与文化的关系;我的大多数论著都试图确立一种方式,把宗教信仰与世俗文化结合起来,以求揭示人类文化诸多活动领域

---

① 蒂利希:《文化神学》(英文版),第42页。

被现代工业精神所异化的人类,正如蒙克画笔下的人物,失去了信仰的依托,外在形体和内在精神世界都扭曲变形,在一个陌生化的世界中感受到的只是惊恐和孤独。

中所深含的宗教因素。①

上述理论旨趣与其说是"个人的",不如看做"时代的",因为一个学者如果不能顺应时代要求,通过捕捉前沿课题而建树新的理论特别是方法论观念,那么,他肯定不会成为一流的,他的研究成果更不会引起广泛重视,吸引众多同行。但这几句议论还没切入正题,我们的目的是评估"终极关切说"的方法论价值。假如读者对上篇里的"宗教文化学"一节留有印象的话,你是否感到蒂利希也应列为其开拓者呢?

这么做是有充足理由的。显然,犹如殊途同归,蒂利希和马林诺夫斯基、韦伯、道森、汤因比、卡西尔等人一样,也高度重视宗教与文化的关系问题,从另一个不同的领域为宗教文化学添加了一个研究范例——"文化神学"。但相比之下,蒂利希提供的研究范例确有不同凡响之处。前述几位宗教文化学的开拓者主要立足于历史考察和理论分析,蒂利希则更注重反思现代人的生存境遇和当代文化的精神困境,用终极关切说来凸现"宗教—文化观"的学术价值特别是现实意义。

所以,就算我们留了一手——把这位以终极关切说闻名的宗教文化学开拓者推迟到这里来评介。这种安排主要考虑到两点:一是连贯作用,借终极关切说使上下篇呼应起来,以展现"宗教—文化观"的理论潜力;二是桥梁作用,通过评论该学说过渡到最后一章

---

① 参见蒂利希:《文化神学》(英文版),"序"。

"宗教与对话",因为"终极"观念实际上是宗教对话的逻辑前提。但目前我们还差一步才能落实以上两点,这就是考察终极关切说的影响和动态。

终极意义上的平台

早在"引论"里,我们就明白了一个道理:只知其一,一无所知。这可说是"宗教学共同体"的座右铭。所以,宗教学家致力于考察所有的宗教现象,通过比较研究来揭示宗教信仰的本质、地位、功能等。然而,说起来容易做起来难。宗教学起初就碰到了一个难题:怎么界说宗教呢?

这个问题难就难在:如果说有一种历史现象是最错综复杂的,大概要数宗教了;如果说有一种人生信仰是最排斥异端的,恐怕也要数宗教了;如果说有一个人文研究领域最易于众说纷纭的话,以上两方面再加上前面的章节已替我们作出判断了。

因此,若想解决这道难题,至少满足这样几个条件:(a)能概说所有的、起码是几大世界性的宗教传统;(b)这种界说应尽可能地征得"普遍同意",像不同的教徒、不同的学派、甚至包括无神论者的认可;(c)这种界说应尽可能地达成"学术共识",以使有不同的信念或观点的人都不否认"宗教比较研究"的必要性和可能性。简言之,一种可行的宗教界说所提供的是"一个适用的学术平台"。

空谈不如实例。让我们来看看希克对上述难题的思索。在国际宗教哲学界,希克被公认为当代宗教多元论的代言人。他在晚年论著里多处回顾了自己的探索过程。他首先提到,在宗教传统那里,几乎没有中性的词汇。就某种宗教传统而言,那些用来表达概念体系的词汇,尽管可能类似于其他传统,但只有在其特定的语境里才能灵活运用。所以,要想探讨宗教多元论,肯定深受术语问题的困扰,最大的难题便是:怎么表述宗教信仰的普遍对象呢?

譬如,即使我们有条件地使用"神"或"上帝"一词,不确认其人格性或非人格性,或兼有人格性与非人格性,该词仍会引起"强烈的有神论联想"甚至误解,令佛教徒、道教徒或儒教徒等感到"一种帝国主义式的宗教语言学",其结果只能妨碍我们表达具有普遍意义的宗教理论。此外,还有很多术语可供选择,像超越者、终极者、神圣者、永恒者、终极实在、最高原则、太一、实体等。但不同的人爱用不同的词,没有唯一正确的选择。

那么,如何是好呢?希克告诉读者,自己在过去的论著里尽力寻找最合适的术语,用过超越者、神圣者、"永恒的太一"等。"超越者"一词或许能被多数人接受,但"神圣者"和"永恒的太一"带有很浓的有神论色彩。所以,他更倾向于用"实体"(the Real)。该词的优点在于,既不含任何一种宗教传统的排他论特征,又是一个通用的"中性术语"。

例如,按照基督教的说法,"上帝"作为"唯一的、自存的实在",就是指"实体";在伊斯兰教那里,"安拉"有许多名称,其中之一便是"实体"(al Haqq);就印度宗教传统而言,作为终极实在的"梵",也被称为"实体"(sat 或 satya);在大乘佛教那里,"空"或"法身"也被说成"实体"(tattva);从中国宗教传统来看,终极的东西就是"真",就是"实体"。

希克接着解释,考虑到行文的需要,自己在有些论著里把"终极实体""终极实在""终极"或"实在"用作"实体"的同义词。① 关于这种做法,笔者可为希克加一"注脚":他在《宗教哲学》里说明,所谓的"实在"就是指"终极"或"神性本身"(Ultimate or Divine an sich)。

希克的例子可使我们想到很多,这里指出两点:

(a) 上述难题——怎么界说宗教——的确事关全局,从宗教学的基础理论一直关系到前沿课题。因而,若无切实可行的界说,便无法进行比较研究;若无观念开放的界说,更无从开展宗教对话。

(b) 从传统的一神论转向开放的终极观,再以终极观来深化新兴的文化观,确对晚近的宗教研究有重大影响。宗教对话称得上"最前沿也最有挑战性的课题"了。该课题之所以能被推到前沿,其学术动力就在于"以终极观和文化观为基调的宗教多元论"。希克有力地论证道:如果我们假定宗教信仰是以"终极实在"为普遍对象的,而不同的文化背景下形成的宗教传统就是对同一个终极实在的经验和表达形式,那么,各大宗教便理应放弃排他论的、绝对化的真理观,从冲突走向对话,共同寻求终极意义上的真理。关于宗教对话,下一章将具体评述。让我们接着来看另一个例子,它可从

---

① 以上解释详见希克:《宗教之解释——人类对超越者的回应》,四川人民出版社1998年版,第11—13页。

基础理论上反映出终极关切说的深广影响。

宗教是什么呢？曾任美国宗教学会主席的斯特伦(Frederick J. Streng,1933—)深有感触地说,任何人只要坐下来稍作思考,都能说出她(他)的宗教定义;虽然众说纷纭,彼此看法不同,但大家很可能是从同一条思路来定义宗教的;该思路可概括为:发自个体的最深感受,考虑各自的文化传统,说出最高的生活价值。其实,专家学者的思路跟普通人相差无几。他们同样认为,宗教信仰肯定影响到每个信徒的人生观,通过不同的文化传统而体现为特定的社会历史形态,表达了人们所追求的最高价值或终极境界。上述思路之所以有普遍性,就是因为切实地反映了**宗教现象的三个层面:个人的、文化的和终极的**。

> 宗教生活包括有个人的主观因素,采取了独特的文化形态(如观念、艺术和制度),表达了一种终极的、至上的或领悟的实体。宗教现象的这三个层面相互作用,使得研究宗教生活的人,必须付出复杂而艰辛的努力才能有所把握。只有把"独特"文化的多样性与终极价值的"一般"观念联系起来,才能对宗教作出解释。只要研究宗教的人想理解宗教的意义和取向(乃至其在社会层面和心理层面的功能),这一点无论如何是必不可少的。①

---

① 斯特伦:《人与神——宗教生活的理解》,上海人民出版社1991年版,第13—14页。

从上述三个层面的关系来看,"作为一般的"终极实体或终极价值,对研究者来说显然是最重要或根本的。为什么这么说呢?斯特伦做了大量解释,概括起来有如下几重意思:首先,所谓的"终极"就是指"人类感受的极限",但又是"一种无限的力量",使人能超越任何具体的经验和知识;其次,"终极实体"则意指人所体验到的某种神圣的生活境界,像"生命源泉""最高价值""终极真理""宇宙秩序""神圣意志"等;再次,尽管我们很难就所有的宗教传统来具体规定终极实体,但可以断定,各个宗教传统的信奉者们无一不是根据某种终极观来生活的,他们力求"一种根本的转变过程"——从烦扰的现实生活达到完善的生存境界。①

前面几章表明,蒂利希所提倡的终极关切说不但要克服传统的一神论,而且想扬弃以往关于宗教本质的三种主要观点,理智论、情感论和意志论。虽然我们限于篇幅不可能考察更多的例证,但从以上两位学者的见地似乎足以推出这样一个结论了:与以往的宗教界说相比,终极关切说显然更有概括性和开放性,更能征得"普遍同意",也更易达成"学术共识",因为就现有研究水平而言,该学说可谓把宗教学的理念发挥到了极致,为"宗教比较"和"宗教对话"提供了"一个终极意义上的平台"。

---

① 以上几方面的解释,参见《人与神——宗教生活的理解》,第2—14页。

宗教与对话

没有各宗教间的和平,就没有各民族间的和平;
没有各宗教间的对话,就没有各宗教间的和平;
没有对各宗教的研究,就没有各宗教间的对话。

——汉斯·昆

彩虹是由地球大气折射成壮丽彩带的太阳光,我们可以把它视为一个隐喻,把人类不同的宗教文化解释为对神性之光(divine light)的折射。

——希克

北大学者与英国前首相布莱尔交流"全球化时代的宗教关系与宗教对话"的研讨成果。

不夸张地说，前引汉斯·昆的排比句已成了他的口头禅，他在世界宗教议会上说过，在世界经济论坛上说过，在哈佛大学和北京大学的讲演里也说过……为什么他要把宗教对话说得如此重要呢？这并非他个人的见解，而是全球化背景所带来的冲突和危机使然。

背景、问题和尝试

就人文研究领域而言，重大问题的提出都有不可忽视的历史或文化背景，宗教对话也是如此。因而，不首先把握宏观背景，便无从理解重大问题。这种表述或许有些学究气，其实接着要谈的背景并非"宏论"，就是我们身处其中的"地球村"。

背景:地球村的形成

关于这方面的背景,美国天普大学宗教对话教授、《普世研究杂志》主编斯威德勒(Leonard Swidler)做过言简意赅的分析。他指出,近150多年来,诸多因素使整个世界变成一个小小的"地球村"(the global village)了。

例如,交往的与信息的因素。过去的千百年里,大多数人是在故乡或祖国度过一生的。而现在,由于交通条件的巨大改善,人们可经常外出远游,接触到不同的习俗、文化和宗教。即使一个人足不出户,外面的世界也会随着报刊书籍、广播电视甚至网络汇成的"信息流"涌进你的家门。

再如,经济的与政治的因素。在过去,大多数国家或地区的经济活动都是自给自足的,而如今却是相互依存的,要生存想发展,那就不得不参与全球化经济体系的竞争。战争在人类历史上也第一次变成全球性的了,甚至连小范围的战争也会危及整个地球的和平甚至存在。这就导致了全球性政治结构的出现,例如,第一次世界大战后出现了国际联盟,第二次世界大战后又形成了联合国。

以上这些外在因素打破了以往人类孤立生存的局面,迫使着人们进行交往、对话与合作。两次灾难性的世界大战再加上一次经济大萧条,留给人类的经验教训是:缺乏交往和理解势必导致无知与偏见,无知与偏见则是敌视与暴力的诱因。一点儿也不危言耸听,假如爆发第三次世界大战的话,恐怕就是人类历史的终结。因此,对地球村的成员来说,交往、对话与合作不但是自我生存的需要,而且是避免全球性灾难的唯一选择。①

自从16世纪"大发现时代"以来,地球已经越来越像温德尔·韦尔基在1940年所说的,变成了一个"单一世界"……

与此同时,世界从数千年之久的"独白时代"缓慢而痛苦地走进了"对话时代"。仅仅在一百多年以前,每一种宗教,后来是意识形态——即每一种文化,还在倾向于十分肯定,只有自己才拥有完全的"对生活的终极意义和相应地该如何生活的解释"。②

难题:真理观的冲突

从学理上看,宗教对话之所以能引起广泛关注并形成严肃氛围,就是因为我们可依据"不争的事实"向各宗教发难,提出一个不可回避的"根本的问题"。那么,这里说的"事实"指什么呢?该"难题"又是怎么被提出来的呢?当代宗教对话理论的开拓者希克解释如下。

他首先指出,直到最近,世界上现存的任何一种宗教几乎都是在不了解其他宗教的情况下发展的。③ 当然,历史上有过几次大规

---

① 以上分析详见斯威德勒:《绝对过后》(*After the Absolute: the Dialogical Future of Religious Reflection*, Fortress Press, 1990),第5—6页。
② 斯威德勒:"走向全球伦理普世宣言",《全球伦理——世界宗教议会宣言》,孔汉思、库舍尔编,四川人民出版社1997年版,第138—139页。
③ 希克是在《宗教哲学》里提出此观点的。该书有1963、1973、1983、1990年版,希克在第3版里仍持此看法。

直到近代前夜,虔诚的基督教徒还把世界上所有其他的信仰者视为"非基督徒"(non-Christians),即"上帝的敌人",要用武力来加以征服。这幅用传统工艺制作的彩绘玻璃挂件,描绘的就是基督教战船俘获异教徒船只的场景。

模的宗教扩张运动,使不同的宗教徒相遇。例如,公元前后佛教的扩张,7—8世纪伊斯兰教的扩张,19世纪基督教的扩张等。但在上述扩张运动里,不同信仰者相遇的结果,大多是"冲突"而不是"对话",这显然不能使各宗教相认识或相理解。

只是百余年来,有关各宗教的学术研究才为如实地理解"他人的信仰"提供了可能性。当代宗教学的比较研究成果,促使越来越多的人意识到一个事实:各种宗教传统无不"自称为真",即自以为只有本传统才是真理的代言人,可它们关于真理的说法,不仅是不同的而且是冲突的。这样一来,如何解释各宗教在真理问题上的诸多相冲突或相矛盾的主张,便成了一个不可回避的根本问题。

其实,上述问题并不玄虚,我们可从地球村里的宗教分布现象感悟出来。譬如,某人生在印度,他可能是个印度教徒;如果他生在埃及,可能是个穆斯林;假如生在锡兰,可能是个佛教徒;而一个英格兰人,很可能信基督教。希克感叹道,多达90%以上的宗教徒,他们的信念就是这样自然而然形成的。但在一些基本问题上,像终极实在的性质、神或上帝的创造方式、人的本性与命运等,所有的宗教为人们提供的答案,不但不一样而且相抵触!

这就使我们不得不慎思一连串疑问了:神或上帝到底是"有人格的"还是"非人格的"呢?神或上帝能否"道成肉身"或"降临尘世"呢?人生有无"来世"或"轮回"呢?神或上帝的话究竟记载于何处,《圣经》还是《古兰经》或者《薄伽梵歌》呢⋯⋯面对诸如此类的重大问题,如果以为基督教的答案是真的,能否说印度教的回答基本上是假的呢？假如认为佛教的回答是真的,能否说伊斯兰教的答案八成是假的呢？显然,在这样一些重大问题上,站在或偏袒任何一方,轻易作出某种判断,都是没有多少道理的。①

上述分析及其结论的确发人深省。首先,不论某人属于哪种宗教传统,只要你热爱真理并"自称为真",那就不能不意识到,他人也追求真理也"自称为真";其次,现存的各大宗教传统都深深扎根于某种或几种古老的文明或文化土壤,都是世世代代的信仰者探求智慧或真理的果实,但它们的真理观不但是多样性或多元化的,甚至是相冲突或相矛盾的;再次,只要你敢于正视以上事实,那就不能如井底之蛙,坐井观天,自以为是,而应走向世界,开放观念,与其他信仰者相交往相对话,以求通过多角度或各方面的认识、理解、比较、甄别来寻求真理问题的答案。这可以说是历史(现实)与逻辑(理性)的双重客观要求。

讨论到这里,我们可做小结了。前面说的"不争的事实"可概括为:现存的各大宗教信仰及其真理观的多样性或多元化;"根本的问题"则可归纳为:如果不否认各大宗教传统都想揭示终极实在及其意义,那么,怎么解释它们在真理问题上的诸多不同的甚至矛盾的说法呢?

希克早在20世纪70年代初就断定,上述难题将在宗教哲学家

---

① 希克的上述分析,可参见《宗教哲学》(英文版)(第3版),第107—108页;或详见《宗教之解释》里的相关章节。

的议事日程上占有醒目的位置。这个判断已得到了验证,"近 20 多年来,宗教多元论问题对宗教哲学家和神学家来说已成为燃眉之急了。"①

尝试:多元化的对话

短短几十年间,宗教对话已成为一门显学、一个前沿领域。目前看来,在这个前沿领域展开的主要是这样一些尝试:

(a)"各宗教间的对话"(interreligious dialogue),此类尝试涉及范围很广,像佛教与基督教的对话,基督教与印度教的对话,犹太教与基督教的对话,基督教、犹太教和伊斯兰教三方对话,东西方宗教传统间的整体性对话等。

(b)"本宗教内的对话"(intrareligious dialogue),譬如,佛教各宗派间的对话,新教各宗派间的对话,基督教内部天主教与新教的对话等。

(c)"宗教与意识形态的对话"(religion-ideology dialogue),例如,基督教与马克思主义的对话,各大宗教传统与现代世俗思潮或理论体系的对话,宗教伦理与政治、经济、生态伦理的对话,等等。

(d)宗教对话理论研究,像宗教对话的前提、问题、模式、方法、意义、目的等。

---

① 波伊曼:《宗教哲学选集》(*Philosophy of Religion: An Anthology*, Wadsworth Publishing Company, 1998),第 507 页。

由此可见，现行的宗教对话不仅范围广泛内容复杂，而且实属一种跨宗派、跨信仰、跨文化、乃至跨意识形态的艰难尝试。

后面几节里，我们不准备巡游宗教对话领域，而是专注于方法论反思，大致思路是，先梳理出几种主要的宗教对话观，再来考察以往的激烈争论，最后就现存的主要问题作些方法论思考。但事先需要搞清楚两个问题：划分不同观念的标准是什么呢？为什么要从排他论谈起呢？

一般认为，现存的宗教对话观主要有三种：排他论（exclusivism）、兼并论（inclusivism）和多元论（pluralism）。可是，关于划分标准，以往的论著大多不作说明。理由似乎在于，这几种观念的区别一目了然，划分标准不言而喻，就是指对其他宗教抱什么态度——一概排斥、兼并异己或一视同仁。这种看法虽然没错，但流于表面，没有明确划分标准的学理根据。

前一节的讨论表明，宗教对话并非简单意味着：对其他的宗教传统或别人的宗教信仰抱什么态度；而是从根本上关系到：怎么解释现存的诸多相冲突或相矛盾的宗教真理观。由此来看，关于宗教真理问题的理解便显得至关重要了，因为这从根本上决定了同一问题的两个方面，即在宗教真理问题上如何"自我评价"和"评价他人"。所以说，应把划分标准落实于宗教真理观。充分明确这一点，有助于深刻把握尤其是评价现存的几种宗教对话观。

顾名思义，排他论意味着唯我独尊、拒绝对话。那么，为什么要从这样一种闭关自守的信仰态度谈起呢？原因在于，这种态度不但是各大宗教的传统立场或正统观念,而且是用来分辨宗教对话观的"历史坐标系",也就是说,后来形成的对话观主要是相对于传统的或正统的排他论而言的。所以,只要论及宗教真理观,无论从"史"入手还是由"论"展开,恐怕都绕不开排他论。

排他论的正统性

所谓的**排他论**就是主张,宗教意义上的真理是终极的、唯一的;既然如此,现存的诸多宗教信仰只可能有一种是绝对真实的,而其他的要么相对不足,要么纯属谬误;因而,只有委身于该种宗教传统,才能找到终极真理,达到信仰目的。

显然,排他论者在宗教真理问题上持有一种绝对化的观点。但值得强调的是,这种绝对化的真理观发自宗教信仰的本性;换言之,假若某种宗教不自以为拥有终极的、唯一的真理,那么,它就不值得信仰。因而,排他论可以说是各大宗教、尤其是一神论宗教所共有的正统立场。

根据:经典和教义

关于排他论的正统性和普遍性,可从几大一神论宗教传统的经典和教义那里得到印证。这里仅罗列几例,有兴趣的读者可做具体比较或深入研究。

例如,按照犹太教权威哲学家迈蒙尼德(Moshe ben Maimonides, 1135—1204)的概括,犹太教的信条主要如下:(a) 创造主创造了自然界,并管理着一切造物;(b) 创造主就是唯一的、真正的神;(c) 创造主是无形、无体、无相的;(d) 创造主是"最先的"也是"最后的";(e) 创造主是唯一值得敬拜的,此外别无可敬拜的东西;(f) 凡是先知所说的都真实无误;(g) 摩西是最高的先知,他的预言绝对真实,其前其后没人能超过他;(h) 犹太教的传统律法是神向摩西传授的,历来如此,从未更改;(i) 律法是永恒的,既不会改变也不会被取代;(j) 创造主洞察世人的一切思想和行为;(k) 遵守律法者将受创造主的奖赏,践踏律法者则遭惩罚;(l) 救世主弥赛亚必将再临,应每日盼望,永不懈怠;(m) 死者终将复活。

犹太教的经典主要包括律法书、先知书、圣录三大部分,再加上公元2—6世纪形成的律法典《塔木德》,但在早期的犹太教徒那里还没有公认的、成文的信条。因此,迈蒙尼德所概括的13条被后来的信徒广泛接受,称为"基本信条"。显而易见,这些信条是以相信创造主的唯一真实性、预言与律法的绝对权威性为前提的;若要信奉,自然就对其他的宗教抱拒斥态度。

同样,教义的绝对性与排他性在伊斯兰教那里也有明显的反映。伊斯兰教教义中有五个基本信条:(a) 信安拉,相信安拉是宇宙万物的创造者、恩养者和唯一主宰;(b) 信天使,相信天使是安拉用"光"创造出来的妙体,为人眼所不见,众天使各司其职,只受安拉的驱使,执行安拉的命令;(c) 信经典,相信《古兰经》上记载的就是"安拉的话",是通过穆罕默德"降示"的最后一部经典;(d)信先知,相信自"人祖阿丹"以来,安拉派遣过许多传布"安拉之道"的使者或先知,但穆罕默德是最后一位使者,最伟大的先知;(e)信后世,相信人要经历今世和后世,"世界末日"终有一天来临,一切生命都会停止,整个世界得以清算,那时,所有的死者都会复活,接受安拉的裁判,行善者进天堂,作恶者下火狱。

再如,作为正统立场的排他论,在基督教那里也有充分的教义或经典根据。有位学者作过统计分析,基督教排他论者最重视的是这样两段经文:"除他以外,别无拯救"(《使徒行传》,4:12);"基督和彼列有什么相和呢?"(《哥林多后书》,6:15)。此外,排他论者常引用的经文大致可分为如下四类:(a)肯定耶稣基督的救恩具有特殊性与排他性,像《约翰福音》,1:8;14:6;17:3;《哥林多前书》,3:11;《约翰一书》,5:11—12等。(b)强调人性的罪恶,人是绝对不能靠自己得救的,像《罗马人书》,1:18;1:20;2:12;2:15;2:23;3:9;3:11;4:18等。(c)说明听道与悔改的重要性,像《马可福音》,1:14—15;16:15—16;《约翰福音》,3:36;《使徒行传》,11:14;17:23;17:27;17:29等。(d)告诫人们得救并非轻而易举,上帝所指引的永生之路非常艰难,犹如一道难发现的窄门,不是人人都能找到或通过的,像《马太福音》,7:13—14等。①

---

① 以上统计分析,参见吴宗文:"宗教对话模式综览",《维真学刊》,Vol.1,No.1,1993。

论证:以巴特为例

从几大一神论宗教传统来看,作为正统立场的排他论不仅有大量的经典和教义根据,而且有丰富的神学和哲学论证,这在基督教思想史上尤为典型。基督教排他论旨在强调启示、恩典与拯救的唯一性。自教父哲学时代以来,这种正统立场随着时代变迁不断更新论证形式。巴特(Karl Barth,1886—1968)的例子可说明这一点。

早在20世纪60年代就有人断言:"当新年钟声敲响,20世纪的帷幕降下,这个世纪的教会编年史也已完成之际,必将有一个名字高踞于其他一切名字之上——那就是卡尔·巴特。"[①]从基督教思想史来看,能受到这么高评价的人不多,因为此等评价语气总是留给"里程碑式的护教大师"的。因而,和奥古斯丁、托马斯·阿奎那、路德、加尔文等人一样,巴特所代表的是"一个时代的正统信念",他建构的新正统神学又一次论证了传统的排他论立场。

巴特成名于《论〈罗马人书〉》。构思这本书时,他还是一个默默无闻的乡村牧师。他是带着牧道实践里的疑惑,满怀对现实社会、第一次世界大战、特别是自由派神学的失望,而求助于《圣经》,仔细研读《罗马人书》的。1919年,当这本出自乡村牧师之手的释经专著出版时,其轰动效应犹如在欧洲神学界投下了一颗重磅炸弹,震怒者大有人在,惊醒者也为数众多。但后来占上风的评价是,

---

① 参见利文斯顿:《现代基督教思想》,下卷,四川人民出版社1992年版,第632页。

十 宗教与对话 | 351

　　巴特的书桌,张志刚摄于美国某档案馆。据巴特本人的回忆,这张书桌原是他母亲的陪嫁之一,他从 1922 年继承以后,就一直摆在自己的书房,他此后的全部著作都是在这张老书桌上写出来的。

该书确有划时代意义,如同路德当年提出95条论纲,这部以"上帝就是上帝"为主题的著作又引发了一场新的神学革命。

1921年,巴特受聘为德国哥廷根大学神学教授。次年,经全面修订的《论〈罗马人书〉》和读者见面了。与初版相比,修订本更强调"上帝的绝对神性",更善用克尔凯郭尔式的辩证语言来描述"神与人的无限距离"。

> 克尔凯郭尔说过,时间与永恒之间有"无限的质的差别",如果说我有一个体系的话,那么,该体系只限于对克尔凯郭尔上述说法的认识,以及我的如下考虑:"上帝在天上,而你在地上",此话既有肯定性的意义,也有否定性的意义。在我看来,这样一位上帝与这样一种人的关系,和这样一种人与这样一位上帝的关系,就是《圣经》的主题和哲学的本质。哲学家把这一人类感知危机(crisis)称为初始因;《圣经》在同一个十字路口看到了耶稣基督其人。①

"上帝在天上,而你在地上",这就是巴特新正统神学的宣言。

这个论断首先强调,上帝是"完全的他者"(Wholly Other)。就上帝与人的关系而言,上帝是无限的造物主,人则属于有限的造物。宗教改革家早在几百年前就说过了,"有限者不可能包括无限者",

---

① 巴特:《论〈罗马人书〉》(*The Epistle to the Romans*, Oxford University Press, 1965),第10页。

有限的造物非但不能体现上帝的启示,反倒把造物主隐蔽起来了。对人来说,上帝并不直接显现于自然界或人类心灵,而是具有无可争辩的"不可见性"。因此,人既无法感知上帝,也无法认识上帝,更不可能成为上帝。作为无限者、隐匿者、未知者的上帝,就是完全不同于人的、遥遥不可及的"他者"。

所以,重申神与人的"无限距离",强调二者的"质的差异",便被巴特称为"当代神学的首要任务"了,他的全部思想也是从这一点展开的。

其次,"上帝在天上,而你在地上"还意味着:世界上的一切事物,包括人本身,都是人类无法回答的难题,只有上帝才是这一切难题的答案。因此,对信仰者来说,"只有上帝才能谈论上帝",也"只有通过上帝才能认识上帝"。

那么,关于上帝的信仰何以可能的呢?这是巴特早期力图阐明的一个主要问题。他一再强调,从人到神无路可通,可从神到人却有道路,这就是上帝对人的恩典、给人的启示。只有通过上帝的恩典,人才有了信仰的天赋;也只有通过耶稣基督,人才有可能领受上帝的启示,即"上帝之道"(Word of God)。这样一来,对人来说绝对不可能的事情,在上帝那里却成为可能了。所以,信仰的本性就在于恩典与启示。

巴特的早期思想被称为"辩证神学"或"危机神学",因为其主旨要义就在于:重申神与人的无限距离,强调上帝的绝对神性,以及人与上帝的不可类比性、不可通约性、尤其是不可同一性。尽管像有些研究者指出的那样,这位新正统神学家转入"教义神学"时期后,日渐放弃了前述"辩证语言",但他早期思想的最大成果——"上帝的绝对神性",却像"时代筛选过的神学品种"一样,撒播到整个教义神学领域了。巴特的巨著《教会教义学》生前完成了13卷,德文版长达9000余页。翻开前4卷,即"论上帝之道"和"上帝论",核心论题之一就是,以上帝的绝对神性来批判传统的自然神学及其宗教观。

《基督受难图》(Matthias Grünewald,约1510—1515)。对作者来说,艺术并不在于寻求美的内在法则,艺术只能有一个目标,也就是中世纪所有宗教艺术所针对的目标——用图画来布道,宣讲教会教导的神圣至理:基督为人类而受难,人类也只有通过跟从基督,才能领受上帝的启示。

在巴特看来,传统的自然神学思路显然背离了信仰的本性——恩典与启示,因为这条思路在很大程度上是从"人的观点"来理解上帝的,并企图靠"人的努力"来消除人与神的疏离或无限距离。这对恩典与启示来说无疑是一种傲慢自大、一种抗衡甚至挑战。人总是自以为,信仰了宗教便找到了上帝。事实上,人不但找不到上帝,而且根本不想真正认识上帝。"自然的人"是有罪的,"罪"就是指不信上帝,"不信上帝"则意味着人相信的是他自己,是他自己的能动性。正是就上述意义而言,传统的自然神学及其宗教观的显著特征就在于,"罪恶性"与"不可能性";所以"有罪",就是因为它以人为的偶像来取代上帝的位置;所以"不可能",就是因为任何人为的努力都无法实现人与上帝的和解。

以上概述表明,从《论〈罗马人书〉》到《教会教义学》,巴特的新正统神学始终以"上帝的绝对神性"为基调,以抬高"神的恩典和启示"、贬低"人的认识或理解"为主旋律。这样一来,巴特便在多元化、世俗化的宗教和文化背景下,重新论证了基督教的绝对真理观及其排他性。

评论:素朴的傲慢

如前所述,排他论的立场在于:现存的宗教信仰虽然多种多样,但只有一种传统是绝对真实的,所以只有委身于该宗教,才能找到终极真理,达到信仰目的。例如,这种立场在基督教那里的神学要义,就是强调启示、恩典与拯救的唯一性。因而,基督教排他论者大多是"以某教会甚至某宗派为中心"的,即认为除非皈依某教会或某宗派,别无真正的启示、恩典与拯救。这显然是一种局限性很强的信仰观,难免招致众多批评者的议论。

首先,为什么或能否认为神或上帝的启示仅此一种方式,只显现于一种文化背景,甚至只恩赐于某一群人或某个信仰团体呢? 有这样一个形象的比方:广告充斥于现代传媒,精明的广告商总是看准消费者的喜好来炮制信息的,难道神或上帝竟不如广告商吗? 假如神或上帝是无所不能、无所不知的,他肯定会针对不同的人群或文化来选择行之有效的启示方式。这样一来,形式多样的神圣启示便会具有不同的特征和内容,因为它们是通过形形色色的文化背景显现出来的。

以上比方虽有媚俗色彩,但通俗地表明了一个道理:如果属于不同的宗教传统的排他论者全都"自以为是",那么,他们大可不必在有理智、善选择的当代人面前争来争去,而应通过各自的实践活动来展现神圣启示的吸引力和多样性。尽管巴特等人为排他论披上了时装,但内容并不新奇,仍用单一的神圣启示形式来漠视丰富多彩的宗教传统。可问题在于,全知全能的神或上帝无疑会采取多种启示方式,让生活于不同文化背景下的人们都有选择的机会,既可接受"巴特信仰的基督教",也能领受其他形式的神圣启示。所以说,"全知全能的神或上帝与启示方式的单一性",这是各类排他论者首先遭遇的一个逻辑诘难。

与此相关,排他论者面临的另一难题是:"全知全能的神或上帝与拯救途径的单一性"。在基督教排他论者那里,强调拯救途径的唯一性,其实就是宣扬"一种有限的或狭隘的拯救观",即只有皈依某个教会或教派才能找到拯救途径。针对这种拯救观,批评者指出,假若神或上帝不仅全能全知而且至善至美,人们很难相信,除非皈依某一特定的宗教或教会,否则注定不能得救甚至遭受严惩;而唯一可解释的就是:你们从未听说过某类排他论者所知道的那种神圣启示,所以也就没可能按其行事,找到拯救途径。

关于上述排他主义的拯救观,希克指出,目前,在天主教那里固执这种拯救观的只是少数极端保守派,可在新教那里却有许多基要派分子大肆叫嚣。

> 他们的立场对可以相信如下思想的人是前后一贯的,这种思想就是:上帝判人类大多数要受永罚,因为他们从未与基督福音相遇,也未接受基督福音。就我个人而言,我把这样的上帝视为魔鬼![1]

这段犀利的言辞可令排他论者反省:世界上有诸多不同的宗教信仰,除了坚持排他论立场的你们,还有无数善男信女,他们(她们)无疑也在寻求终极真理,他们(她们)信奉的宗教也有神圣的启示或高尚的教导,引人得以拯救或走向解脱;可你们心目中的神或

---

[1] 希克:《信仰的彩虹——与宗教多元主义批评者的对话》,江苏人民出版社1999年版,第22页。

上帝似乎既能力有限又爱心不足,因为他的神圣启示仅仅显现于某一特定的时间、人群或文化,而不能或无意给普罗大众指明得救或解脱之路;假如神或上帝并非如此,那么,你们所宣扬的这种有限的或狭隘的拯救观是否有悖于《圣经》里的普世救恩观呢?

希克的批评主要是冲着基督教排他论来的。但前面已指出,排他论立场实属宗教信仰的本质特征;也就是说,假若某种宗教不自以为拥有终极的、唯一的真理,那它就不值得信仰了。因而,排他论可以说是各大宗教传统、尤其是一神论宗教共有的正统立场。此处再次强调这个论点,有助于我们从一般意义上反省排他论立场的得失利弊。

> 一个宗教的一个虔信成员,无论如何都会认为他自己的宗教是真实的。这样,这一真理宣称就有了某种内在的排他性宣称。如果某个陈述为真,那么它的反题不可能也为真。如果某个人类传统宣称为真理提供了一个普遍的语境,那么任何与该"普遍真理"相反的东西都将不得不被断为假。①

这是当代知名的哲学家、神学家和佛学家潘尼卡(Raimon Panikkar,1918—2010)对排他论态度的界说,其明显长处在于,倾向于"同情的理解"却着笔于"冷静的描述"。他接着评价道,这种态度含有"某种英雄气概"——某信徒献身于"普遍的或绝对的真理";

---

① 潘尼卡:《宗教内对话》,宗教文化出版社 2001 年版,第 4 页。

当然,这种态度并非心血来潮或盲目崇拜,而是以"绝对的上帝或价值"为根本保障的;所以,当某信徒声称:我的宗教是"真正的或绝对的",他是为神或上帝的权利而辩护。

然而,我们应意识到,排他论立场既外临危险又内存缺陷。潘尼卡指出,一方面,排他论者注定对他人的信仰持以傲慢、轻蔑、不宽容的态度;另一方面,这种态度所主张的真理观并不牢靠,而是建立在"素朴的认识论"和"简单的形式逻辑"基础上的。

若把上述"激烈的批评"和"冷静的分析"综合起来,我们是否可这样评价排他论者:他们很正统但很素朴,他们很虔诚却很傲慢。

兼并论的对话观

凭第一印象便可感到,兼并论是一种强势的理论倾向。这种倾向始于如下判断:世界上的宗教信仰是多种多样的,这表明神或上帝的启示具有普世性;然而,诸多宗教信仰在真理问题上的不同主张却有真与假、绝对与相对之分。

因此,与传统的排他论观念相同,兼并论者首先坚持只有一种宗教信仰是绝对真实的,能使人得到真正的启示和根本的拯救。但另一方面,作为一种新倾向,兼并论者又力图摆脱排他论的狭隘立场,与后面将要讨论的多元论不乏共鸣处。兼并论者大多认为,既然只有一种宗教信仰是绝对真实的,而神或上帝又是无所不在、无所不能的,那么,恩典、启示、拯救等无疑具有普世性,可通过不同的宗教信仰而以多种方式表达出来。甚至可说,启示与拯救的大门是向所有的人敞开的,不论你是否知道或承认唯一的上帝或信仰。

前提:"开放的天主教"

就观念形成而言,兼并论一般被看做天主教神哲学家自梵蒂冈第二届公会议(1959—1965)后采取的一种宗教对话立场,其理论建树者便是被誉为"当代天主教神哲学泰斗""20世纪的托马斯·阿奎那"的拉纳(Karl Rahner, 1904—1984)。

梵蒂冈第二届公会议可谓"天主教跟上时代、走向开放"的转折点。此次会议的主要目的之一就是,改善天主教与其他基督教教派、尤其是其他宗教的关系,推动具有普世性的宗教对话。那么,这种开放意味着什么呢?拉纳解释说,"开放的天主教"(Open Catholicism)有两重含义:先就事实而言,尽管其他宗教传统与天主教处于对立关系,但它们并非纯世俗的或不重要的,而是有意义的、不可忽视的;再从任务来看,天主教要和这些对立的宗教传统建立联系,以便理解它们,克服它们,实现统一,因为当今天主教会的建设思路就在于:最大限度地消除多元化的力量,使本教会成为"众对立者中的统一者"。

所以,"开放的天主教"是指一种特定的态度,如何看待当今的多元化力量,它们具有不同的世界观。当然,我们并不把多元化仅仅看成一个无须解释便可承认的事实。这里的多元论意指如下事实:我们不能否认多元化现象,或在某种程度上认为,这种现象本来是不该存在的,而应加以思考,以一种更高的观点将其再次纳入基督教所理解的人类生存的整体性与统一性。①

以上解释令人感到一个问题:既然理应正视并承认其他的宗教传统,为什么还要消除对立、实现统一呢?拉纳回答,与其他宗教传统相比,宗教多元化对基督教的威胁最大,因为其他宗教,包括伊斯兰教,都不像基督教那样,绝对地坚持"信仰和启示的唯一性"。

虽然宗教多元化现象从基督教产生之日就存在了,但今天却对每个基督徒构成了空前的威胁。过去,其他的宗教都实践于某种异样的文化环境。因而,对西方基督徒来说,"别人"或"陌生人"("others" and "strangers")信奉不同的宗教,这个事实既不令人惊讶,也不会令人较真儿,即把其他的宗教看成挑战或选择。

如今世道变了。西方不再故步自封,自视为世界历史或人类文化的中心,也不再以为自己的宗教传统是荣耀神或上帝的唯一途径。在当今世界里,大家已成为近邻,是"精神上的邻居"。这便使交往起决定性作用了。因此,如同文化上的诸多可能性与现实性,世界上的诸宗教对每个人来说都值得思考,都可供选择。这样一

---

① 拉纳:"基督徒与其他宗教",《宗教哲学读本》("Christian and Other Religions", *Philosophy of Religion: Selected Readings*, Oxford University Press, 1996),第 503 页。

来,如何理解宗教多元化,就成了一个关乎基督徒生存境况的紧迫问题。

立论:"匿名的基督徒"

正是为了解答上述问题,拉纳根据天主教教义,依托他创建的新神学体系——"基础神学的人类学",阐发了兼并论的对话观。鉴于这位德国神哲学家出奇的烦琐晦涩,我们不去触动他的神学体系,而是直接切入兼并论的几个核心命题。但即使这样处理,读者也要做好心理准备来承受"拉纳式语言的折磨"。

(1)基督教自我理解为"绝对的宗教"(absolute religion),此教为天下大众所设,而不承认其他任何宗教具有此等权利。

拉纳强调,就基督教的自我理解而言,这个命题是基本的、自明的,不必证明或引申。但在基督教看来,所谓"正确的、合法的宗教",并不意味着人可自行设立"他与上帝的关系",可自我作出生存选择,而是指上帝作用于人,通过与人交往而启示出来。这是一种"上帝与人的关系",是上帝自由设立的、自由启示的。说到底,这种关系对普世大众并无二致,因为上帝之道只有一个——道成肉身,死而复活。

> 基督教是上帝就其道而作的自我解释,此道便是从上帝到人这种关系,是由上帝在基督那里自行设立的。这样一来,只要基督教在某时某地带着生存的权能和命令的力量而进入另

一种宗教的领域,并由其自决,使其发问,那么,基督教便可自认为是适用于所有人的真正的、合法的宗教了。①

(2) 可把某种非基督宗教看成"合法的宗教",但不否认它有错误与堕落的成分,理由如下:在福音传入某种具体的历史境况前,非基督宗教的构成因素十分复杂,其中不光有关于上帝的自然知识,并混杂着原罪和过失所导致的堕落,而且包括诸多超自然的因素,它们来自恩典,是基督赐予人类的礼物。

这是对诸多非基督宗教的评价。但必须注意,就历史进程而言,只有从基督教成为历史性的现实要素的那一时刻起,基督徒作出这种评价才是有效的。

(3) 如果前一个命题成立的话,那么,基督教所遇到的其他宗教成员便不是纯粹的"非基督徒"(non-Christian)了,而是可以并早该着眼于这方面或那方面,把他们看做"匿名的基督徒"(anonymous Christian)。

怎么看待异教徒呢?他们就是指那些还没被"上帝的恩典和真理"接触到的人吗?如果有人这么以为,那就错了。拉纳指出,某人即使没受过外来传教士的影响,只要他感受到"无限的开放性",让有限的人生趋于"终极的、深奥的圆满境界",那么,他便被赐予"真正的启示",经验到"上帝的恩典"了。

---

① 《宗教哲学读本》(英文版),第 504 页。

因为这种恩典,若被理解为他所有的精神活动的先验视野,虽在客观上未被认知,但在主观上伴随他的意识。此种情况下,外来的启示对他来说并非宣告了某种绝对未知的东西……但是,如果真是这样的话,作为天主教会尽力传道的对象,某人早在教会信息传到前就可能或已经踏上了拯救道路,而且是在特定环境下发现这条道路的——同时,如果真是这样的话,由于别无拯救道路,他按这种方式得到的拯救就是基督的拯救——那么,如下说法肯定可行:他不仅是匿名的有神论者(an anonymous theist),而且是匿名的基督徒。因而,如下结论也完全正确:说到底,福音宣告并非把上帝和基督所遗弃的某人变成基督徒,而是使匿名的基督徒得以转化,让他通过客观的反省,立誓于其社会形式来自天主教会的那种信仰,以致也以恩典所赋予的存在深度来认知他的基督教信念。①

(4) 就基督徒的处境而言,或许不能奢望现存的宗教多元化不久便会消失,但另一方面,基督徒完全可作这样的解释:非基督宗教属于"匿名的基督教",其信徒尚需明确意识到上帝及其恩典所赐予的那些东西,因为他们以前只是茫然接受却从未加以反省。

非基督徒或许认为,基督徒把任何健全的或康复的(被神圣化了的)东西都归因于"他的基督"(his Christ),断定为恩典

---

① 《宗教哲学读本》(英文版),第512页。

赐予每个人的结果,并将此解释为匿名的基督教,这太自以为是了;他们或许认为,基督徒把非基督徒看做尚未实现自我反省的基督徒,这也太自以为是了。但基督徒不能放弃此种"自以为是",对基督徒和天主教会来说,这实际上是谦卑至极的来源。因为此种"自以为是"深切坦白了一个事实:上帝比人和天主教会更伟大。天主教会将走出大门,迎接明天的非基督徒,其态度早已由圣保罗言明:你们所不认识而敬拜的(但仍要敬拜!——这几个字为拉纳所加,引者注),我现在告诉你们(《使徒行传》17:23)。一个基督徒立足于此,便能宽容地、谦逊地而又坚定地面对所有的非基督宗教。①

诘难:"匿名的 X 教徒"

从思想源流来看,兼并论脱胎于排他论。所以,兼并论立场具有明显的两面性:一方面迫于现实,承认现存宗教信仰的多样性,其前提是神或上帝的启示、恩典与拯救的普世性;另一方面又固守传统,坚持启示、恩典与拯救的唯一性,宣称只有本宗教是绝对真实的,此乃收容其他宗教徒的绝对根据。不难想见,这种立场自然会遭到左右夹击,既受到多元论者的诘难,更难免排他论者的批判。

尽管以拉纳为代表的兼并论者只是貌似开放,略做让步,条件

---

① 《宗教哲学读本》(英文版),第512—513页。

苛刻地承认其他宗教信仰的合理性,但在眼中只有本宗教的排他论者看来,任何退让或妥协都是对基督教传统的动摇甚至颠覆。如果像拉纳等人说的那样,其他宗教信仰也有一定的合理性,也包含真理的成分,那么,还有无可能把耶稣基督奉为信仰的唯一对象或绝对保障呢?更令基督教排他论者难以容忍的是,假如异教徒并不信奉耶稣基督,甚至对上帝启示一无所知,却照样能分享恩典并得到拯救,那么,还有无必要把福音传播当成一项神圣使命呢?说到底,若把此类说法当真,信基督教还有什么价值呢?

与排他论者相比,多元论者并不驻足于某种宗教的传统立场,而是对兼并论施以学理批评。不论拉纳等人如何铺垫或怎么解释,"匿名的基督徒"或"准基督徒"(pre-Christian)之类的提法已被看做兼并论的核心概念和特色理论。在批评者看来,这种概念及其理论难免导致一场空前的逻辑混乱。

既然兼并论者不否认宗教信仰的多样性,也承认诸多宗教传统并存的合理性,那么,所谓"匿名的基督徒"很可能演绎成一种普遍适用的托词——"匿名的 X 教徒"。其结果可想而知:这是一个放之四海而皆准的公式,既可被各宗教用以自我辩护,也可被诸宗教用来相互贬低。

正如基督教徒可自称"本传统是唯一真实的",而把其他宗教徒看成"沾有上帝恩典的匿名的基督徒",为什么穆斯林不能认为"绝对真理在自己手里",并把基督徒、犹太教徒、印度教徒、道教徒等统统称为"匿名的伊斯兰教徒"呢?若按这种逻辑推演下去,便有了"匿名的犹太教徒""匿名的印度教徒""匿名的佛教徒""匿名的道教徒""匿名的儒教徒"……如此后果显然无益于跨信仰、尤其是跨文化的宗教对话,最多是为各宗教传统继续闭关自守、相互排斥提供了一个时髦的口实。

上述逻辑混乱还会引出更多的问题。若像兼并论者主张的那样,只有某种特定的宗教传统是绝对真实的,即便其他的宗教徒闻所未闻也不会错失启示、恩典与拯救,为何还要把他们称为"匿名的X徒"呢?为何还要费劲证明兼并论,设法改变他人的宗教信仰呢?对于此类问题,尽管拉纳等人一再论证,不断为"信仰与真理的普世性"叠加理由,可再多的理由也不足以弥补"匿名的基督徒"之类概念及其理论的逻辑黑洞。

问题恐怕在于,兼并论者不过是排他论者的"嫡亲",浑身仍透露出让他人不舒服的"本宗教优越感",更何况他们比排他论者多了一种现代化的武器——"霸权主义的对话逻辑"。批评者的言辞或许刻薄些了,可值得处于多元化时代的兼并论者深思。

多元论的对话观

什么是宗教多元论呢?让我们先来听听希克的解释:

宗教多元主义认为,世界各大信仰是十分不同的,但就我们所能分辨的而言,它们都是我们称之为上帝的终极实在在生活中同等有效的理解、体验和回应的方式。彩虹是由地球大气折射成壮丽彩带的太阳光,我们可以把它视为一个隐喻,把人类不同的宗教文化解释为对神性之光(divine light)的折射。①

那么,为什么要提倡宗教多元论呢?希克如是观:就宗教对话史而言,如果说排他论立场处于"拒绝阶段",那么,兼并论则属于一种过渡性的立场,刚转入"觉醒阶段",真正的对话姿态理应是多元论的,因为这种新态度可促使人们转变观念,从"以某宗教为对话中心"转向"以终极实在为各宗教的对话中心"。这是一种认识范式的转变,其意义犹如"一场神哲学观念上的哥白尼革命"。

事实:宗教的多样性

宗教多元论的出发点并非抽象的理论而是具体的现实,这就是世界上宗教信仰的多样性。《信仰的彩虹》开篇议论的便是上述出发点问题,希克称之为"从共同的基点出发"——世界各大宗教。作为西方学者,希克的视角自然属于"西方的眼光"。

对西方学者来说,理解世界各大宗教的条件逐渐形成于过去的三百年间。通过十七十八世纪的欧洲启蒙运动,西方学者认识到,世界上有诸多伟大的文明,像中国文明、印度文明和伊斯兰教文明

---

① 希克:《信仰的彩虹》,"序言",第2页。

等;基督教只是世界几大宗教之一。这就在知识分子中形成了"普遍性的宗教观",基督教则被看做一种特定的宗教形态。第二次世界大战后,上述观念广为流行,主要原因有以下几点:

第一,关于世界宗教的信息在西方读书界"大爆炸"。一流的学术著作都有平装本,使普通读者便于了解到形形色色的宗教形态,诸如印度教、犹太教、佛教、耆那教、道教、儒教、伊斯兰教、锡克教、巴哈依信仰,以及非洲、北美洲、南美洲等地区的原始宗教或地方宗教。

第二,交通便利,旅游发达。这使越来越多的西方人有条件跨出自己的文化圈,到非基督教国家考察观光,目睹了其他宗教的重要影响。例如,佛教在泰国人民生活中已成为一种和平的力量,印度教徒对神圣者怀有异常强烈的意识,伊斯兰教文明创造了辉煌的建筑奇迹等。

第三点也许最重要,这就是大量东方移民来到西方各国,其中有穆斯林、锡克教徒、印度教徒、佛教徒等等。例如,目前北美约有400—500万穆斯林,欧洲也多达500万。与其他宗教信徒相处,我们普遍发现,穆斯林、犹太教徒、印度教徒、锡克教徒、佛教徒等,和基督教徒一样,诚实、可敬、富有仁爱心和怜悯感。或者说,与基督教徒比,其他宗教信徒既不好也不坏,大家彼此彼此,都有善的一面也有恶的一面。

为什么这么说呢? 希克指出,世界上的各大文明都源于不同的信仰,各种文明里都存在着大量善与恶的现象。因而,我们不可能用某种评价标准来确认某种文明或某个宗教的道德优越性。善与恶是不可通约的。所以,我们很难权衡两种罪恶现象。例如,下列一对对现象里,哪一个更邪恶些呢?

  长期统治印度的种姓制度——长期统治欧洲的等级制度;
  很多佛教、印度教或伊斯兰教国家的贫困——许多基督教国家对资源环境的破坏;
  加尔各答、曼谷或开罗的诸多社会问题——纽约、巴黎或伦敦的暴力、吸毒、贫困……

当然,我们很容易从其他文明里找出某些明显的罪恶现象,再从本文明里挑出某些善行义举,但这种比较方式是不诚实的。

  事实是这样的,你完全可以在另一历史线索中指出种种恶,也可以在自己的历史中同样合理地指出与之不同却大致相当的恶。我们必须把世界宗教看做巨大而复杂的宗教—文化的整体,每一个宗教都是种种善恶的复杂混合体。这样看待世界宗教时,确实会发现我们无法客观地使它们各自的价值观和谐一致,总是会偏这偏那。我认为,我们只能得出否定性结论:要确立某个世界宗教独一的道德优越性,这是不可能的。①

---

① 《信仰的彩虹》,第16页。

假设：盲人摸象的寓意

《神与信仰的宇宙》已被列入名著。在这部观点新颖的学术著作里，希克却向读者重复了一遍那个古老的传说，"盲人与大象"。

一群盲人从未见过大象，有人把一只大象牵到了他们跟前。第一位盲人摸到了一只象腿，就说大象是一根活动的大柱子。另一个摸到了象鼻子，就说大象是一条大蛇。下一个盲人摸到的是一只象牙，就说大象像是一只尖尖的犁头。就这样一个个地摸着讲着……当然，他们都是对的，可每个人提到的只是整个实在的一方面，而且都是以很不完美的类比表达出来的。①

怎么评价众盲人的不同说法呢？希克指出，我们显然不能断定哪一种说法是"绝对正确的"，因为没有"一种终极的观点"可用来裁判他们的感受；同样，就真理观、神性观或终极实在等根本问题而言，我们对各大宗教传统的不同见解也不妨作如是观，因为从这个古老传说似乎不难感悟出这样的道理：我们——这里指"你我他"，关于上述根本问题的认识，犹如"众盲人的感受"，无不深受个人观念和文化背景的重重限制。

当然，宗教多元论这么严肃的理论假设，并不是从上述古老传

---

① 希克：《神与信仰的宇宙》(*God and the Universe of Faiths*, Macmillian Publishing Co., Inc., 1977) 第 140 页。

说演绎出来的。希克强调,这个理论假设虽与欧洲启蒙运动的理性主义精神有联系,也深受地球村或全球化观念的影响,但并非现代西方文化的产物,而是发掘东方思想资源的结果。

早在十三、十四世纪,伊斯兰教苏非派就有了丰富的多元论观点。苏非派有一个信条:"神性之光"折射于人类的诸多透镜。譬如,阿拉比(Ibn al-Arabi)说,莫让自己固执某个具体的信条,否则其他的一切你都不信了;作为万有者和全能者的上帝,决不会把他自己局限于某个信条,因为《古兰经》里教导,"无论你转向何方,到处都是真主的方向。"

苏非派多元论思想的杰出代表首推鲁米(Jalal uldin Rumi, 1207—1273)。希克感叹道,在鲁米生活的时代,可能没人比他对宗教多元论的理解更深刻了。下述言论可以为证:

> 印度教徒做印度教徒的事,印度达罗毗荼的穆斯林做他们自己的事。这些都可赞可行。崇拜中所荣耀的不是我而是崇拜者!
>
> 不同的灯,相同的光。①

希克对印度宗教很有研究,对其多元论思想资源也发掘得更全面些。按照《吠陀》的教导,"实体唯一,圣人异名"。《薄伽梵歌》里也说:"谁要是皈依我,我就会把他接受"。到 15 世纪,印度宗教里

---

① 《信仰的彩虹》,第 42 页。

已出现成熟的多元论观点。例如,锡克教的缔造者古鲁那纳克(Nanak)言称,既没有印度教徒也没有穆斯林,因为真正意义上的上帝崇拜者合为一体。因此,后来成文的锡克教经典《阿底·格兰特》(Adi Granth)不仅包括早期古鲁的论述,而且收有印度教、伊斯兰教等先知圣贤的言论,其中有一位非锡克教徒的多元论观点尤为突出,他就是印度教虔诚派领袖、诗人伽比尔(Kabir,1440—1518)。

伽比尔的多元论观念显然受家庭背景影响,其父是穆斯林,母亲则信印度教,这使他对穆斯林和印度教徒都抱尊重态度。但更重要的是,他的哲学思想融合了伊斯兰教苏非派的神秘主义和印度教的吠檀多理论。所以,伽比尔说,神或上帝虽然超乎于形相,但在人的眼里却有千百种形象。

> 如果上帝在清真寺,那么这世界属于谁呢?如果罗摩在你朝觐中见到的神像里,那么谁去认识没有发生的事呢?哈里(Hari,即主,上帝)在东方也即在西方。看看你的心,因为你在那里发现克里莫(Karim)、罗姆(Ram),所有的男男女女都是主的生命形式。①

印度宗教中的多元论观念源远流长,使统治者或政治家深受熏陶。例如,莫卧尔帝国国王阿克巴(Akbar)处理诸多宗教的关系时,便很有普世精神。更典型的是圣雄甘地(Mahatma Gandhi)。他深

---

① 伽比尔:《伽比尔之歌》,转引自《信仰的彩虹》,第41页。

信,宗教多元主义不仅适合于印度和世界,而且可喻为"和平的基石"。

没有一种信仰是十全十美的。所有信仰对其信徒都同等亲切。所以,所需要的是世界各大宗教的追随者之间友好相处,而非代表各个宗教共同体为了表明其信仰比其他宗教优越而彼此冲突……印度教徒、穆斯林、基督徒、琐罗亚斯德教徒、犹太教徒都是方便的标签。但当我将这些标签撕下,我不知道谁是谁。我们全都是同一位上帝的孩子。①

求证:康德哲学的发挥

如果深入比较各大宗教传统、特别是那些神秘化的教派或教义,我们可发现"一种根本性的区分",这就是两种不同意义上的实在:"实在、终极或神性本身"(the Real or Ultimate or Divine an sich),"人类所概念化或经验到的实在"(the Real as conceptualized and experienced by human beings),或简称,"实在本身"和"经验的实在"。

希克指出,上述普遍性的区分意味着:作为终极的实在是无限的,而无限的终极实在是超出人类的思想与语言能力的。正因如此,人所崇拜的对象,如果可经验或可描述的话,那么,并非指作为终极的、无限的实在本身,而是指"那种跟有限的感知者处于关系中

---

① 甘地:《基督对我意味着什么》,转引自《信仰的彩虹》,第40页。

的实在"。

例如,印度佛教区分了"无属性的梵"(nirguna Brahman,旧译"无德的梵")与"有属性的梵"(saguna Brahman,旧译"有德的梵"),前者因无属性而超越于人的思想范围和语言能力,后者则指人们能经验到的"自在天"(Ishvara),即整个宇宙的创造者与主宰者。

又如,道教经典《道德经》一开头就讲:"道可道,非常道"。犹太教神秘主义哲学则以"绝对的、无限的上帝"(En Soph)区分于"圣经中的上帝"(the God of Bible),认为"绝对的、无限的上帝"就是人所不能描述的神圣实在。而在伊斯兰教的苏非派那里,"真主"(Al Haqq)一词类似于"绝对的、无限的上帝",作为实在本身,该词就是指神性渊源。

再如,此类区分在基督教神哲学家那里也可找到很多例证。爱克哈特(Meister Johannes Eckhart)区分了"神性"(Deitas)与"上帝"(Deus)。加尔文则指出,我们不知道"上帝的本质",只知道"启示的上帝"。蒂利希提出了一个概念,"高于一神论之神的神"(the God above the God of theism)。怀特海(A. N. Whitehead)区别了"上帝的两种质","原初的性质"与"后来的性质"(the primordial and consequent natures of God)。最近,考夫曼(Gordon Kauf-man)又提出了"两种神"的概念,"真正的神"(the real God)和"可交通的神"(the available God),前者意指"从根本上不可知的X",后者则"本质上属于某种精神的或想象的建构"。

关于上述区分,希克引用了两段重要的解释,前一段阐明了此类区分的哲学根据和文化原因;第二段则指出了这种概括对理解各大宗教传统的重要意义。

如果我们假定实在是一,而我们人类关于实在的感知却是多种多样的,我们便有根据作出这样一个假设:不同的宗教经验源流所表示的就是,对同一无限的、超验的实在的形形色色的意识,也就是说,实在之被感知所以有诸多特殊的不同方式,是因为不同的文化史业已或正在形成不同的人类心智。①

运用实体本身和为人所思考和体验的实体之间的这一区分,我要从主要的不同的人类生存方式内部来探讨多元论假设,即世界各大信仰体现了对实体不同的知觉与观念,以及对实体作出相应不同的回应;并在每一种方式中,都发生了人类生存从自我中心向实在中心的转变。因此,应该把这些传统都视为可供选择的救赎论上的"空间"或"道路",在这些"空间"中或沿着这些"道路",人们能够获得拯救/解脱/最后的实现。②

更值得深思的是,前述区分印证了这样一个普遍接受的认识论假设:认识者的概念影响其意识形式,所以,被认知的内容里难免有认识者的建构成分。同样,由于信仰者的认识模式来自不同的信念

---

① 希克:《宗教哲学》(英文版),第119页。
② 希克:《宗教之解释》,四川人民出版社1998年版,第281页。

体系,在诸多宗教传统里便形成了不同的实体意识。上述认识论原则早就由经院哲学的集大成者托马斯·阿奎那提出来了,但最有力的论证则出自近代哲学大师康德的手笔。

在康德看来,就认识主体与认识对象的关系而言,我们的知觉并非被动的记录,而是一个能动的过程,即依据某些概念或范畴来解释感知材料的意义。据此,康德在认识论上提出了两个基本概念,"物自体"与"现象",前者指"本体的世界",即我们无法认识到的"世界本身"(the world as it is an sich),后者则指我们能认识到的"现象的世界",也就是"向人类意识显现出来的世界"(the world as it appears to human consciousness)。

关于康德的上述思想虽有不同的理解及其争论,但希克倾向于这样一种解释:所谓的"现象世界"就是指人所经验到的"本体世界",因为按康德的说法,形形色色的感性经验是通过一系列范畴而统一于人类意识的。这样一来,人所感知到的外界便是"一种共同产物"(a joint product)了,即世界本身与众感知者的选择、解释相结合的结果。因此,我们可得出如下结论:

> 作为有别于彻头彻尾的怀疑论的一种选择,下述假设是可行的也是有吸引力的:世界上的诸多伟大的宗教传统所体现的是,人类对同一无限的、神圣的实在的不同感知与回应。①

---

① 《宗教之解释》,第121页。

疑虑:一群盲人的对话?

革新与守成或激进与保守,总是内存巨大张力的,这在宗教研究领域反映得尤为强烈。所以,宗教多元论致力于革新神哲学观念,首先会遭到各种保守派势力、特别是排他论者的激烈抨击,而且此类抨击主要来自本宗教或本宗派内部。

希克虽在宗教哲学观念上十分开放,但一向承认自己还是一位基督教神学家。因此,在基督教排他论者看来,像这种身份的人竟然高谈阔论多元主义,其言行可谓离经叛道。为什么这么说呢?《圣经》是基督教信仰的唯一根据,那上面记载了神圣启示和基本教义,具有毋庸置疑的绝对权威。而希克等人却主张各宗教平等对话,依据各自经典共求终极实在,这岂不是对《圣经》及其神圣启示的贬低,对基本教义的背叛吗?

排他论者的批评目光注定限于某宗教的基本教义。与此相比,更值得我们重视的还是关于多元论的学理批判。虽然大家公认,宗教对话之所以能成为"晚近宗教研究的大气候",其学术动因主要来自顺应多元化的文化现实而形成的宗教多元论,但越来越多的学者意识到,宗教多元论不光对各宗教的传统教义构成了严峻挑战,而且在本体论和认识论上提出了诸多难题。归纳起来,首先需要推敲的问题在于:能否就所谓的"终极实在"作出真理性的论断呢?各宗教传统又是如何表达真理观的呢?

围绕上述问题的学理之争,可从希克的著名比喻——"盲人摸象"说起。如前所见,希克师承康德哲学的"物自体理论",曾借"盲人摸象"这个古老传说来生动阐释宗教多元论的学理依据,即把"神性的本体"比作"大象",把能经验到"神性的现象"的宗教徒喻为"众盲人"。这个比喻旨在说明,"神性的本体"是"先验的","神性的现象"则属"后验的";"神性的本体"固然不二,但人们可经验到的"神性的现象"却是多种多样的,因为任何宗教经验及其表达都不可能游离于"诸多宗教传统和文化源流",不可能不被打上"个别的、历史的、尤其是文化的烙印";所以,各宗教理应相互尊重,平等对话,交流经验,共同探究"终极实在"。

以上比喻及其论证是否得当呢?能否导致反面结论呢?在批评者看来,不仅这个比喻不当,其论证更糟糕。众盲人摸大象的结果,非但不能说明他们的感受都是对的,反倒证实他们的说法全都错了,因为大象就是大象,并非"一根柱子""一条大蛇""一只犁头"等,即使局部感觉真实或局部感觉相加,其结果也必错无疑。在事关重大的信仰问题上更是如此。除非有人能真正说清楚"终极实在"是什么,我们对此便一无所知,而希克等人的多元论假设便属无稽之谈。质言之,假如信仰者真的像"众盲人",那么,他们就"终极实在"和"终极真理"进行的对话,岂不只能是"一通瞎说"吗?这种批评尽管尖刻,可毕竟在真理标准、信仰立场、信徒身份等重要问题上不失警示作用。

争论远远不止于此。如果以上批评意见能成立的话,激进的多元论者很可能陷入一种可怕的结局,即重蹈不可知论的覆辙。多元论观念的形成及其广泛影响,既为各宗教的交流打通了渠道,也为有神论者与无神论者的对话铺平了道路。从晚近动向来看,后一方面的对话日渐活跃,话题也越来越丰富,广泛涉及宗教与政治、宗教与经济、宗教与科学、宗教与艺术、宗教与哲学、宗教与道德、宗教与生态等。多元论的批评者对此深感疑虑。他们认为,面对传统性与现代性的矛盾、特别是现代文化的诸多问题,尽管有神论者有必要和无神论者展开对话,但他们在基本信念和终极真理上有什么可交流、可沟通的吗?

譬如,犹太教徒、基督教徒和伊斯兰教徒是典型的一神论者,而虚无主义、科学主义者或人道主义者则否认神或上帝。因而,若像激进的多元论者那样,恭请这两类人围着圆桌坐下来,就"终极实在及其经验"争来争去,其结果会如何呢?不难预料,多元论者发起的"无党派无原则对话论坛"上又多一群群"盲人",按希克提议的辩论规则,谁都无权(或不如讲,没有能力)道明:"终极实在"到底是什么?既然如此,多元论者距离不可知论还有多远呢?

说到这里,有必要消除一重疑虑:这么强烈地责难宗教多元论,是否会扼杀"平等对话的真诚态度"呢?品味希克的论著可留下深刻的印象:以诚相待,平等对话,疾呼各宗教"化干戈为玉帛",这是宗教多元论者的初衷;如果再考虑到其倡导者所处的西方宗教传统和文化氛围,多元论先行者的开放精神便值得钦佩了。但是,有关学术批评并非冲此而来。诚如越来越多的学者意识到的那样,宗教对话并非仅仅流于平等态度,而是关乎"信仰与真理";因而,能否真诚或平等地对待其他宗教是一回事儿,是否认同某种或诸多宗教则是另一回事儿。这便意味着"真诚和平等"并不能成为多元论立场的充足理由。

从兼容论到实践论

宗教对话是当今国际宗教学界的一个热门话题、一个前沿领域。前面提到,中外学者一般认为,现有的宗教对话观主要有三种类型,即前三节所评介的宗教排他论、宗教兼并论和宗教多元论。通过考察近20年来的研讨进展,笔者又概括出两种新的宗教对话观,它们可称为"宗教兼容论"(Religious Compatiblism)和"宗教实践论"(Religious Praxism)。由于这两种新观点是相继提出来的,且有密切的理论递进关系,所以我们把它们放在同一节里展开讨论。

主旨:构建全球伦理

自汉斯·昆倡导"全球伦理"以来,他的宗教对话观已成为一家之言——宗教兼容论。那么,这种对话观有什么新义呢?汉斯·昆主要阐发了这样几点主张:(a)就宗教史而言,应当承认多种真正的宗教并存,它们的目标可谓殊途同归;(b)就某种真正的宗教而言,既应积极承认其他宗教的真理性,又不该毫无保留地认可其真实性,这样才能在坚持信念的前提下取长补短,友好竞争;

汉斯·昆(Hans Küng, 1928—),当代著名的神学家、宗教哲学家,"全球伦理"和"宗教对话"的倡导者。

(c) 就宗教真理而言,任何一种宗教都没有垄断权,只有神或上帝才拥有全部真理;所以说,诸种真正的宗教都在"朝觐途中",不应争执"我的真理"或"你的真理",而应观念开放,相互学习,分享真理。①

以上几点主张出自汉斯·昆1985年发表的一次讲演,"什么是真正的宗教——论普世宗教的标准"②。此次讲演的主旨可视为兼容论的形成标志,因为汉斯·昆通过比较与批评以往的三种宗教

---

① 参见汉斯·昆:《为了第三个千年的神学——一种普世观》(*Theology for the Third Millennium*: *An Ecumenical View*, William Collins Sons & Co., Ltd. and Doubleday, 1988),第253—256页。

② 此次讲演是应香港中国宗教文化研究社和香港中文大学宗教及文化研究系的邀请,讲演稿发表于《景风》(*CHING FENG*, Quartevly Notes on Christianity and Chinese Religion and Culture),1987年第3期。其实,这篇演讲稿是汉斯·昆当时尚未写完的一本书里的一章,即《为了第三个千年的神学——一种普世观》里的"有一种真宗教吗?——论普世标准的确立"。该书德文版出版于1987年,英译本出版于1988年。因正式出版的书里对演讲稿有所修改,笔者的引文出自英译本。

对话立场,明确地提出了"关于宗教的衡量标准",这包括"一般的伦理标准""一般的宗教标准"和"特殊的宗教标准"。下面概述的前两项标准,对于理解汉斯·昆所阐释的宗教兼容论尤为重要。

(1) 人性:一般的伦理标准

就任何一种宗教来说,都有真与善的问题。可以说,各种宗教在历史上都不乏真与假、善与恶的例证。因此,各种宗教均须反省:能否借宗教目的而使用任何手段呢?怎么才能实现真正的人性呢?人性作为一般的伦理标准,适用于所有的宗教,我们可从正反两方面将其规定如下:

(a) **肯定性的标准**:只要某种宗教**提供了**人性的美德,只要它关于信仰和道德的教诲、它的礼仪和制度**有助于**人们成为真正的人,能让他们的生存有意义的、有收获,它就是一种**真的和善的**宗教。

(b) **否定性的标准**:只要某种宗教**传播非人性的东西**,只要它关于信仰和道德的教诲、它的礼仪和制度**有碍于**人们成为真正的人,而是没有意义、没有价值的,只要它**无法帮助**人们实现一种有意义的、有收获的生存状态,它就是一种**假的和恶的**宗教。①

---

① 汉斯·昆:《为了第三个千年的神学——一种普世观》(英文版),第244页。

(2) 本原与圣典：普遍的宗教标准

"本原"和"圣典"是两个交叉概念。前者指某种宗教的源头，如各大宗教的创始人；后者指各种宗教的"正经"，像《旧约》《新约》《古兰经》等。对各大传统宗教来说，本原与圣典从来就是权威、规范或标准。

> 只有运用了确实可靠或符合正经的标准，才能清楚地看到某种宗教的**原初的和独有的特征**。这就令人信服地回答了下列问题：在理论上和实践中，什么是真正的基督教，什么不是真正的基督教；同样也回答了：真正的犹太教、伊斯兰教、佛教或印度教是什么。①

近20年来，汉斯·昆不仅致力于阐释宗教兼容论，而且将其积极付诸实践，其颇有影响的成果就是"世界宗教议会芝加哥大会"（1993）上通过的《全球伦理宣言》。该《宣言》被称为"有史以来第一个为各宗教所认同的最低限度的伦理纲领"。② 汉斯·昆满怀信心地宣称，这个宣言奏响了"希望的和弦"，强有力地压倒了目前流行的宿命论论调——面对全球危机，我们在世界伦理上尤其是宗教领域无可作为；所以，这个宣言可视为"希望的信号"，即有希望促

---

① 汉斯·昆：《为了第三个千年的神学——一种普世观》（英文版），第246页。
② 关于该《宣言》的内容，详见中译本《全球伦理——世界宗教议会宣言》，孔汉思、库舍尔编，何光沪译，四川人民出版社1997年。

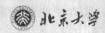

2007年由美国次贷危机而诱发的国际金融危机爆发后,汉斯·昆又起草了《全球经济伦理宣言》,四处征集各界人士签名。本图为汉斯·昆应邀来北京大学发表讲演的海报。

进宗教和解、转变思想意识、重建全球秩序、实现世界和平。① 顺便值得一提的是,前些年全球金融危机自华尔街爆发后,汉斯·昆又带头起草了《全球经济伦理宣言》,并奔走于世界各地发表讲演,以期和《全球伦理宣言》一样,得到全球各界精英人士的响应和签名。②

要义:注重社会实践

继《全球伦理宣言》发表后,美国著名的天主教神学家尼特(Paul Knitter, 1934—)又提出了一种新的宗教对话观,叫做"相互关联的、负有全球责任的对话模式"(a correlational and globally responsible model for dialogue)。关于这种新的对话模式,尼特主要做了如下两点解释:

首先,宗教对话之所以应当是"相互关联的",就是因为现存的宗教是多元性的,此种多元性不但是事实,而且是"宗教关系"的实质所在。因此,宗教对话绝非要求同一性,而是应在充分肯定差异性的前提下,促使各宗教建立起一种朋友或同事般的对话伙伴关系,让所有的参与者能够诚恳交谈,认真倾听,互相学习,彼此见证。在这样一种真诚而平等的对话伙伴关系中,尽管各宗教的参与者都

---

① 参见汉斯·昆:《全球伦理会奏效吗?》(Will a Global Ethic Prevail? YES TO A GLOBAL ETHIC, London: SCM Press Ltd, 1996)第1—5页。

② 关于这份《全球经济伦理宣言》,可参见北京大学宗教文化研究院主办的《人文宗教》第一辑,李四龙主编,宗教文化出版社2011年版。

会表达他们各自所信奉的价值或真理,但任何人都不应该宣称:"我的信仰就是最后的标准,是可以用来评判其他所有的宗教信仰的。"不言而喻,假如有任何一种宗教自以为在各方面都比其他信仰优越,根本不必向他人学习,那么,所谓的宗教对话注定是无法进行的。

其次,所谓的"全球责任"不仅力求"社会正义",而且包括"生态正义"。宗教对话的参与者们之所以要共同承担这种全球性的伦理责任,就是因为若不关注并努力消除目前业已全球化的"人类苦难"和"生态苦难",任何宗教的相遇与对话都无法达到理想的目的,甚至可能存在危险。因而,各种宗教理应携起手来,共同致力于"人类与生态的正义和福祉",只有在此基础上,才能更好地相互了解,更有效地展开对话。①

尼特是从"全球苦难"入手来论证上述对话模式的,他把这一新的出发点称为"宗教对话的共同语境",并借一个希腊词"kairos"(意指转变时刻、关键时刻或紧要关头等),称其为"关于宗教相遇的解释学的凯罗斯"(a hermeneutical for interreligious encounter kairos)。为什么要以此为出发点呢?这主要是为了克服宗教对话在诸种"后现代理论"氛围下陷入的困境。按照后现代主义、后自由主义或解构主义等观点,诸种文化或宗教传统是根本不同

---

① 参见尼特:《一个地球,多种宗教——信仰对话与全球责任》(*One Earth Many Religions: Multifaith Dialogue & Global Responsibility*, Maryknoll, New York: Orbis Books, Second Printing, 1996),第15—17页。

的,并无"共同基础""普遍真理"或"元叙事"可言。因此,若像多元论和兼容论所假设的那样,诸种宗教皆是同一神圣真理的反映或体现,均应肩负同样的全球伦理责任,这种轻视甚至忽视差异性的态度并不能真正促进宗教交流与对话。然而,尼特认为,尽管此类批评意见是诚恳的且有一定根据的,可它们却无疑有悖于现实世界及其道德要求,因为我们所耳闻目睹的是一个充满苦难的世界,它要求我们基于共同的价值观和真理观而采取全球化的解救行动。

我并不是说,所有的宗教均有某种共同的本质或经验,甚或有某个十分明确的共同目标。相反,我所要指出的是一种共同的**语境**(a common *context*),它所包含的复杂**问题**也是我们大家共同面临的。我以为,只要我们如实地观察并生活于这个世界,此种语境便会一目了然并令人痛心;一旦世界上的各种宗教试图走到一起并相互理解,此种语境就会呼唤大家致力于某种共同的**议程**(a common *agenda*)。我所谈论的现实状况是普遍化的、跨文化的,它们使所有的宗教信徒都难免受到冲击,并要求诸种宗教做出回应。我所讲的这种语境及其所有问题的共同之处就在于**苦难**(*suffering*)这一可怕的现实,就是说苦难正在耗竭生命,并危及人类和地球的未来。[1]

---

[1] 尼特:《一个地球,多种宗教——信仰对话与全球责任》(英文版),第56—57页。

为了印证以上判断,尼特综合大量调研数据和结论,从"身体的苦难""地球的苦难""精神的苦难"和"暴力的苦难"等方面,向读者描绘了"一幅全球苦难的脸谱"。全球苦难呼吁全球责任与全球行动。因而,尼特借鉴解放神学思想,力主将"解放性实践"(liberative praxis)作为"宗教对话的优先原则"。这里说的"优先原则",就是指宗教对话应当从何处着手;"解放性实践"这个概念则包含这样两重意思:一是宗教对话要着手于社会实践,二是从社会实践入手,也就是从解放被统治者、被压迫者或苦难者做起。所以,笔者把这种新的对话观定性为"宗教实践论"。

动态:走向现实主义

从宗教对话观的转变轨迹来看,如果像希克所判断的那样,排他论尚处于"拒绝阶段",兼并论则属于"觉醒阶段",而多元论才真正促使信仰者们步入"对话时期",那么,我们可以接着做出这样的评论:兼容论试图推进多元论,实践论则力求落实兼容论。

兼容论之所以引人关注,主要是因为其声势浩大的对话实践及其成果——《全球伦理宣言》。该《宣言》的出台,可使我们认识到宗教对话的一种晚近动向,这就是将宗教对话从理论引向实践。起初,宗教对话是作为比较研究的一种深化趋势而受到重视的,主要探讨的是由宗教信仰的根本差异引起的诸多理论难题,像诸种不同的神性观、特别是真理观是否相冲突甚至相矛盾?某个或各种宗教能否拥有唯一的或绝对的真理?"终极实在"到底指什么、能否认识并加以描述？显然，诸如此类的思辨难题非但难以达成共识，恐怕根本就没有绝对答案。

这就使以往的宗教对话尝试既步履维艰又饱受争议。若要进行宗教对话，那就不得不开放观念；然而，凡在宗教信仰上开放者，又难免陷入两头不讨好的困境——本宗派的正统者会指责你放弃经典教义，而对话伙伴则发现你决不会改变信仰立场。因此，较早形成的两种对话观——兼并论和多元论都遭到了尖锐的批评。作为兼容论的倡导者，汉斯·昆对此深有体会。所以，他起草的《宣言》意图明显：摆脱争论不休的理论难题，将宗教对话引向道德实践。这明显反映在以下两点：

首先，作为一个宗教伦理纲要，《宣言》里竟没有出现"神或上帝"一词，只用了一次"终极实在"，还是用在一个并不关键的句子里——"作为信教的、有灵性的人，我们的生活是以终极实在为基础的……"①汉斯·昆解释，他起草时就明白，若使所有的、起码是几大宗教能加盟这个宣言，那就不得不省却"神或上帝"这个称呼。这主要是为了避免佛教徒的异议。

其次，作为一个宗教伦理纲要，《宣言》也没有涉及道德伦理的绝对根据或终极来源，只是肯定各宗教间早就达成了"一种最低限度的根本共识"（a minimal fundamental consensus），而且在陈述具体

---

① 汉斯·昆、库舍尔主编：《全球伦理——世界宗教议会宣言》（*A GLOBAL ETHIC: The Declaration of the Parliament of the World's Religions*, edited by Hans Küng and Karl-Josef Kuschel, London: SCM Press Ltd, 1993)，第 19 页。

内容前声明:所谓的全球伦理既不是"一种全球性的意识形态",也无意形成"某个超越于所有现存宗教的大一统宗教",更不是"用一种宗教来统摄其他宗教"。

《全球伦理宣言》旨在应对目前的全球性经济、政治和生态等危机。就此背景而言,上述对话观念转向无疑有重大的理论价值和现实意义。但就以上两点做法而言,却可提出质疑:若是一个"全球性的宗教伦理宣言",为谋求"全球性",竟把"神或上帝"都省却了,连"宗教伦理的神圣根源"也不提了,还有资格冠以"宗教的"名义吗? 此种对话实践是否有回避宗教真理问题之嫌呢? 这里提出的问题可使我们进一步反省宗教实践论的得失利弊。

如前所述,尼特是抱着一种强烈的理论批判和社会实践精神来继而探讨"全球伦理"或"全球责任"的。因而,他远溯古希腊哲学家亚里士多德的"实践智慧"(*Phronesis*, the practical wisdom)思想,近览当代思想家詹姆斯、杜威、伽达默尔、利科、罗蒂和哈贝马斯等人所主张的"实践思维"(practical thinking)观念,颇有创意地把下述实践哲学的真理观引进了宗教对话领域:所谓的"真理",尤其是那些与人类生存息息相关的真理,总是具有实践性的。这也就是说,真理总是与我们的人生目的和生活方式密切联系的,而我们正是在人类生存实践的引导和激发下来寻求、认识并证实真理的。一言以蔽之,我们所追求的真理是用来改造世界的,而我们总是通过关注人类生活所面临的重大难题或严峻挑战,并致力于社会实践来认识真理、见证真理的,所谓的"宗教真理"不仅也不例外,而且更是如此。尼特就此振聋发聩地指出：

> 无论哪种宗教传统，均须面对"苦难的现实"；无论拯救、觉悟或解脱意味着什么，均须对"人类的苦难"有所回应；无论印度教徒、基督教徒、犹太教徒、穆斯林和佛教徒等，假如他们的任何信条可作为忽视或容忍"人类与地球苦难"的理由，那么，此类信念便丧失其可信性了。①

正是基于这样一种现实主义的宗教哲学真理观，尼特明确地主张，现行的宗教对话应该把"诸种宗教共有的本质、经验或目的"等理论难题暂且悬隔起来，而以"苦难的现实"作为"共同语境"暨"紧迫议题"，将"解放性实践"作为"优先原则"和"中心任务"。简而言之，面对人类在全球化时代所面临的诸多难题、困境或危机，特别是国际社会上的不公正和非正义现象，各个宗教若不携起手来，共担责任，多干实事，有所作为，不但宗教对话是没有意义的，而且诸种宗教也是没有前途的。笔者认为，如此鲜明的实践论主张，确可反映宗教对话观念及其实践的新近动向。如果能把这种主张看成"第五种对话模式"，那么，较之以前的四种宗教对话观，它显然更开放、更激进，即以一种彻底的现实主义姿态，促使宗教对话及其社会实践暂且避开抽象的真理之争，转而应对重大的现实问题。然而，相对于正统的排他论而言，这种激进的宗教实践论是否会导致另一个

---

① 参见尼特：《一个地球，多种宗教——信仰对话与全球责任》（英文版），第60页。

极端呢?这是不能不令宗教对话者们在"神圣"与"世俗"的张力之间反复权衡并慎重思索的。

路漫漫其修远兮

作为本章的总结,让我们一起基于前面的评述来进行"一种总体性的方法论反思",即从方法论上来沉思整个宗教对话问题所涉及的诸多要点及其相互联系,像宗教对话的特性与矛盾、宗教对话的难题与张力、宗教对话的历程与目标等。

(1)特性与张力

我们所处的时代可称为"对话的时代"。方方面面的对话活动,像经济的、政治的、军事的、科技的、教育的、文学的、艺术的等等,使地球村成了"对话村"——对各个成员来说,对话不仅仅是相互交流和彼此理解的途径,而且是各自生存与共同发展的需要。但与其他方面的对话相比,宗教对话可以说是一种"深层次的或根本性的对话形式",因为此种对话形式深及参与者们的心灵或精神,触及他们各自的根本信念或终极关切,使诸多不同的真理观、价值观和人生观等得以相遇、碰撞、交流与沟通,乃至经过比较而相互认识,或通过竞争而做出抉择。

然而,如果说宗教信仰就是"皈依",而"皈依"意味着"虔诚"且"委身"的话,那么,那些真正做出如此人生抉择的宗教徒,或许能割舍一切世俗的东西,但唯独神圣的信念不能放弃或不可更改。这便使宗教对话面临如下"双重二难":对话的必要性在于信仰的不同,而信仰的差异则是无法消除的;若要进行对话便不得不开放观念,可凡是在信念上开放者却难免陷入两头不讨好的境地——本宗教或本宗派肯定会有人指责你离经叛道,而来自其他诸种宗教传统的对话者们则迟早会发现你决不肯改换门庭。

上述"双重二难"来自宗教对话所固有的"主要矛盾或基本张力",即"信仰"与"信仰"之间的矛盾或张力。这里的"信仰"有两种意思:其一,"本宗教的信仰"和"他宗教的信仰";其二,"我理解的信仰"和"你理解的信仰"。"主要矛盾或基本张力"至少也有两重含义:一是,既存在于各宗教间又反映在本宗教内;二是,各种宗教对话态度或立场均须应对此种矛盾或张力。

由以上反思可提出这样一种解释范式:现有几种主要的宗教对话立场或观念,像排他论、兼并论、兼容论、多元论和实践论等,便是各有分寸地应对前述主要矛盾或基本张力的结果。当然,此种矛盾或张力是无形的,所谓的"有分寸"无法做"数量化的分析",但这种解释范式的可取性在于:若把不同的信仰(单数的或复数的)视为构成矛盾或张力的两极,便可以大致把握各类宗教对话立场或观念了,譬如,是"保守""开放"还是"激进",或是"左倾""中立"还是"右倾"。就本章概括归纳出的五种宗教对话观念而论,排他论和实践论显然处于两个极端,可以说是充分暴露或展现了"信仰与信仰之间的矛盾或张力",而兼并论、兼容论和多元论则依次分布于

"这两个极端所构成的张力线"上。

(2) 难题与张力

就当代宗教研究而言,或许没有一个重大课题或前沿领域比宗教对话更引人关注,也更令人争议了。如前所见,现有的几种主要的宗教对话立场或观念之所以难免分歧和争论,就在于宗教对话涉及诸多根本问题或重大难题。其中,历史与现实相联系,现实与理论相交织,尽管有些问题历史感更浓厚,有些问题现实感更强烈,有些难题则理论性更突出,但它们都产生于现当代文化和学术背景。让我们试把主要的问题或难题归结一下。

宗教对话是在现当代文化氛围中展开的。众所周知,现代文化有两个显著的特征:"世俗化"和"全球化",前者的标志是宇宙观、世界观、尤其是价值观的世俗化(或更准确些说,是"祛神圣化"),后者则明显表现为市场经济、政治结构、交通信息和科学技术等的全球化或一体化。这便使来自不同的历史传统或文化背景的宗教对话者们不得不同时回应两类挑战:第一类挑战非常直观,即世俗化的宇宙观、世界观和价值观对各种传统的宗教信仰的质疑、否定、冷落甚至遗弃;第二类挑战则略需剖析,所谓的"全球化或一体化"只是表面现象,其背后则实际上是经济体制、政治制度、意识形态和文化传统等方面的"多元化或多极化"。这样一来,作为各类文化形态的根基或源流,并至今仍作为不同的宇宙观、世界观和价值观之思想资源的诸种宗教传统便难免产生矛盾,发生冲突了。

因而,凡此种种重大难题或根本问题便摆在了宗教对话者们的面前:如何回应现当代世俗文化潮流的严峻挑战,是固守传统还是开放创新呢？怎么解释宗教传统的多样性或多元化,是"唯我独尊、排斥异端"(排他论)、"唯我独大、兼并异己"(兼并论),或"平等相待、一视同仁"(多元论)、"坚持己见、求同存异"(兼容论),还是"悬隔争端、实践先行"(实践论)呢？诸多不同的神性观、真理观和价值观是否相抵触或相矛盾呢？神、上帝、神圣者或终极实在到底是什么呢？各个宗教无不言称拥有绝对的真理,此类真理的特征或本质何在——是永恒的、普世的、超验的,抑或个殊的、历史的、经验的呢？对于诸多"自称为真的真理观"能否辨别高下、优劣或真伪呢？究竟有无"绝对的或终极的宗教真理"呢？某个或各种宗教能否拥有此种意义上的宗教真理呢？如果确有这种意义上的宗教真理,能否予以理性认识并准确表述出来呢……

宗教对话既是深层次的又是全方位的,它所涉及的现实问题和理论难题当然远远不止上述这些,我们可从本体论、认识论一直罗列到历史观、伦理观甚至末世论或来世观,但即使上列问题或难题也足以反映出宗教对话所内含的诸多矛盾或张力的错综复杂性了,诸如世俗与神圣、现代与传统、守成与革新、个殊与共相、绝对与相对、真理与认识等等。若能充分意识到如此种种矛盾或张力,我们就该想象到,宗教对话的路途何等坎坷,对话者们的目的又何其遥远。

(3) 历程与目标

世界宗教史源远流长,宗教对话则属于新气象、新事物。如果说刚刚围着圆桌坐下来的对话者们有必要寻找共同的语言或话题,那么,一旦有了共同的话题便会觉察到,对话各方的立场、方法、视角、观点、甚至概念等都存在这样或那样的明显差异。

例如,汉斯·昆起草《全球伦理宣言》时就为各宗教的差异性而迟迟难以下笔,但在正式文本里却尽力回避了重大分歧,只求能达成"底线性的共识"。而前些年,宗教多元论阵营突发倒戈事件。美国著名学者德科斯塔(Gavin D'Costa, 1956—)在《宗教研究》①上发表了一篇颇有轰动效应的文章,标题就叫"宗教多元论的不可能性",全盘推翻了自己多年来积极推进的宗教多元论对话观。按照他的新论断,以往关于宗教对话观的分类之所以全都错了,就是因为:凡是多元论者无不持有"某种真理标准",这就决定了任何与其真理标准相冲突的观点都是不正确的。所以,就真理问题以及对待其他宗教信仰的态度而言,所有的宗教对话者其实都是"匿名的排他论者"(anonymous exclusivists)。此论一出,随即得到了多位欧美重量级宗教学家的点头赞许。所以,德科斯塔等人对宗教多元论反戈一击,确可视为重新反省宗教对话者们的信仰立场的必然结果。

上述两个例子相比,与其急于达成共识而对各宗教间的重大分歧或根本差异遮遮掩掩,也许不如一语道破:众对话者都是"匿名的或公开的排他论者",因为后一种做法犹如当头棒喝,可令我们对宗

---

① 这本学术刊物由牛津大学主办,可以说是国际宗教学界最有影响的专业期刊之一。

教对话的特性、矛盾、难题和目标等有更清醒的意识、更深刻的思索、更成熟的心态。

以上对比无意于抬高晚近卷土重来的宗教排他论思潮,而是取其警示意义。宗教对话的历程不过几十年的时间,大家都是初学者,有太多的东西要摸索,也有太多的教训要领悟。正因如此,宗教对话者们在其漫漫长路上每走一步几乎都需要"棒喝",也应该欢迎抱有善意的"棒喝者"。譬如,沉醉于共同点时需要有人"棒喝";执著于差异性时也需要"棒喝"。从长时段来看,对话进程之曲曲折折或许就表现为"同"与"异"轮番凸现,前一轮对话不能不"求同存异",后一轮对话又不得不"疑同持异",如此往复,步履维艰。假如这种长时段的判断不至于太夸张的话,那便应了一句中国古训:路漫漫其修远兮,吾将上下而求索。

推荐阅读书目

1. 缪勒:《宗教学导论》,上海人民出版社1989年版。
2. 夏普:《比较宗教学史》,上海人民出版社1988年版。
3. 麦奎利:《二十世纪宗教思想》,上海人民出版社1989年版。
4. 吕大吉:《宗教学通论新编》,中国社会科学出版社1998年版。
5. 张志刚主编:《宗教研究指要》,北京大学出版社2013年修订版。
6. 希克:《宗教哲学》,生活·读书·新知三联书店1988年版。
7. 贝格尔:《神圣的帷幕——宗教社会学理论之要素》,上海人民出版社1991年版。
8. 梅多、卡霍:《宗教心理学——个人生活中的宗教》,四川人民出版社1990年版。
9. Walter H. Capps, *Religious Studies: the Making of a Discipline*, Fortress Press, 1995.
10. Jacques Waardenburg, *Classical Approach to the Study of Religion: Aims, Methods and Theories of Research*, Berlin, New York: Walter de Gruyter, 1999.

编 辑 说 明

自2001年10月《经济学是什么》问世起,"人文社会科学是什么"丛书已经陆续出版了17种,总印数近百万册,平均单品种印数为五万多册,总印次167次,单品种印次约10次;丛书中的多种或单种图书获得过"第六届国家图书奖提名奖""首届国家图书馆文津图书奖""首届知识工程推荐书目""首届教育部人文社会科学普及奖""第八届全国青年优秀读物一等奖""2002年全国优秀畅销书""2004年全国优秀输出版图书奖"等出版界的各种大小奖项;收到过来自不同领域、不同年龄的读者各种形式的阅读反馈,仅通过邮局寄来的信件就装满了几个档案袋……

如今,距离丛书最早的出版已有十多年,我们的社会环境和阅读氛围发生了很大改变,但来自读者的反馈却让这套书依然在以自己的节奏不断重印。一套出版社精心策划、作者认真撰写但几乎没有刻意做过宣传营销的学术普及读物能有如此成绩,让关心这套书的作者、读者、同行、友人都备受鼓舞,也让我们有更大的信心和动力联合作者对这套书重新修订、编校、包装,以飨广大读者。

此次修订涉及内容的增减、排版和编校的完善、装帧设计的变化，期待更多关切的目光和建设性的意见。

感谢丛书的各位作者，你们不仅为广大读者提供了一次获取新知、开阔视野的机会，而且立足当下的大环境，回望十多年前你们对一次"命题作文"的有力支持，真是令人心生敬意，期待与你们有更多有益的合作！

感谢广大未曾谋面的读者，你们对丛书的阅读和支持是我们不懈努力的动力！

感谢知识，让茫茫人海中的我们相遇相知，相伴到永远！

北京大学出版社

"人文社会科学是什么"丛书书目

哲学是什么	社会学是什么
文学是什么	心理学是什么
历史学是什么	教育学是什么
伦理学是什么	管理学是什么
美学是什么	新闻学是什么
艺术学是什么	传播学是什么
宗教学是什么	法学是什么
逻辑学是什么	民俗学是什么
语言学是什么	考古学是什么
经济学是什么	民族学是什么
政治学是什么	军事学是什么
人类学是什么	图书馆学是什么